高等学校旅游管理类专业系列教材

旅游目的地管理

（第三版）

主　编　邹统钎

副主编　王　欣

中国教育出版传媒集团

高等教育出版社·北京

内容简介

　　本书全面介绍了旅游目的地管理的理论和实践知识,包括概念体系、重点研究成果和产业实践认识三个方面。在以旅游开发规划为主要内容的现有教材基础上,本书将关注点拓展至旅游目的地管理的各个层面,引导读者系统认识旅游目的地管理的基本内容。各章均设计案例讨论与实践环节内容,便于读者结合产业实践理解理论问题。此外,本书还配置了即测即评和课程课件等资源供教学使用。

　　本书可作为普通高等学校旅游管理类专业本科生教材,也可作为旅游目的地管理者的参考读本。

图书在版编目（CIP）数据

旅游目的地管理 / 邹统钎主编；王欣副主编.
3版. -- 北京：高等教育出版社, 2025. 2. -- ISBN
978-7-04-062630-8

Ⅰ. F590. 3

中国国家版本馆CIP数据核字第2024AR5648号

Lüyou Mudidi GuanLi

| 策划编辑 | 姚建婷 | 责任编辑 | 姚建婷 | 封面设计 | 张　志 | 版式设计 | 马　云 |
| 责任绘图 | 马天驰 | 责任校对 | 胡美萍 | 责任印制 | 存　怡 | | |

出版发行	高等教育出版社	网　　址	http://www.hep.edu.cn
社　　址	北京市西城区德外大街4号		http://www.hep.com.cn
邮政编码	100120	网上订购	http://www.hepmall.com.cn
印　　刷	肥城新华印刷有限公司		http://www.hepmall.com
开　　本	787mm×1092mm　1/16		http://www.hepmall.cn
印　　张	11.75	版　　次	2010 年 7 月第 1 版
字　　数	270千字		2025 年 2 月第 3 版
购书热线	010-58581118	印　　次	2025 年 2 月第 1 次印刷
咨询电话	400-810-0598	定　　价	35.60元

第三版前言

2024 年 5 月，习近平总书记对旅游工作作出重要指示，强调新时代新征程，旅游发展面临新机遇新挑战。要以习近平新时代中国特色社会主义思想为指导，完整准确全面贯彻新发展理念，坚持守正创新、提质增效、融合发展，统筹政府与市场、供给与需求、保护与开发、国内与国际、发展与安全，着力完善现代旅游业体系，加快建设旅游强国。

高校旅游管理类人才的培养，是旅游强国和旅游业高质量发展的坚实后盾和强有力的支持。为更好地服务我国旅游人才的培养，为旅游管理专业学生与教师提供多样化、个性化的教学资源服务，我们对《旅游目的地》（第二版）进行了修订工作。本次修订的目的主要是反映近年来国内外旅游业最新的发展趋势和旅游学术研究中出现的新热点和新进展，以使本书更加贴近实际，更具前瞻性。修订内容主要包括四个方面：一是根据世界旅游组织等组织的权威数据和统计资料对全书的数据进行了更新，反映了当前旅游业的最新发展动态；二是新增了地格理论、旅游韧性、生态旅游、低碳旅游等内容，以满足读者对相关旅游理论研读的需求；三是替换了第二版中的部分案例或引文，引入了新的案例，供大家参考；四是对各章节的文字进行了精简，使定义更加准确、表述更加简洁、观点更加鲜明。

本次修订工作得到了王欣老师的全力协助，以及北京第二外国语学院旅游管理专业张丽荣、谢双、刘玉才、张淑雅等同学的支持，他们协助王欣老师进行了资料收集和信息更新工作。此外，非常感谢高等教育出版社的编辑团队对本书出版的大力支持和耐心指导，正是由于他们的支持与协助，本次修订才能得以顺利完成。

由于水平和能力有限，本次修订中仍可能存在诸多不足之处，我们诚恳地希望读者批评指正，也衷心希望读者能够在阅读本书的过程中获得启发和收获。

2024 年 5 月 31 日

第一版前言

进入 21 世纪后,旅游目的地日渐成为国内旅游行业的流行语,但总体来说,旅游目的地管理理论还很不成熟,仍处于组合状态。它的概念、分类都存在很多争议。国际上现有几位旅游目的地管理方面的重要学者:Gunn,对旅游目的地系统进行了系统的阐述;Fakeye 和 Crompton,总结了游客的旅游目的地形象形成过程;Echtner 和 Ritchie,分析了旅游目的地形象的构成要素;Buhalis,构建了旅游目的地的营销战略;Kotler,提出了地方战(Place War)的营销观;Butler,归纳了旅游目的地的生命周期模型;Crouch 和 Ritchie,构建了旅游目的地可持续竞争力评价模型;Faulkner,对旅游目的地安全管理提出了系统的框架;Sheldon 和 Buhalis,对旅游目的地信息系统均有深入的研究。这些学者的理论构建了旅游目的地管理的理论基础。

当前,不少国家和地区致力打造特色旅游目的地,如圣卢西亚是最佳新婚旅游目的地,秘鲁是最佳探险旅游目的地,中国香港是最佳邮轮旅游目的地,南非是最佳商务旅游目的地,印度尼西亚是最佳 SPA 旅游目的地,等等。新西兰的 "100% Pure New Zealand" 和苏格兰的 "Visiting Scotland" 都是旅游目的地营销的成功典范,巴厘岛为旅游目的地危机管理提供了成功案例,而中国山东省的 "好客山东" 为中国旅游目的地系统管理开了先河。

旅游目的地与以往的旅游区域或者旅游景点的根本区别在于,它是一个综合性的、为游客提供全面旅游服务的地方。以往对旅游目的地的管理侧重于开发规划,现在更侧重于营销与公共服务;以往旅游目的地管理普遍忽视了"地方性"(Place)的研究,而挖掘地方精神(Genius Loci)是旅游目的地管理的首要使命。而数字目的地是旅游目的地管理未来的必然趋势。

本书重点从旅游目的地的功能管理上进行详细分解,从规划、营销、竞争力、影响、事件与安全等方面做了详细的讲解。本书更多的是从流程与要素角度介绍旅游目的地管理的主要内容,重点介绍了旅游目的地的可持续竞争力管理。核心理论依据是可持续发展理论、地方理论、竞争力理论、危机管理理论等。

本书是集体智慧的结晶,具体编写分工是:第一章,邹统钎、陈芸;第二章,邹统钎、刘溪宁;第三章,金媛媛;第四章,王欣;第五章,姜珊;第六章,邹统钎、胡晓晨、王小方;第七章,许忠伟;第八章,王欣;第九章,王淑芳。邹统钎设计了全书框架,邹统钎、王欣负责统稿。

非常感谢高等教育出版社编辑团队对本书出版的大力支持和耐心指导,没有他们的关心,本书不可能如此快速出版。

本书囊括了旅游目的地管理的基本内容,但在实践案例上还没有完全总结出旅游产业实践中的先进经验与教训,这将在今后进一步修订完善。欢迎广大读者批评指正。

统子(Tony Zou)
2010 年 7 月 2 日于北京

目录

第一章　旅游目的地导论

>> 本章学习目标

1. 掌握国际与国内关于旅游目的地的定义,理解其概念演变。
2. 学会依据不同标准对旅游目的地进行类型划分,了解各类特点。
3. 识别旅游目的地的构成要素及其形成条件。
4. 理解旅游目的地地理系统和功能系统的概念,认识其系统特征。

>> 本章引文

旅游正在大众化,去哪儿游一直是游客关心的问题。旅游平台马蜂窝发布了《2023年旅游大数据报告》,通过热度趋势、热门景区等维度的大数据分析,全方位解析了2023年旅游的热点、发展态势及旅游人群的行为偏好。报告显示2023年,中国排名前十的旅游热门省份有广东、浙江、云南、四川、贵州、山东、福建、广西、湖南、海南省;十大旅游热门城市依次是北京、成都、重庆、上海、杭州、西安、广州、贵阳、苏州、南京;特色"乡村旅游"受到游客追捧,海南万宁、吉林延吉、江西婺源、四川九寨沟、贵州荔波成为2023年热门旅游目的地;小众旅游目的地前十位分别是四川彭州、贵州花溪、四川广汉、吉林梅河口、贵州榕江、四川理塘、吉林珲春、广东南澳县、江苏太仓、青海茫崖等。

>> 本章关键概念词

旅游目的地;吸引力;接待设施;利益主体;旅游目的地系统;旅游者;旅游客源地;旅游通道;旅游业;吸引物

第一节　旅游目的地定义

一、国际定义

国外对旅游目的地的研究始于 20 世纪 70 年代,最初它被认为是一个明确的地理区域。美国学者冈恩(Gunn)于 1972 年提出了"目的地地带"的概念。"目的地地带"包括:主要的通道和入口、社区(包括吸引物和基础设施)、吸引物综合体、连接道路(吸引物综合体和社区之间的联系通道)。

世界旅游环境中心于 1992 年对旅游目的地做出定义:乡村、度假中心、海滨或山岳休假地、小镇、城市或乡村公园;人们在其特定的区域内实施特别的管理政策和运作规则,以影响游客的活动及其对环境造成的冲击。

雷珀(Leiper,1995)认为,旅游目的地是旅游者到此旅游,且在此为了体验对其具有吸引力的景点的某些特性的地方。

戴维德森和梅特兰德(Davidson & Maitland,1997)认为,传统意义上的旅游目的地可被认为是有着良好基础设施的地理区域,如一个国家、一个岛屿或是一个城镇。里奇和克劳奇(Ritchie & Crouch,2002)指出,旅游目的地是影响当地各功能提升的一个直接因素。鲁宾斯(Robbins,2007)认为,旅游目的地包含旅游者需要消费的一系列产品和服务。

比较受到公认的是英国学者布哈里斯的定义。布哈里斯(Buhalis,2000)认为旅游目的地是:一个特定的地理区域,被旅游者公认为一个完整的个体,有统一的旅游业管理与规划的政策司法框架,也就是说由统一的目的地管理机构进行管理的区域。布哈里斯还认为,旅游目的地是旅游产品的集合体,并且向旅游者提供完整的旅游经历。目的地产品是与目的地有关的市场形象的一切旅游产品和服务的总体,即旅游目的地由 6 个"A"构成,如表 1-1 所示。

表 1-1　布哈里斯的旅游目的地 6A 构成要素

要素	描述
旅游吸引物(Attractions)	自然的、人造的、出于特殊目的建造的、历史遗留下来的吸引物以及风俗和节庆活动
交通(Accessibility)	包括路线、站点和工具在内的整个交通体系
设施和服务(Amenities)	住宿、餐饮、零售、其他旅游服务
包价服务(Available Package)	由中介和主管机构预先安排的包价
活动(Activities)	消费者在目的地逗留期间可以参加的一切活动
辅助性服务(Ancillary Service)	旅游者可能用到的一切服务,包括银行、电信、邮政、新闻出版、医疗等

二、国内定义

国内学者对旅游目的地的系统关注始于 20 世纪 90 年代中后期,但当时大多并非针对旅游目的地的专门研究，而是作为相关问题研究的副产品出现，定义的数量和质量都受到一定的局限。

保继刚等（1996）给出的旅游目的地的定义是：一定空间上的旅游资源与旅游专用设施、旅游基础设施以及相关的其他条件有机地集合起来，就成为旅游者停留和活动的目的地，即旅游目的地。

崔凤军（2002）认为，旅游目的地是具有统一的和整体的形象的旅游吸引物体系的开放系统。

张辉（2002）把旅游目的地定义为：拥有特定性质旅游资源，具备一定旅游吸引力，能够吸引一定规模、数量的旅游者进行旅游活动的特定区域。张辉提出了旅游目的地必须具备的三个条件：一是要拥有一定数量的、可以满足旅游者某些旅游活动需要的旅游资源；二是要拥有各种相适应的旅游设施；三是该地区具有一定的旅游需求流量。

魏小安（2002）从效用的角度指出，旅游目的地就是能够使旅游者产生动机，并追求动机实现的各类空间要素的总和。"旅游者""追求""实现""各类空间"和"要素"这五个方面构成了旅游目的地的内涵。

张立明、赵黎明（2005）提出，旅游目的地是对应于旅游客源地、旅游过境地而言的，它不同于一般的旅游地或旅游景区，是具有独特的旅游地形象、完善的区域管理与协调机构，能够使潜在旅游者产生出游动机并做出出游决策实现其旅游目的的区域。

林峰（2005）认为，旅游目的地是一个非常有用的区域经济概念，但从旅游作为一个游憩及游憩接待的系统而言，目的地概念包含了一种系统结构与系统工程的理念思路。

邹统钎（2006）认为，旅游目的地是一个感性概念，它为游客提供一个旅游产品和服务的合成品，一个组合的体验经历。旅游目的地中最核心的要素有两点：一是旅游吸引物；二是人类聚落，要有永久性或者临时性的住宿设施，游客一般要在这里逗留一夜以上。一般的景点留宿，不应该是旅游目的地。

杨振之（2007）在区分旅游目的地与旅游过境地的基础上，认为旅游目的地除了是一种地理空间集中，还形成了旅游产业发展的格局。

董观志、张巧玲（2008）认为，旅游目的地是以一定旅游资源为核心，以综合性旅游设施为凭借，以可进入性为前提的旅游活动与旅游服务地域综合体，它是旅游者停留并开展旅游活动的核心载体。旅游目的地这一概念主要包括三层含义：一是具有一定规模、相对集中的地域空间范围；二是对一定的旅游资源已经开发利用，具有显著的旅游吸引功能；三是具有内部联系紧密的综合性旅游产业结构与相对完备的游乐和接待服务功能，从而使旅游业在该地域经济结构中占有相当的比重。

综上所述，国内外学者由于旅游业所处的发展阶段和制度背景不同，对旅游目的地的定义方式和关注重点也各有不同。从范围上来看，旅游目的地空间范围有大有小，它可以大到一个城市、一个国家，甚至跨越国家界线，也可以小到一个景区、一个城镇、一个村落。从旅游者主体来看，旅游目的地与游客的旅游目的、动机和行为有关，旅游者在旅游中主要停留在什么地点，最终达到什么地点，这就是游客的目的地，其他地方就为过境地。此外，旅游目的地的形成还需以下要素：地理空间、基础设施、接待设施、产业链条等。

第二节　旅游目的地分类

依据不同标准,从不同视角出发,学者们把旅游目的地分为不同类型,以下列举几种分类标准,见表1-2。

表1-2　旅游目的地分类表

划分标准	划分内容
行政区域	国家级旅游目的地、省级旅游目的地、市(县)级旅游目的地、景区型旅游目的地
旅游者需求	观光型旅游目的地、休闲度假型旅游目的地、商务型旅游目的地、特种旅游型目的地
旅游资源类型	自然山水型、都市商务型、乡野田园型、宗教历史型、民族民俗型、古城古镇型
旅游目的地空间构成形态	板块型旅游目的地和点线型旅游目的地
旅游目的地主要功能与用途	经济开发型旅游目的地和资源保护型旅游目的地
开发时间和发展程度	传统旅游目的地和新兴旅游目的地
旅游目的地构成特征	旅游城市和旅游景区(点)

一、按照行政区域划分

按照旅游目的地空间所涉及的行政区域大小,将旅游目的地分为国家级旅游目的地、省级旅游目的地、市(县)级旅游目的地及景区型旅游目的地。不同空间大小的旅游目的地的认知与旅游者的出游距离有关,出游距离越远,对旅游目的地的空间认知感越强。

二、按照旅游者需求划分

按照旅游者需求,旅游目的地分为观光型旅游目的地、休闲度假型旅游目的地、商务型旅游目的地和特种旅游型目的地。观光型旅游目的地指那些资源性质和特点适合于开展观光旅游活动的特定区域,按属性不同主要包括自然观光地、城市观光地、名胜观光地三种。休闲度假型旅游目的地是那些旅游资源性质和特点能够满足旅游者度假、休闲和休养需要的旅游地,主要有海滨度假地、山地温泉度假地、乡村旅游度假地三种类型。商务型旅游目的地是有适当的会展设施,同时又能提供一定的旅游休闲机会的地方,一般是基础设施发达、经济发达和市场活跃的地方。特种旅游型目的地指那些为特殊旅游需求(如探险、修学、购物等)提供产品服务的旅游地。

三、按照旅游资源类型划分

按照目的地旅游资源类型,旅游目的地分为自然山水型、都市商务型、乡野田园型、宗教历史型、民族民俗型和古城古镇型。自然山水型旅游目的地以自然山水旅游资源为主要吸引物,可细分为山岳型旅游目的地、水域型旅游目的地、森林草原型旅游目的地、沙漠戈壁型旅游目的地等。都市商务型旅游目的地是凭借大城市作为区域政治、经济、文化中心的优势发展起来的。乡野田园型旅游目的地是凭借农村生活环境、农业耕作方式、农田景观及农业产品吸引旅游者。宗教历史型旅游目的地是凭借宗教历史文化、宗教历史建筑、宗教历史遗迹成为具有浓厚文化底蕴的旅游目的地。民族民俗型旅游目的地是凭借不同地区、不同民族之间的民俗文化和民族传统上的差异,依托独特的地方民俗文化和民族特色而发展起来的。古城古镇型旅游目的地是依托在历史发展中所保存下来的完整的古色古香的城镇风貌和天人合一的居民生活环境而吸引旅游者。

四、按照旅游目的地空间构成形态划分

按照旅游目的地构成形态,旅游目的地分为板块型旅游目的地和点线型旅游目的地。板块型旅游目的地是旅游吸引物相对集中在某一个特定区域内,所有的旅游活动都是以该区域的服务设施和旅游服务体系为依托,并以这个核心区域为中心向周边辐射进行旅游消费活动。板块型旅游目的地通常是以一个主要旅游城市为中心,并依托现代化交通建立起来的。度假旅游地和专项旅游地一般都属于板块型旅游目的地。点线型旅游目的地是旅游吸引物分散于一个较大的地理空间区域内,在不同的空间点上各个吸引物之间的吸引力相对均衡,没有明显的中心吸引点。它是通过一定的交通方式和组织将这些空间点上的吸引物以旅游线路的形式结合在一起,旅游者在某一空间、点停留的时间较少。交通方式与组织体系是点线型旅游目的地形成的主要条件。许多观光旅游项目是围绕旅游线路组织旅游活动的,属于点线型旅游目的地的范畴。

五、按照旅游目的地主要功能与用途划分

按照旅游目的地主要功能与用途,旅游目的地分为经济开发型旅游目的地和资源保护型旅游目的地。经济开发型旅游目的地以营利为主要目的,如主题公园、旅游度假区等,目的地内一般没有特殊遗产资源,较多人工痕迹。资源保护型旅游目的地往往是以公共资源为依托的,目的地资源的社会文化与环境价值往往超过经济价值,目的地资源具有不可再生性,如风景名胜区、森林公园、自然保护区、历史文物保护单位等。

六、按照开发时间和发展程度划分

按照开发时间和发展程度,旅游目的地分为传统旅游目的地和新兴旅游目的地。崔凤军(2002)将我国传统旅游目的地与新兴旅游目的地的(时间)界线画在 20 世纪 80 年代中期。从发展历史看,北京、上海、广州、苏州、杭州、西安、桂林等城市是比较典型的传统旅游

城市,这些城市目前依然是中国旅游的重心和旅游"热点"城市;三亚、珠海、海口、北海、延边、威海、丽江等城市作为旅游目的地的发展历史则比较短,是典型的新兴旅游目的地。这些旅游目的地的发展一般都遵循旅游目的地生命周期曲线的规律,需要不断地创新和发展。

七、按照旅游目的地构成特征划分

按照旅游目的地的构成特征,旅游目的地分为旅游城市和旅游景区(点)。

城市型传统旅游目的地,是以整个城市作为吸引物的传统旅游目的地,其中的景区(点)只是作为城市旅游感知形象的一个重要因素,如北京、西安、苏州、南京、昆明等城市就包含了多个旅游景区(点)。

第三节　旅游目的地构成

一、形成条件

冈恩(Gunn,1976)认为能够真正成为旅游目的地的地区应具备以下条件:
(1) 拥有一定距离范围的客源市场。
(2) 具有发展的潜力与条件。
(3) 对潜在的市场具有合理的可进入性。
(4) 其社会经济基础具备能够支持旅游业发展的最低限度水平。
(5) 有一定规模并包含多个社区。

二、构成要素

库珀(Cooper,1998)把旅游目的地的构成要素归纳为"4A"。

(一) 吸引力(Attractions)

一个地区如果不具备对潜在旅游者的吸引力,就无法成为旅游目的地。因此,旅游目的地必须具备能够让旅游者获得愉悦体验的载体,否则旅游者就不会光临此地。通常能够吸引大量旅游者,并长期保持其吸引力的是那些具有多重旅游吸引物的旅游目的地。

(二) 接待设施(Amenities)

接待设施包括住宿设施、餐饮设施、娱乐设施、零售店和其他服务设施。旅游者希望旅游目的地能够提供某种程度的安全保障和舒适体验的接待设施体系。旅游目的地必须拥有能够满足旅游者需要的足够的接待设施,这些设施有机组合在一起,形成集合体,这样才能为旅游者提供完整、满意的旅游体验。

(三) 进入通道(Access)

一个地区首先要具备相对的可进入性,然后才会有人愿意把其作为出访目的地。可进入性的条件既包括有形的硬件设施,也包括无形的政策保障条件。有形的硬件设施主要指当地交通系统的便利性,包括铁路、公路、水路航线及车站、机场、码头等交通枢纽设施。无形的政策保障条件通常是国际旅行签证的方便性,例如,是否须到使领馆申请签证,能否在入境口岸获得落地签证,是否可以免签证等,这些都会影响旅游者对目的地的选择。

(四) 辅助性服务 (Ancillary Service)

旅游目的地各种各样对旅游的辅助性、支持性组织和机构,可以有效保证旅游业和旅游者的各种活动正常进行。这个系统包括政府机构和非政府机构,如旅游行政管理部门、行业协会、旅游教育机构等。

国内学者魏小安和厉新建(2003)认为,旅游目的地要素一般包括三个层次的内容:第一是吸引要素,即各类旅游吸引物。它是吸引旅游者从客源地到目的地的直接的基本吸引力,以此为基础形成的旅游景区(点)是"第一产品"(Primary Products)。第二是服务要素,即各类旅游服务的综合。旅游地的其他设施及服务作为"第二产品"(Secondary Products)将会影响旅游者的整个旅游经历,与旅游吸引物共同构成旅游地的整体吸引力的来源。第三是环境要素。环境要素既构成了吸引要素的组成部分,又是服务要素的组成部分,形成一个旅游目的地的发展条件,其中的供水系统、供电系统、排污系统、道路系统等公用设施和医院、银行、治安管理等机构以及当地居民的友好态度等构成"附加产品"(Additional Products),并与旅游吸引物等共同构成目的地的整体吸引力。

三、利益主体

一个旅游目的地包含多个利益主体,主要有:

(一) 当地居民

当地居民是最主要的利益主体,他们生活和工作在旅游目的地并为旅游者提供当地资源。当地居民是旅游目的地社会承载能力所要考虑的一个重要因素,进行各种决策要有当地社区的参与,才能确保旅游发展不会对当地居民及其家庭带来不可接受的影响。

(二) 旅游者

旅游者从旅游目的地提供的旅游产品中寻求满意的旅游体验,他们追求具有高质量服务和组织管理有序的目的地。

(三) 旅游企业

旅游企业的主要责任是开发现有的旅游产品和寻求最大的投资回报。旅游行业被认为是两极分化的行业,其中既有国际大企业,又有夹缝中求生存的小企业。

(四) 政府部门

政府部门认为旅游是增加收入、刺激当地经济发展和增加就业的手段。通常,政府部门作为一个重要的利益集团,对旅游目的地发展具有领导和协调的作用。

(五) 其他利益集团

其他利益集团主要包括当地的、区域的和国家的利益群体、商会和政治团体。在每一个旅游目的地,各利益集团都有许多互相矛盾和一致的利益。一个真正可持续发展的旅游目的地要明确在长期发展中必须满足所有利益集团的需要。旅游目的地可以通过战略规划使两个方面达到平衡,即以市场导向来满足旅游者的利益和以规划导向满足当地居民的利益。

贵州郎德的乡村旅游社区参与模式

郎德位于苗岭腹地,分上下两自然寨。对外开放的郎德上寨现有 100 多户,500 多人,均为苗族。一条名望丰河的小溪从寨脚流过,溪畔数十架竹筒水车日夜歌唱。这里是清代咸丰、同治年间苗族起义将领杨大陆的故乡,当年修建的围墙、战壕、隘门等遗迹至今犹存。郎德背山面水落寨,依山就势建房。居民住的都是干栏式的吊脚楼,从山脚修到山腰,鳞次栉比。吊脚楼一般分为上、中、下三层,中间一层是全家活动的中心。堂屋外廊上装有苗语叫"豆安息"的曲木栏杆,建筑学上称为"美人靠";堂屋大门的连楹,安有一对木制水牛角。这些成了苗族民居的重要标志。寨内小路全以石板铺就,石板路上有 40 多座小"桥","桥"含人从另一世界来到人间之意。寨内活动中心名为铜鼓坪,系用鹅卵石仿铜鼓面纹饰镶嵌而成,形同一面巨大的铜鼓。寨门是座小巧玲珑的木楼,一对牛角酒杯悬于门楼上。郎德已经被文化和旅游部授予"中国民间艺术之乡"的称号,成为我国首家村寨博物馆,可从其建筑、服饰、节日、娱乐等各个方面,窥见苗岭山区的苗族文化。寨中建有民族文物陈列室,吊脚楼上设有接待间供远方的游人食宿。

在发展乡村旅游的过程中,郎德的居民们用自己的智慧探索创建了有名的"郎德模式",就是村民自治组织管理旅游,旅游收益按照比例分配给集体和个人。此外,朗德上寨推行"积分制 + 乡村旅游"发展新模式,每月把村民参与表演的收入按出工积分比例分配到各家各户,户均年增收 8 000 余元,实现了家家户户参与旅游,人人共享旅游。

1. 成立村旅游办

村旅游办以村党委为中心,成员主要是村党委委员,包括村民委员会主任、支书、会计(村会计、旅游会计),各组再选派 3 名成员(村中约 100 人为一组),实行轮流制,让每家每户都有机会参与管理。村旅游办的职责是:负责接待游客,管理村寨,对村民进行宣传教育,与上级主管部门联络,管理村中旅游收入,不定期召开会议,一事一议。

2. 居民参与程度高

郎德村是国家文物保护村落。村寨在务农的基础上发展旅游业,村中的一个旅游项目是集体参与的苗族风情表演,全村男女老幼都可以参加。凡有接待任务,事先以广播形式告知全村。村民会身着节日盛装,按通知时间到达村中芦笙场集合,做好迎接客人进寨准备。一场表演的个人收入,多则几十元,少则几元。同时,很多妇女还通过向游客出售蜡染、刺绣、银饰等苗家手工艺品获得部分收入。通过发展旅游几乎家家户户都能从中获益。

为了规范表演活动,保障村民的利益,村中还制定了明文规定:零散游客到本寨游玩,不经本寨同意,任何游客不得私自出钱开小表演场。如需观看,民族风情表演的团体或个人必须与本寨组织联系人协商后,再进行表演,并通知全寨男女老少身着盛装以民族礼节进行接待。否则,本寨组织负责人有权阻止,并处以每场(次)400 元以上罚款。

3. 旅游收入统收统支

村委会主要收入来自旅游,这部分收入除提取 25% 作为日常办公费用外,其余 75% 全部分给村民。

四、基本特征

库珀(1998)认为,一个旅游目的地具有以下四个基本特征。

(一) 脆弱性

旅游目的地的资源和环境非常脆弱,随着到访者的增加,一些目的地就会出现超容现象,导致环境质量恶化。只有通过有效的规划和管理才能拯救这类目的地。

(二) 多用性

旅游目的地通常是由旅游者和其他使用者共同占用的。除一些专项设施,如主题公园是完全服务于旅游者外,许多旅游目的地的企业都是同时为旅游和各方面服务的,而且旅游者常常是不受重视的使用者。例如,在海滨旅游区,旅游共享发电业和渔业设施;在乡村,旅游共享自然保护区、农业和林业设施。在这些设施共享的旅游目的地,旅游就可能成为矛盾的根源,导致旅游者和其他使用者的对抗。这就要从管理角度对此加以有效的协调,针对可能出现的冲突提出解决的办法。

(三) 价值性

在社会赋予旅游目的地某种价值之前,它并无什么值得重视的地方。当然,这种社会赋予的价值是随时变化的。例如,英国维多利亚的旅游者参观罗马的角斗场和巴黎的裁缝铺,因为他们认为这些地方值得参观。19世纪人们对高山的认识从恐惧变为憧憬其迷人的景色,使许多高山成了热点旅游区。从20世纪90年代起,人们开始到北极那样令人生畏的环境中旅游也是由于对其价值的认识。人们的偏好和时尚所发生的变化会逐渐反映到对旅游目的地的兴趣上来。对文化遗产和独特人文环境进行妥善合理的管理,能使之持续保持与客源地之间的差异和不可替代性。

(四) 不可储存性

旅游目的地与其他服务产品一样具有不可储存性,如果旅游目的地没有被使用,其价值就会流失。例如,目的地淡季闲置的宾馆床位、餐厅的座位和景点未出售的门票等,都不能储存到旺季再销售。因此,季节性是大多数旅游目的地面临的一个主要问题,这使旅游目的地的固定资产不能有效地使用,利润降低。适游期长的地方,在这方面就有明显的优势。因此,旅游目的地在开始建设之前对市场规模和特点进行准确的预测是至关重要的。

第四节　旅游目的地系统

一、地理系统

旅游目的地,是吸引旅游者短暂停留、参观游览的地方。旅游通道将客源地和目的地两个区域连接起来,是整个旅游系统的桥梁。雷珀在对旅游进行定义时抓住旅游者空间移动这一显著特征,将旅游视为客源地与目的地及旅游通道相连的空间系统,提出了所有旅行活动都会涉及的地理因素,如图1-1所示。

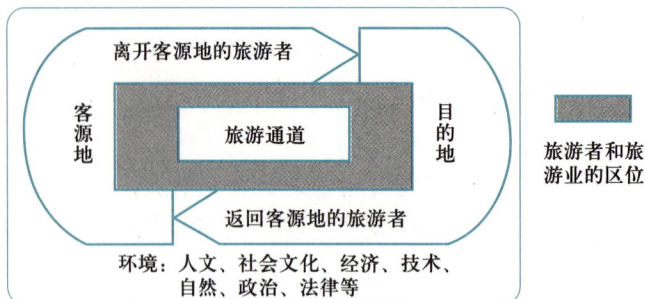

图 1-1 雷珀的旅游体系模型

（资料来源：Leiper N. Tourism management. Collingwood, VIC: TAPE Publication, 1995.）

该系统模型主要构成要素有五部分，如表 1-3 所示。

表 1-3 雷珀旅游地理模型的五要素

要素	描述
旅游者	人方面的要素：在旅行中的人
旅游客源地	地理方面的要素：旅游者开始旅游和结束旅游的地点
旅游通道	地理方面的要素：旅游者主要旅行活动的地点
旅游目的地	地理方面的要素：旅游者主要游玩和参观的地方
旅游业	组织方面的要素：在旅游商业中的组织集合体，其在一定程度上协同营销旅游产品，为旅游者提供服务、商品和设施

（一）旅游者

旅游者（Tourists）是旅游体系模型的主体。雷珀认为，旅游实际上就是许多人所经历的生活中最有意义的时光，包括对人生的美好体验、享受、参与和回忆。在客源地和目的地的推拉作用下，旅游者在空间上进行流动。

（二）旅游客源地

旅游客源地（Tourist Generating Regions）是旅游者居住及旅行的始发地，是客源产生的市场。从某种意义上来讲，旅游客源地是刺激旅游者出游的"推力"。旅游者在旅游客源地收集旅游信息，进行评价和旅游预订，并从客源地出游。

（三）旅游通道

旅游通道（Transit Route）不仅是旅游者前往旅游目的地的短暂过路区域，还是旅游者途中有可能顺便访问的中转地区。旅游通道同时也应该是一条信息的通道，一方面市场需求信息从客源地流向目的地，另一方面具有促销功能的目的地信息从目的地流向客源地。旅游通道的特征和效率将影响和改变旅游流的规模和方向。

（四）旅游目的地

旅游目的地（Tourist Destination Regions）是旅游者的活动中心，在这里，可以最明显地感觉到旅游带来的各种影响，旅游规划和管理战略都要在旅游目的地加以实施。旅游目的地对旅游者的"拉力"不但可以使整个旅游系统充满活力，而且还可以为旅游客源地创造新的旅游需求。旅游目的地是产品创新和为游客提供旅游体验的地方,因此是非常重要的地区。

(五)旅游业

旅游业(Tourist Industry)泛指为旅游者提供旅游产品的各类旅游企业和部门。旅游业存在的意义在于通过其产品满足旅游者的旅游需求。例如,旅游代理商和旅游经营商主要活动于旅游客源地;旅游景点和食宿接待行业主要活动于旅游目的地;交通运输业的活动主要发生在旅游客源地和旅游目的地的途经地区。

在雷珀的模型中,重点突出了旅游客源地、旅游目的地和旅游通道三个空间要素。在此处,旅游目的地是一定地理空间上的旅游资源同旅游专用设施、旅游基础设施以及相关的其他条件有机地结合起来,供旅游者停留和活动的目的地。旅游目的地在雷珀的旅游体系中作为第三个要素,但在很多情况下却是最重要的要素,因为目的地以及它的形象能吸引旅游者,驱使人们前来访问,进而激活了整个旅游体系。

二、功能系统

从功能的角度来看,旅游目的地是旅游活动的中心。旅游目的地把旅游的所有要素,包括需求、交通、供给和市场营销都集中于一个有效的框架内,可以被看作是满足旅游者需求的服务和设施中心,其中供给方(旅游目的地)是旅游活动中最重要和最有生命力的部分,也是旅游接待的载体,是建立旅游者所需要的旅游吸引物和服务设施的所在地。

学者冈恩于1972年提出了旅游功能模型,认为旅游系统由需求板块和供给板块两个部分组成,其中供给板块又由吸引物、服务、交通、信息与促销等构成。这些要素之间存在强烈的相互依赖性,即该模型由五个部分组成,即旅游者、吸引物、服务、交通、信息与促销。他认为,这五个部分是规划中的基本要素,旅游活动的实现,至少要涉及上述五个要素,并且这五个要素相互作用形成一个有机整体——旅游功能模型。

虽然冈恩在1972年提出的旅游功能模型中对供给与需求的关系也给予了强调,但当时对供给和需求的描述很大程度上仅停留在对模型的五个要素进行分类,强调旅游者的决策过程和旅游目的地的营销过程以及旅游者与信息的空间流动过程(如图1-2所示)。

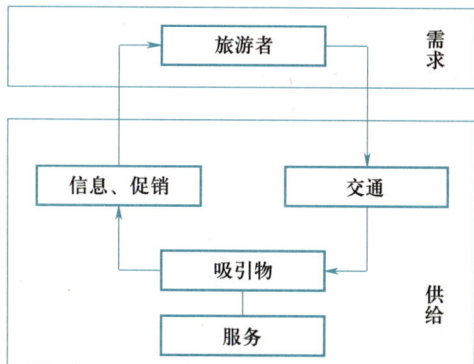

图1-2 冈恩的旅游系统框架

(资料来源:Gunn C. A vacation scape:designing toursit regions. Atustin:University of Texas,1972.)

冈恩旅游功能模型的五要素如表1-4所示。

(一)旅游者(Tourist)

旅游的任何组成要素都能被归纳到相关的供给方和需求方。为了满足市场的需求,一个国家、区域或者社区必须能够提供各种各样的项目和服务,即承担供给方的角色。供给方与市场的匹配情况决定了最终能否达到合理的旅游开发状态,旅游者作为需求方对供给方具有导向作用。

表 1-4 冈恩旅游功能模型的五要素

要素	描述
旅游者	旅游的需求方
信息与促销	对旅游系统具有重要影响
交通	旅游系统非常重要的一个组成部分,客源地市场和目的地之间的关键连接
吸引物	为了游客的兴趣、活动和享受,经过设计和管理,进行开发的地方
服务	整个旅游业中产生经济影响最大的部门

(二) 促销与信息(Promotion and Information)

至今许多旅游中介机构仍将促销与信息混淆起来。促销是要吸引市场,而信息是对吸引物等加以描述,如通过地图、导游手册、录像、杂志文章、宣传手册、互联网和旅行指南等途径进行描述。

(三) 交通(Transport)

城市与吸引物之间的交通、吸引物聚集区域之间的交通尤其需要专门、慎重的规划。除非交通路途也作为一种旅游吸引物,否则交通就不是一个目标,而是旅游不可避免的麻烦。因此要强调对联合运输的考虑,选择贯穿整个旅行的所有交通模式,以尽量减小交通方面可能产生的阻力。

(四) 吸引物(Attraction)

一个旅游目的地的吸引物是旅游供给方的最重要的组成部分,它们构成旅游系统中的活力单元。旅游吸引物一直是刺激旅游的主要动力。旅游吸引物的数量和种类都是极其多样的。吸引物可按不同的方式分类,如根据所有权分类、根据资源基础分类、根据旅游时间分类。另外还有其他的分类方式,如户外吸引物与室内吸引物、主要吸引物与次要吸引物等。

(五) 服务(Service)

住宿设施、餐饮、交通、旅游中介和其他旅游服务行业创造了大量的就业机会、收入和税收。经济学家对该行业的评估不仅仅包括直接影响,还包括其产生的乘数效应。

相比之下,冈恩在 2002 年提出的模型(如图 1-3 所示)更体现了经济学视角下旅游的本质——供给与需求的关系。冈恩认为供给和需求是旅游系统的两个最基本的要素,两者之间的相互匹配构成旅游系统的基本结构。而在供给子系统里,吸引物、促销、交通、信息和服务之间存在相互依赖的关系,它们共同作用,以实现整个供给子系统的功能,即提供符合市场需求的旅游产品。冈恩对供给子系统的描述很好地体现了旅游产品作为一种组合产品的特点。

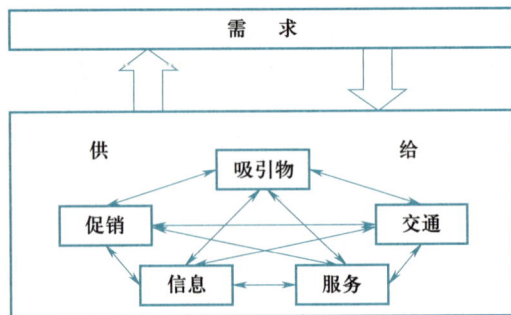

图 1-3 修正后冈恩的旅游系统框架

(资料来源:Gunn C. Tourism planning:basics,concepts,cases. New York:Taylor & Francis,2002.)

功能系统的发展——G-M-M模型

米尔和莫里森(Mill & Morrison)1985年提出了与冈恩功能系统非常相似的模型[1],如图1-4所示。

在米尔和莫里森的模型里,从营销角度出发,把位于同一空间中功能互补的吸引物和服务两个要素合并成了一个要素——旅游目的地。因此可以把冈恩的旅游功能模型和米尔、莫里森提出的模型合称为G-M-M模型。

在G-M-M模型中,组成要素包括市场、交通、营销、旅游目的地(旅游服务和吸引物)。在系统中各组成要素相互依赖、共同作用,其中任

图 1-4　米尔和莫里森的旅游功能系统模型

何一个要素发生变化都将引起其他要素的变化。如果旅游者偏好发生变化,旅行成本或模式发生改变,开发了新的旅游资源,提供了新的服务,或者增加了新的促销,原来旅游系统的平衡状态就会偏移,其他要素也要发生相应的变化(Gunn,1988)。[2]G-M-M模型也明确指出,一个有效运行的旅游模型必然表现为人与信息的空间流动。人通过交通这一媒介从市场流向目的地(Gunn模型的右半部分、Mill和Morrison模型的左半部分),而信息则通过营销这一媒介从目的地流向市场(Gunn模型的左半部分、Mill和Morrison模型的右半部分)[3]。上述两个过程也可以被理解为旅游者的决策过程和旅游目的地的营销过程。在营销过程中,旅游目的地把产品信息通过广告、分销渠道等营销环节传递到市场,从而鼓励旅游者到目的地的旅游行为;在决策过程中,旅游者首先做出去旅游的决定,然后再决策去哪个具体的旅游目的地、什么时候去、怎么去。模型的内在含义是,旅游有效运行的动力就在于"推"和"拉"两个作用。

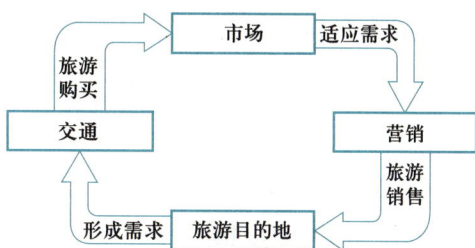

本章小结

旅游目的地最早是一个地理概念,之后又被加入了知觉维度,对旅游目的地概念的认识与旅游需求有关,旅游者的旅行路线、文化背景、游览目的、文化程度及过往经历使其在对旅游目的地的界定上存在一定差异。现代旅游业的发展改变了人们的出游方式和认知形态,旅游目的地的定义、分类、构成、系统也发生了改变。旅游需求的变化导致对旅游目的地内涵与外延认识的不断调整,使得旅游目的地形象、旅游目的地营销、旅游目的地生命周期、旅游目的地的可持续竞争力等研究和管理重点也随之发生变化。通过本章学习,应了解旅游目的地的定义及分类,理解其构成要素和系统特征,以更好地开展后续章节的学习实践。

---

[1]　Mill R.,Morrison A. The tourism system. Englewood Cliffs:Prentice—Hall,1985.

[2]　Gunn C. Tourism planning. 2nd. New York:Taylor & Francis. 1988.

[3]　郭长江,崔晓奇,宋绿叶,等.国内外旅游系统研究模型综述.中国人口·资源与环境,2007,17(4):101-106.

思考题

1. 在英国学者布哈里斯对旅游目的地的定义中,6A 分别指的是什么?
2. 举例说明旅游目的地分类。
3. 旅游目的地的构成要素包括哪些方面?
4. 旅游目的地的特征对旅游目的地管理有哪些启示?
5. 旅游目的地的地理系统和功能系统分别包括哪些内容?

 **即测即评**

第二章　地方理论

》》本章学习目标

1. 理解地方理论的核心概念和核心体系,包括地方性、地方依恋等。
2. 掌握地方理论的研究内容与方法,如地方营造理论、地格理论等。
3. 分析地方理论在旅游规划和社区发展中的应用。
4. 探讨地方理论与旅游目的地形象和品牌建设的关联。

》》本章引文

"城市在一种栖息里,也在旅途中;城市在心房里,也在梦想中;城市看得见,也看不见;城市,是一种生活的态度。游者总是期望生活在别处,体会异地的风情,在每一个陌生的街头,与萍水相逢的人倾心畅谈,仿佛相识已久,仿佛生根此处,静静聆听那些关乎此地的梦想和回忆,彼时花开,盛世韶华,夹杂那一刻湿润的空气,斑驳的瓦片一同被触摸。那些未曾经历的过去与不复存在的故我相怜相惜,相知相叹,蓦然间,脚下的这块土地变得真实而生动,被镌刻在生命的回忆里;一路行走,带着无数的故事回到最初生之养之的乡土,心情总会有些新的触动,这熟悉的城市和一路走过的风景混合在一起,变成了只属于自己的城市印象,而这印象带着生命的痕迹。"

——卡尔维诺《看不见的城市》

》》本章关键概念词

地方理论;地方;地方感;地方性(地方精神);地方依恋;地方营造理论;地格理论

第一节　地方理论的核心概念与概念体系

地方理论源于地理学的研究,过去人们总把地方看成一个空间概念,是"人类活动的容器,是客观、可绘制的"。20世纪70年代,索尔(Sauer)、鲁克曼(Lukerman)与段义孚(Yi-Fu Tuan)等人文地理大师挑战了这些观念,指出"地方是一种对世界的态度,强调主观体验而非空间科学的冰冷生硬逻辑","是由个人或群体赋予了深刻内涵和意义的特殊空间"。

美国华裔人文地理学家段义孚于1976年首次提出了"地方"(Place)和"地方感"(Sense of Place)的概念,接下来西方学者围绕这两个核心概念提出了"地方性"(或称地方精神 Spirit of Place)、"无地方性"(Placelessness)、"地方依恋"(Place Attachment)、"地方依靠"(Place Dependence)、"地方认同"(Place Identity)、"地方营造"(Place Making)等概念,从人的感觉、心理、社会文化、伦理道德等不同角度来阐述人与地方之间的关系,共同组成了"地方理论"(Place Theory)。

地方理论从20世纪70年代受到关注,80年代末被引入旅游研究,主要涉及人文地理学、环境心理学和社会学3门学科,具体关系如图2-1所示。地方感是人与地之间联系的有效纽带,因此,前两门学科着重从人地关系的角度对该现象进行研究,人文地理学的落脚点在地方上,环境心理学的落脚点在心理上,而社会学强调设施的象征意义从而影响人类与社会环境的相互作用。

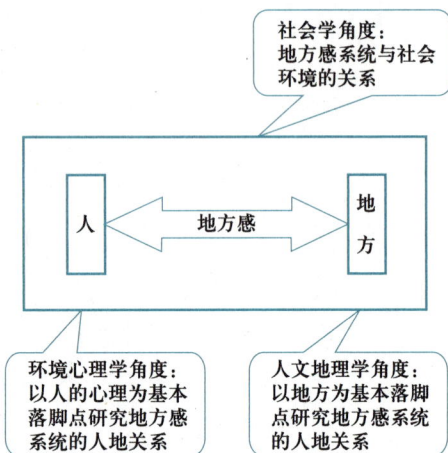

图2-1　"地方感"研究的学科结构

一、核心概念

(一) 地方

段义孚从空间现象学的研究视角出发提出地方的概念:"地方是世界活动中人的反映,通过人的活动,空间被赋予意义";"地方是人类生活的基础,在提供所有人类生活背景的同时,给予个人或集体以安全感或身份感"。瑞夫(Relph,1976)认为,如果一个地点(空间)充满着具有意义的真实经验或发生过动人的事件,个体就会对它形成一种认同感、安全感或关心(Concern)等,这样空间就转化为地方。在《地方与无地方性》(Place and Placelessness)一书中,瑞夫指出:"实体环境、功能活动和地方感(意义)是对一个地方进行识别的三个基本要素,这种分法虽然简单,却是理论基石:在第一层面可以把地方看成是由建筑、自然环境等组成的物质实体,像航空图片中拍摄的样子;在第二层面把地方看作社会关系的载体,'一个严谨客观的研究者可以观察人们的行为,就像昆虫学家观察蚂蚁那样';从第三层面讲,一个正在感受这些环境或经历这些活动的人看到的却远远不仅这些,他对于事物和事情有着自己的评价:美与丑、促进与阻碍、喜爱和厌恶、亲近与疏远,总而言之,富有意义。"如图2-2所示。

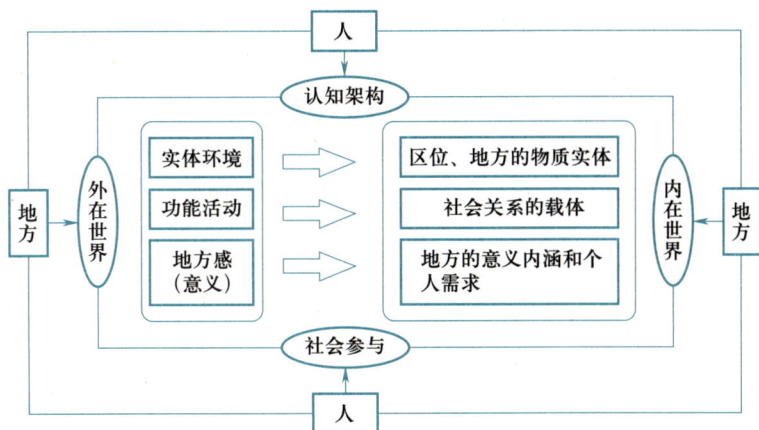

图 2-2　地方内涵结构

(二) 地方感

地方感是人的情感与所处环境之间相互作用而产生的一种反应,因为人的记忆、感受与价值等情感因素与景观环境之间会产生情感意义上的互动,所以个人就会产生对地方的依附行为。段义孚指出,"地方可以具有一种精神或者一种性格,但只有人才有地方感,地方感是由地方产生的并由人赋予的一种体验",它包括两个含义:"地方固有的特性(地方性)和人们对这个地方的依恋感(地方依恋)"。[①]

(三) 地方性(地方精神)与无地方性

地方性是一个地方不同于其他地方的特性,是地方特征的集中体现,为地方赋予了特定的情感和个性。有的地方由于其独特的物理特性或可意象性(Imagability),或是和重要的真实事件、神话事件有关,被视为特殊的、值得记忆的地方,如北京的故宫、天坛,西安的兵马俑、秦始皇陵等,这些地方具有很强的神秘色彩和独一无二的重要意义,即使人们没有亲自体验过这些地方,也可以感受到强烈的地方性。值得一提的是,这些地方作为旅游目的地,通常旅游品牌形象独特、鲜明,旅游开发也相当成功。

无地方性是地方性的相反状态,由瑞夫(1976)提出。他承袭了海德格尔(Heidegger,1962)的观点,认为当今世界随着现代主义标准化城市设计的风靡,千篇一律的现代建筑风格和连锁店经营模式,导致代表前工业化和手工文化并创作了地方感的真实姿态已大量丧失,而地方多样性的丧失预示着意义的更大丧失。商品化旅游景观、新城和郊区以及建筑中的国际风格都是无地方性和非真实姿态的实例。

(四) 地方依恋

地方依恋是人与场所之间基于感情(情绪、感觉)、认知(思想、知识、信仰)和实践(行动、行为)的一种联系,其中,感情因素是第一位的。威廉姆斯和瓦斯科(Williams & Vaske)认为地方依恋从结构角度由地方依靠和地方认同两个维度构成。哈迈特和斯图尔特(Hammitt & Stewart)从程度上将地方依恋分为地方熟悉感、地方归属感、地方认同感、地方依赖感和地方根深蒂固感五个等级。

地方依恋构建了地方依靠(Place Dependence,PD)和地方认同(Place Identity,PI)的结

---

① 　TuanY F. Space and place. London: Edward Arnold, 1977.

构。地方依靠是一种功能性依赖,体现了地方资源及其提供的设施对想要开展的活动的重要性。如北京是了解明清建筑和历史的最好去处,"农家乐"是体验农家生活的好地方。从这个意义上来说,旅游目的地要想提高旅游者地方依靠水平,就必须有较为完善的、科学的、能满足具体旅游目的的功能性设施。地方认同是一种精神性依赖,指个体与客观环境的一种依赖关系,这种关系依靠一个与该环境有关的个人有意或无意的想法、信仰、偏好、感觉、价值观、目的、行为趋向和技巧综合形成的复合体而形成。[①] 这种情感主要来自某种认知,如黄帝陵"祭祖",利用了中国人对黄帝的崇拜心理,吸引了包括海外华侨在内数以万计的旅游者。这种情感也可以来自旅游实践,如旅游者去过旅游地一次后对其感觉良好,从此念念不忘,如古城丽江,经过科学的规划和保护,使旅游者一去便难以忘怀,现已成为旅游者回头率最高的古城。从这个意义上说,地方依附可以在后天形成、引导和发展,具有较强弹性。

二、概念体系

根据上述地方理论及核心概念的介绍,本书在综合以上地方理论知识的基础上得到地方理论的框架图,如图 2-3 所示。

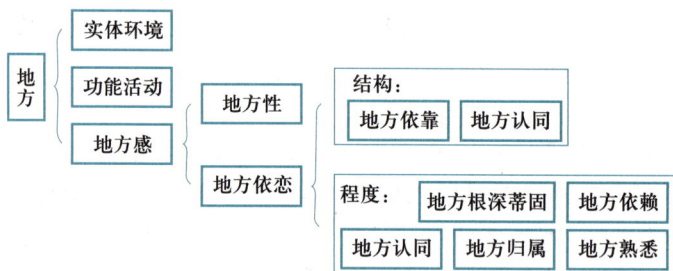

图 2-3　地方理论概念框架图

第二节　地方理论的研究内容与研究方法

一、地方性理论

(一) 地方性

地方在实体环境基础上,随着历史的发展、各种事件的累积、文化的积淀,可以具有一种性格或者是精神。这样,地方不仅仅是地图上的符号标志,还被视为一个有意义的价值中心、一个情感附着的焦点,具有了地方性。地方性的差异体现在生活的各个方面。例如,在建筑上,北京有四合院,永定有土楼,川西有碉楼,珠三角有蚝壳屋,湘西有吊脚楼。这些各

---

① Vorkinn M, Riese H. Environmental concern in a local context: the significance of place attachment. Environmental Behavior, 2001, 33 (2): 249.

具特色的地方性差异是旅游的基础。

地方性是地方本身所具有的各类客观特征(自然、历史、民俗文化)的综合,而地方精神(地方意义)是这一系列特征的内在含义。独特的地方意义可以使一个地方具有竞争性、唯一性和可识别性,成为引人入胜的旅游地。

21 世纪的旅游目的地,每个都具有五星级的接待设施、热情友好的服务人员、迤逦的风光和刺激的体验活动,而现代旅游者已不再满足于此,当他们用挤出来的度假时间和辛辛苦苦挣得的收入来选择旅游目的地时,是带有某种情感诉求的,旅游目的地的选择反映其生活向往和价值追求,旅游的过程作为一种综合性经历体验,事实上是通过自身的参与,追求一种与"地方"相关联的价值、意义或者心理满足。所以说旅游目的地品牌提供的不只是产品和服务,而是一种经历体验,一种与旅游目的地相联系并能激发消费者共鸣的精神价值,即地方精神。

(二) 地方性的构成

一般认为地方性作为地方独特资源和吸引力因素,主要包括五大类①:① 自然条件。地方自然条件构成自然审美的绝大部分;② 地方文化。地方文化提供知识层面的满足;③ 活动。地方系列活动组合提供情感刺激;④ 节庆。地方各种特殊节庆活动,增加地方感和独特性;⑤ 上层设施。旅游上层设施是地方依赖的形成基础。

1. 自然条件

自然条件是决定地方独特性的主要因素之一,包括自然现象和自然事物。这些自然条件或者具有吸引力,或者带来障碍,应根据各自的情况开展旅游活动。

(1) 具有舒适气候条件的地方,依照自然优势打造其竞争地位,例如西班牙主打 3S 旅游。

(2) 具有壮丽景色的地方,旅游开发也会相当成功,如欧洲的阿尔卑斯山脉地区。

(3) 不具有自然优势的地方,要通过人造环境或者独特的吸引物来抵消这个不利条件,依靠独特吸引物、创意理念、重大活动等方式打造品牌,例如建在佛罗里达州中部荒凉沼泽上的迪士尼,靠创意和理念迅速崛起。

2. 地方文化

里奇(Ritchie,1978)通过研究,把具有旅游吸引力的文化因子分为12 类,如图2-4所示。

游客一般注重从以下四个方面认识地方的社会文化:

(1) 日常生活的基本情况,也就是说,人们平常是怎样生活的。

(2) 反映当地居民生活富足的情况,如艺术、服饰、饮食等。

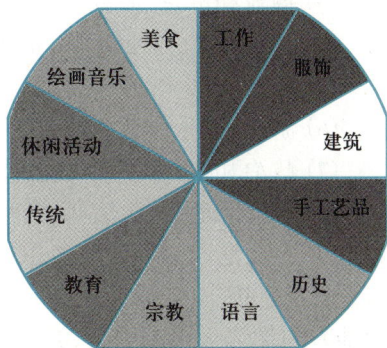

图 2-4　旅游吸引力的文化因子

(资料来源:Ritchie B,JR,Crouch G I. The competitive destination:a sustainable tourism Managment, 2000,21(1).)

---

① Ritchie B,JR,Crouch G I. The competitive destination:a sustainable tourism perspective. Tourism Management, 2000,21(1).

(3) 当地社会中的工作情况。

(4) 当地的历史文化遗存,尤其是博物馆、建筑和宗教等方面。

3. 活动

真正吸引旅游者前往一个地方的原因是有事可做,即积极地参加令人激动的活动,并带着一份美好的记忆离开。为了增强地方吸引力和竞争力,能否提供多样的活动类型,能否使人留下难忘的记忆是塑造地方感成败的关键。

在活动中展现地方性要遵循以下原则:

(1) 活动类型应该和地方的自然条件、地形特征保持一致。

(2) 活动类型应该和当地居民的价值观保持一致,至少是不能违背。

(3) 活动类型应当遵守地方性法规和条例规定。

(4) 各种活动应当相互补充,从而满足游客的多方面需求。

(5) 应恰当利用地方自然特色,使活动具有地方独特性。

(6) 应为游客提供地方各个季节都能开展的活动。

(7) 地方提供的各种活动应在经济上具有可行性,并且能赚取相应的利润。

4. 节庆

一般认为,节庆与本身的规模大小和经济影响无关,指那些十分独特并拥有自己的品牌,以至于一经提起,人们就可以立刻联想到它的举办地,如青岛啤酒节、大连服装节、新奥尔良狂欢节等。

盖茨(Getz,1997)把现有的事件归纳为 9 类,并认为平常的社区节庆活动会给旅游目的地带来源源不断的游客,久而久之就会形成不同寻常的神秘感,成为游客的必游之地。

(1) 文化庆典:欢庆日、狂欢节、宗教节庆事件、游行和传统纪念日。

(2) 艺术和表演:音乐会、画展、颁奖典礼、其他表演。

(3) 商业和贸易:博览会、市场、展销会、集会和协商会、宣传活动。

(4) 体育竞技:职业赛事、业余赛事。

(5) 教育和科学:研讨会、学术会议、国际性集会、说明会。

(6) 游憩:娱乐游戏和体育活动。

(7) 政治和政府:就职典礼、任职仪式、贵宾参观、群众集会。

(8) 私人活动:私人庆典、家族礼节。

(9) 社会活动:宴会、盛会、团聚。

盖茨还指出,如果想通过举办活动和节庆来提升地方的地位和声望,使得这项活动成为地方的优势吸引力因素,必须对基础性因素加以重视。这些因素包括:多重目标、节日气氛、满足基本需要、唯一性、质量、真实性、传统、灵活性、好客、确切性、标志、可获得性和便利性。

5. 上层设施

旅游上层设施指服务于旅游者的建筑和设施,包括宾馆、饭店、咨询中心和旅游景点等,大部分是专门为游客而建,也有一些早期因其他目的而建,现在作为旅游景点的设施。活动是人们平时所做的事情或者围绕某一主题而形成的一系列事件,旅游上层设施则为这些事件和活动提供了设施和场地。有些上层设施因其独特性,本身就是旅游吸引物,例如埃菲尔铁塔、自由女神像、拉斯维加斯等。

现在一般把旅游上层设施分为三个层次：

（1）功能性因素设施：宾馆、卧室加早餐设施、餐馆、游客服务中心、飞机场、主题公园、游船码头、会议中心、名胜风景区、汽车租赁中心。

（2）增强性因素设施：博物馆、动物园、独特的办公大楼、露天运动场、名人故居、独特的商业居住小区。

（3）独特性因素设施：教堂、自然奇观、历史标志物、独特的工业遗址、独特的建筑物、自然演化条件、大学校园、灾难地区。

二、地方依恋理论

威廉姆斯和鲁格博克（Roggenbuck）于1989年首先发现一些旅游资源与环境要素组合相似的旅游地并不拥有相同的旅游流量和旅游者结构。旅游者并不完全根据旅游资源与环境要素组合状况选择旅游目的地，他们对某个特定的旅游地具有更大的心理偏好，地方依恋是产生这种偏好的根本原因。地方依恋是人的情感与所处环境相互作用而产生的一种反应，因为人的记忆、感受和价值等情感因素与地方资源（旅游资源）之间会产生情感意义上的互动，所以个人就会对地方产生依附行为。修蒙（Hummon，1992）认为人们的这种依附行为在人和地方之间起到了重要的连接作用。一旦消费者对旅游地形成依恋，就会对其忠诚，而且愿意为此支付较高的价格。可见旅游目的地不仅要与消费者建立起理性的关系，更要让他们感受到强烈的情感关联，让旅游者体验到它所代表的地方意义和价值取向（Kevin Lane Keller，1998）。

（一）地方依恋认知构成

1. 根据形成原因划分

根据形成原因地方依恋可分为地方依靠和地方认同。

地方依靠是一种功能性依赖，体现了地方资源及其提供的设施对想要开展的活动的重要性。地方认同是一种精神性依赖，指个体与客观环境的一种依赖关系，这种关系依靠一个与该环境有关的个人有意或无意的想法、信仰、偏好、感觉、价值观、目的、行为趋向和技巧综合形成的复合体而形成，这种情感主要来自认知和实践。

地方认同根据产生类型可分为以下四种。

（1）对故乡和家的依恋。故乡和家是人们产生地方依恋的主要地域，故乡承载了人们儿时的记忆，而家则代表了一个温暖的港湾，故乡和家都能给人一种温暖、安全、熟悉、美好的感觉，对故乡和家的依恋是人类永恒的心理情结。

（2）对宗教圣地的朝拜。宗教场所具有的神圣性使人们对其产生强烈的地方感。耶路撒冷、梵蒂冈、麦加等地是闻名世界的宗教圣地，每年在吸引宗教信徒的同时也吸引了大量的旅游者；佛教、道教、伊斯兰教、基督教与天主教是在我国流传的五大宗教，在全国各地留下了众多的寺庙、宫观、石窟、教堂等宗教场所与遗迹。著名的宗教场所是众多宗教信徒和旅游者心目中的朝拜圣地，具有特殊的地方意义。

（3）对自然风景的痴迷。神奇的大自然和优美的自然景观是让人们为之痴迷的主要吸引物。人们对一些具有优美自然景观的地方会产生非常强烈的地方感，如唐代诗人王维隐居终南山辋川别业，当代著名画家刘海粟十上黄山，说明他们对某些自然风景痴迷至极。

（4）对文化底蕴的归属。具有深厚文化底蕴的地方会让部分人产生很强烈的归属感，一些地方也成了某种文化的象征与代表。如苏州、杭州能够让人想到江南水乡的婉约、细腻与恬静，西安能够让人感到中国古代汉唐盛世与厚重的文化积淀，大理、丽江让人联想起的是云南民族地区的七彩风情。

2. 根据情感程度划分

根据情感程度地方依恋可分为地方熟悉感、地方归属感、地方认同感、地方依赖感和地方根深蒂固感，如图2-5所示。

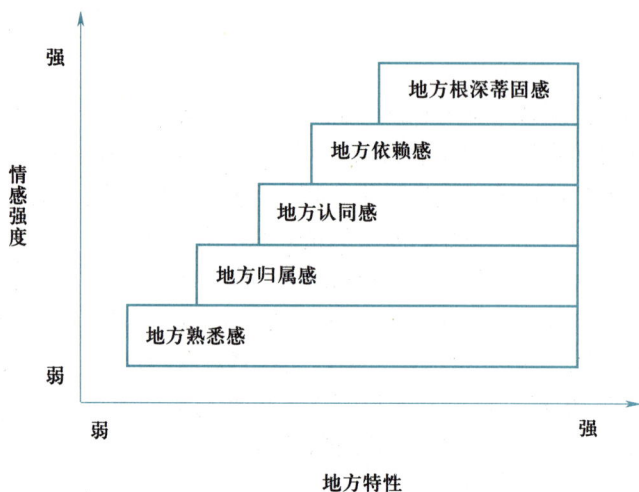

图 2-5　旅游目的地地方依恋模型

（1）地方熟悉感（Place Familiarity）。人们在选择游憩地点时，其行为决策常常反映了个人可以自由并依照自我意志地选择，对记忆中潜在熟悉的意象产生情感（Affective）经验或特殊关系。因此，就会出现游客对旅游地的重游现象。地方熟悉感是游客赋予旅游地的一种情感上的联系，它可能源自游客对特殊地点的熟悉感觉，但是还没产生强烈的认同感或依赖感[①]。

（2）地方归属感（Place Belongingness）。随着人们记忆和经验的增加，人对地方就会产生出一种"属于这个地方"的感觉，把自己视为这个地方的一分子，融入当地的环境氛围中，就会产生出一种对地方的归属感（Milligan，1998）。地方归属感与人的社会地位有关联，归属感会让个人觉得是属于这个社会的一员，像拥有"会员身份"（Membership）一样。

（3）地方认同感（Place Identity）。人在进行旅游活动时，因为是不断地重复探索地方与情感联系的过程，所以就会产生来自生活目的的情感象征与意义之间的自我认同感。[②]游客在旅游活动中，从信仰、偏好、感觉、价值、目标与行为的参与中，会由自我认同延伸出对地方的认同感。

（4）地方依赖感（Place Dependence）。当地方可以满足人们不同的特定需要时，就会

---

① Roberts E. Place and spirit in public land management. Ill Driver B L, et al. Nature and the Human Spirit. State College, PA: Venture Publishers, 1996: 61-80.

② Williams D R, Vaske J J. The measurement of place attachment: Validity and generalizability of a psychometric approach. Forest Science, 2003, 49 (6): 830-840.

产生出对旅游地的依赖感。如一些特殊旅游爱好者总喜欢到茂密的森林里去探险,去呼吸那里的新鲜空气,度假探险已经成为他们生活中的习惯,他们对这种地方已经有了依赖感。

（5）地方根深蒂固感（Place Rootedness）。根深蒂固感指能够让人感到对地方有非常强烈关注的情感联结,就像家一样,不需防备。[①] 人与一个地方进行长时间的活动接触,就会使人产生想要拥有和扎根在此地方的愿望;当人们变得想要停留此地,甚至想要拥有这个地方的时候,就产生了根深蒂固感。[②] 如许多外国人来到阳朔西街,就被那里的风土人情以及优美的自然风情所吸引,甚至有人产生长久居住在那里的念头,这就是一种人对地方根深蒂固感的表现。

（二）地方依恋内涵及影响因素

探讨游客的依恋情感与行为的研究是地方依恋研究的重要议题。西方学者对地方依恋的内涵进行研究,大大促进了地方理论的应用,如表2-1所示。

表2-1　地方依恋的内涵

对象	地方依恋的内涵	影响因素
居住地域居民	拥有家一样的感觉氛围 对特定的小镇或房屋、熟悉的邻里氛围产生强烈的依恋	1. 人的社会经济文化背景 2. 地方的功能性——提供安全的住所、庇护所 3. 人与人、人与社会交往的网络架构
旅游地	环境塑造的氛围与属性,如景观价值、历史文化、场所氛围等	外在环境因素:地方的属性、社会的状况、环境的状况、居住时间
游客与地方居民	具有强烈地方属性,能激起游客的情感体验,就会有很深的依恋	个人内在因素:社会经济背景、文化认知能力、旅游特质、专业化程度等

社会学家古斯塔夫森（Gustafson）主要从社会学角度运用数据分析的手段研究影响地方依恋的各种因素。他于2001年提出的模型可以更好地解释地方依恋的产生,如图2-6所示。

从塑造地方依恋的三极模型[③]中可以看出,古斯塔夫森认为地方依恋主要由三个主体构成:自我、环境和其他人。自我包括个人的生活经历、情感、自我评价和自己的活动经历;环境包括地方的实体环境、突出特征、公共机构及事件等;其他人则是由他们的特征、品质和行为组成。例如,社会关系属于这三个主体之间的关系。以自我—环境之间的关系为例,古斯塔夫森观察到,在一些案例中,一个地方通过提供特别的活动或展示当地的文化带给它的居民地方感。

探讨游客的依恋情感与行为的研究是地方依恋研究的重要议题,西方学者对地方依恋的影响因素进行了大量实证研究,进一步促进了地方理论的应用,如表2-2所示。

---

①　Tuan Y F. Rootedness and sense of place. Land Scape,1980,24(2):3-8.

②　Hay R. Sense of place in developmental context. Journal of Environmental Psychology,1998,18(2):5-29.

③　Gustafson P. Meanings of place: Everyday experience and theoretical conceptualizations. Journal of Environmental Psychology,2001,21:5-16.

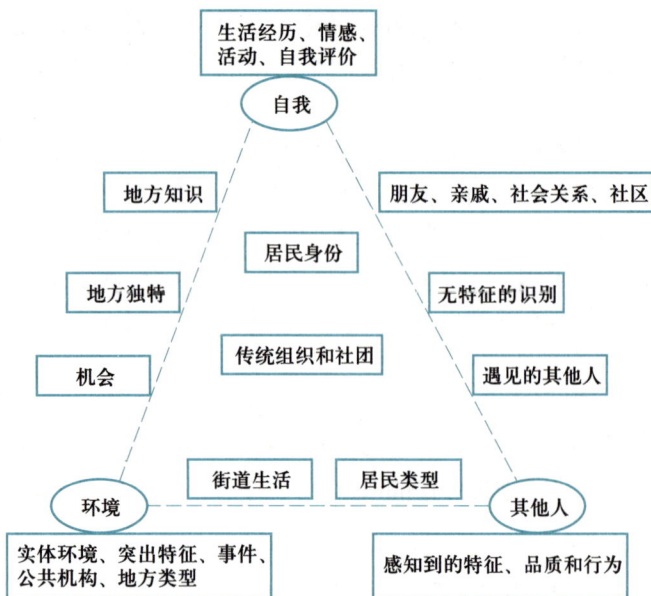

图 2-6　塑造地方依恋的三级模型

表 2-2　国外地方理论应用研究综述

研究者、年代	研究地点	研究对象	研究结果
威廉姆斯 （Williams，1992）	四个荒野旅游憩区	游客、探险者	地方依恋与区位替代性、社会特质、经验模式、旅游特质、游憩敏感度及荒地环境有关
穆尔和格雷 （Moore & Graefe，1994）	自然环境	观光游客	地方依恋与拜访的频率、游客年龄有关
开特布朗 （Kaltenborn，1997）	南挪威山谷的国家公园	从事农牧经营者	地方属性、整体地方氛围及环境特色会影响地方依恋的形成
米利甘 （Mcandrew，1998）	家	毕业生	距离远近与时间因素会影响个人依恋行为表现
布瑞克和克思泰特 （Bricker & Kersetter，2000）	游憩地点	泛舟激流游憩者	高专门化与地方认同、生活形态有关，地方依恋不会影响专门化的层级
海德尔格和赫尔南德思 （Hidalgo & Hernandez，2001）	居住地	居民	对临近地点的依赖是最弱的，且依赖程度会随着年龄和性别而改变

研究者、年代	研究地点	研究对象	研究结果
开特布朗和威廉姆斯（Kaltenborn & Williams,2002）	挪威国家公园	居民与游客	居住和使用者经验对观光活动会影响地方依恋
穆尔和斯考特（Moore & Scott,2003）	国家公园与铁道艺术区	游客、摄影师等资源使用者	不同类型的游憩地点，其地方依恋层级表现有所不同，个人参与活动频率和类型会影响地方依恋
威廉姆斯和瓦斯科（Williams & Vaske,2003）	森林游憩区与国家公园	学生、游客	地方认同与地方依赖之间的效度分析和概念架构
普瑞德（Pretty,2003）	居住地	居民	不同年龄的居民认同与停留此地的喜好程度不同
凯利（Kyle,2004）	自然环境	环境使用者	社会与环境状况会影响地方依恋的程度
哈迈特和布莱克鲁等（Hammitt & Blacklu,2004）	钓鱼泛舟地点	游客和运动使用者	高层级使用经验者对地方情感联结较高，而新手与游客对于替代性行为较高

（三）地方依恋研究方法

研究方法上，目前地方依恋研究主要以科学实证的测量统计分析方法为主。地方依恋测量量表主要有三种，分别是李克特量表（Likert Inventory）、格特曼量表（Guttman Scale）以及哈迈特和斯图尔特量表（Hammitt & Stewart Scale）。前两者依据威廉姆斯的地方依恋结构分类，李克特量表主要用于外来人员对某地地方依恋的测量，格特曼量表更多用于当地人对某地地方依恋的测量。哈迈特和斯图尔特量表依据地方依恋程度等级分类，给出了地方依恋感的指标评价体系。

地方依恋测量的李克特量表，具有代表性的是丹尼·威廉姆斯（Daniel R. Williams）的旅游依恋量表，如表2-3所示。该量表也是地方依恋测量研究者应用最多的量表。丹尼·威廉姆斯指出，地方依恋由地方认同与地方依靠两个维度组成，地方依靠是人与地方之间的功能性依恋，而地方认同是一种感情性依恋，并设计了地方依恋量表测量个人与户外游憩地的情感联结关系。

根据这种情况，一般研究者把广泛意义的"这里""本地"换成具体的地点。每个项目都用李克特五点量表来测评：1——非常不同意，2——不同意，3——中立，4——赞同，5——非常赞同。除此之外，还有七点量表和九点量表，但用的人不多。

第二种测量地方依恋的工具是格特曼量表。最初是丹尼·威廉姆斯等人研究 Mt. Rogers 社区居民时使用的。这个量表的好处是可以测度复杂地理环境的地方，不像上面的量表局限在游客或者娱乐场所，如表2-4所示。

表 2-3 旅游依恋测量的项目

序号	地方认同	地方依靠
1	这里对我来说意味着很多	没有其他地方比得上这里
2	我对这里的依恋感很强	我去其他地方时得到的满意度更多
3	我对本地十分认同	在这里做的事情比在其他地方更重要
4	这里对我来说很特别	我在其他地方不会做类似这里的事情
5	来之前我思绪万千	这里是我做喜欢的事情的最好地方
6	我感到这个地方是我生命的一部分	没有其他地方比这里更适合我在空闲时间做事情
7	参观这里让我更深刻地认识自我	没有其他地方比这里更适合做自己想做的事
8	如果可以,我希望在这里停留更长的时间	这里给我的感觉其他地方无法给予
9	这里是为我准备的	这里是我空闲时间最喜欢的地方
10	以后的日子里,我会经常提起这个地方	在其他地方做的事情和这里一样

(资料来源：Williams D R. 2000 Notes on measuring recreational place attachment.)

表 2-4 格特曼地方依恋表测量项目

序号	水平	项目
0	没有任何地方感	我更希望住在其他地方
1	感到存在于本地,但对本地没有特别喜好	我不怎么喜欢我是这里人
2	属于这个地方	我会感觉自己属于此地
3	对某地产生依恋	我在感情上依恋此地 我认同本地社区的目标
4	对某地产生认同	我认同本地人的生活方式和价值观
5	希望为此地做贡献	我愿意为此地贡献我的全部精神和力量
6	愿意为此地献身	我愿意为挽救、保护、保存、维护此地而献身

(资料来源：Shamai S. Sense of place：An empirical measurement. Geoforum，1999，22(3).)

哈迈特和斯图尔特量表用于测量地方依恋的程度,将地方依恋分为地方熟悉感、地方归属感、地方认同感、地方依赖感和地方根深蒂固感五个等级,如表 2-5 所示。

表 2-5　地方依恋的指标评价体系

地方依恋程度	问卷内容
地方熟悉感	1. 我能大概说出这个地方的位置及区位
	2. 我来过这里很多次,并且我很熟悉这里
	3. 我对这个地方了如指掌
地方归属感	1. 我对这个地方感觉很亲密
	2. 我热爱这个地方
	3. 没有任何一个地方可以比得上这个地方
	4. 我觉得我就像这里的一分子
	5. 我觉得我很适合这个地方
地方认同感	1. 这个地方对我来说很特别
	2. 我非常依恋这个地方
	3. 这个地方对我而言意义重大
	4. 我非常认同这个地方
	5. 到访这里,可让我认清自己
	6. 我感觉这里是我生命中的一部分
地方依赖感	1. 这里是我进行旅游活动的最好地方
	2. 相对其他地方而言,这里是最重要的
	3. 没有其他的观光地点能够和这里相比
	4. 比起其他地方,这里的风光更让我满意
	5. 去过这里之后,我会喜欢到和这个地方相似的地方去观光
地方根深蒂固感	1. 这里是我唯一渴望进行观光活动的地方
	2. 除了这里我几乎不想去其他地方进行观光活动
	3. 假如不能去这里观光,我几乎不想出去旅游
	4. 当我想去旅游观光时,我只想去这个地方

三、地方营造理论

地方营造是地方理论在旅游中的应用。地方营造就是在保持地方的本质的同时给予地方更多的自然的和心理上的含义,是在保持和加强地方性的基础上为旅游者提供更有意义的环境和功能空间,以增强旅游者的地方感。从地方理论的角度来看,旅游规划是显现地方性、创造一个有意义的地方以增强旅游者的地方感的过程。旅游规划不仅是规划建筑和旅游资源,更重要的是营造一种地方感,即一种地方营造活动。冈恩指出"与地方相一致"是所有旅游规划的基本原则。

地方营造强调地方是个复杂的社会结构,意义广泛,而地方营造可以通过打造"人—地感知系统"和"人—人感知系统",引导旅游者心理认知过程,宣传特定的地方意义,塑造旅游目的地形象。如何得到鲜明的地方意义,很多学者对此做出了研究。斯奎尔(Squire)有关华兹华斯的诗歌和英格兰湖区旅游地发展的研究表明,文学作品可以将一个地方浪漫化,使原本无意义的荒野地成为充满文化意义的旅游地。[①]库如思(Kruse)关于利物浦的旅游景观调查研究发现,甲壳虫乐队成为地方意义的中心,而这个地方意义是一个混杂体,既包含历史形成的真实成分,也包含后来复制的成分,还有大量伪造的成分。[②]吉布森和戴维森(Gibson & Davidson)关于澳大利亚乡村音乐之都 Toorth 的研究进一步表明,旅游地的地方意义可以是全盘挪用的,与历史真实无关。这种创造出来的地方意义是一种社会构建,是城市更新、城市营销和旅游业发展中各种政治经济力量协商的结果。[③]杨(Young)对澳大利亚某旅游地的研究表明,旅游者赋予旅游地地方性和促销材料试图传达的地方性之间存在明显差异,了解旅游者的地方性可以提高促销效果。[④]

如果说旅游地品牌定位主要是以地区历史和现代形成的"地方性"为出发点,通过"地方性"来挖掘旅游地地方精神,那么旅游地地方营造则是以社会受众为根本出发点,通过对"地方性"资源的整合,用消费者熟悉的视觉、知觉系统来表达地方精神的过程,以激起其认知共鸣,触发购买、旅游等动机。

四、地格理论

地格理论融合了地理学的地方性理论、营销学的品牌个性理论、旅游学的推拉理论以及管理学的资源基础理论。邹统钎(2008)提出并强调了乡村地格概念,认为旅游目的地是一个地方,内质是地格,外像是景观。[⑤]地格是地方长期历史演变的产物,是内化的、体验的文脉与地脉的综合体,也是决定一个地方发展倾向的动力基础,同时还是区域旅游分工的基础。地格理论源于地方性理论,地方性包括地方的居住地和旅游目的地特征,地格理论主要从地方的旅游目的地的角度分析了游客所向往的地方的生活方式的本质特征,指出旅游目的地开发与品牌塑造是基于地格的生活方式再造过程。

地格指旅游目的地的生活方式本质特征,具有路径依赖性和差异性,载体包括标志物、环境、仪式与氛围,地格因子由自然环境、人文环境、群体性格 3 个维度构成。[⑥]地格理论为旅游目的地品牌基因选择提供了方向,其创新主要源于总结国内外旅游目的地品牌营销的实践。比如在国外案例中,突出自然环境特征的有瑞士——自然本色,突出人文环境特征

① Squire S. Words worth and Lake District tourism: Romantic reshaping of landscape. Canadian Geographer,1988,32 (3):237-247.

② Kruse R J. The Beatles as place makers: Narrated landscapes in Liverpool England. Journal of Cultural Geography, 2005,22(2):87-114.

③ Gibson C,Davidson D. Tamworth,Australia's "country music capital": place marketing,rurality,and resident reactions. Journal of Rural Studies,2004(20):387-404.

④ Young M. The social construction of tourist places. Australian Geographer,1999,30(3):373-389.

⑤ 邹统钎. 乡村旅游:理论·案例. 天津:南开大学出版社,2008.

⑥ 邹统钎,赵英英,常梦倩,等. 旅游目的地地格的理论源流、本质与测度指标. 旅游导刊,2021,5(1):1-22.

的有佛得角共和国——没有压力,突出群体性格特征的有马拉维共和国——非洲温暖之心等;在国内案例中,山东省在旅游目的地品牌的自然特征中强调"度假天堂",人文特征中强调"文化圣地",群体性格中强调"好客山东"。充分挖掘基于本土差异性的生活方式的旅游目的地品牌基因成为旅游目的地营销成功的关键,地格理论为旅游目的地营销提供了理论支撑。

实践环节

寻找目的地地方性

背景知识:

高贵稳重的北京、时尚繁华的上海、现代大气的广州、休闲舒适的成都、优雅浪漫的青岛,每个城市都有自己的味道、自己的节奏,藏于林立的建筑,藏于街头的小店铺,藏于姑娘的首饰、衣裳,藏于生活的点点滴滴。

挖掘目的地地方性是开展目的地旅游的基础和关键。新西兰提出了"纯净自由100%"来表达以极美风光为背景的富有时代感、冒险、创新的生活态度,法国推出"阳光巴黎"体现巴黎的浪漫、温馨。各个城市都在寻找地方性作为旅游目的地打造的核心要素。

主题:深入调查和分析城市的地方性

城市含有哪些地方特色要素?其中哪些是核心要素,哪些是需要保护和挖掘的要素,哪些是需要塑造和宣传的要素?能够开发成怎样的旅游产品?城市对于本地居民和外来游客的印象分别是什么,有什么不同?

形式:

(1)调查。选择一个城市,进行班级分组调查,每组由一名组长负责,带领3~6名学生深入城市各个区域,各组独立调查城市的地方性要素、旅游的吸引力强度及开发状况,撰写调查报告。

(2)展示和讨论。由教师引导,每组学生向全班展示调查和研究成果,并进行讨论。

注意事项:

应将实践内容纳入本课程学习成绩考查范围;应特别重视外地游客与当地居民的视角差异;应引发学生对于文化价值和人类需求等方面的深层思考;应鼓励学生对新焦点和新趋势的观察。

本章小结

旅游目的地的竞争力在于独特的地方性,只有具有民族特色、地方特色和文化特色的旅游目的地才能持久发展。全球著名的旅游目的地无一不是以其独特的民族文化与地方文化吸引着世界各地的旅游者,如法国的浪漫文化、意大利的典雅文化、美国的现代文化、日本的精美文化。因此,挖掘地方价值是塑造旅游目的地的关键。

地方理论认为每个地方都是一个充满意义的空间,地方感包含两个层次,一方面指一个地方自然基础、历史文化传统和社会心理积淀等本质特征的高度概括,是客观存在;另一方面指人们从感觉、心理、社会文化、伦理道德等角度来认识人与地方之间的关系,是主观感受。强烈的地方感可以影响人们的行为,小到黄昏散步地点的选择,大到旅游度假的去向,甚至定居城市的选择。因此,运用地方理论设计区域旅游品牌,寻找区域旅游文化的深刻内涵,并通过营销宣传地方感,建立人地依恋关系,对区域旅游的发展具有重要意义。

思考题

1. 为什么地方性是旅游目的地开发的核心和基础?
2. 地方性的具体表现形式有哪些?
3. 地方依恋的影响因素有哪些?
4. 如何营造一个地方的地方性?
5. 请尝试利用问题导向型的思路考察你的家乡或你所在城市的地方精神。

案例讨论

即测即评

第三章　旅游目的地竞争力

≫ 本章学习目标

1. 理解旅游目的地竞争力的内涵及其构成要素。
2. 学习旅游目的地竞争力模型,分析影响因素。
3. 掌握旅游目的地竞争力评价的方法和指标体系。
4. 探讨旅游目的地竞争力的发展阶段及其策略。

≫ 本章引文

　　戴上 VR 装备,在虚拟景区中开启奇妙的探险之旅;走进博物馆,在数字交互过程中感受文物的"前世今生"……如今,现代科技与旅游业深度融合趋势凸显,智慧旅游改变了传统旅途体验,虚拟现实、增强现实、全息投影等技术的应用催生了旅游新产品,旅游管理和旅游服务在数字技术的加持下更加高效便捷。例如,在南京举办的智慧旅游发展大会暨智慧旅游示范展示活动上,各类别开生面的智慧旅游项目引来无数观众赞叹,展现了我国智慧旅游发展的最新成果。近年来,数字技术不断迭代更新,智慧产品与传统旅游融合形式日趋多样,智慧旅游发展空间广阔,成为促进旅游业高质量发展的新动能。

≫ 本章关键概念词

　　竞争力;旅游目的地竞争力;比较优势理论;竞争优势理论

第一节　旅游目的地竞争力的内涵

一、竞争力

竞争力指在某一素质方面做到优越的能力。竞争力理论可以追溯到古典经济学派,其代表是李嘉图(Ricardo David)的比较优势理论和马歇尔(Alfred Marshall I)的聚集优势理论。这些理论框架虽未明确竞争力含义,但清晰地揭示了国际分工体系下国家间绝对优势和相对优势的形成机理,因而被视为竞争力理论的基础。真正以一套完整的理论体系或者评价体系揭示竞争力形成和演变规律的理论直到 20 世纪 80 年代才出现,主要包括产业组织学派的竞争优势理论、企业资源基础论、企业能力论、竞争动力学理论以及国际竞争力理论等。

20 世纪 90 年代以来,竞争力成为学术研究的一个热点,学者们从各个层面和各个角度对竞争力进行了研究。从已有的研究文献来看,多数是针对不同竞争主体的竞争力进行研究。这些研究基本可以分为三个层次:国家竞争力、产业竞争力和企业竞争力。

(一) 国家竞争力

国家竞争力研究以世界经济论坛(World Economic Forum,简称 WEF)和瑞士洛桑国际管理发展学院(International Institute for Management Development,简称 IMD)为代表的两种观点。WEF 强调竞争力是一国经济增长影响国民财富的能力,认为若一国(地区)的制度和政府政策有助于促进实现国民财富的增长,则该国(地区)的竞争力就强。因此,WEF 在计算竞争力排名时,软指标占有很大的比重,其研究成果《全球竞争报告》中往往是那些经济总体实力并不是最强,但是制度灵活、经济活跃的国家(地区)排在前面,如新加坡、中国香港、瑞士等。IMD 则注重一个国家(地区)的自然资源、人力资源和经济实力,即各国(地区)目前创造财富的能力,并将其作为竞争力的主要衡量标准,相对来说它更倾向于存量概念的范畴。[①] 其指标体系中,硬指标占更大的比重,其最终评价结果《世界竞争力年鉴》中大多是美、日、欧盟等经济实力最强的国家(地区)排在前面。

(二) 产业竞争力

早在 20 世纪 90 年代初,著名产业竞争力研究专家、美国哈佛大学工商管理学院教授迈克尔·波特(Michael E. Porter)经过对许多国家的产业的国际竞争力研究后,以产业结构"五力竞争"模型为基础,逐步形成了适应经济全球化环境的产业国际竞争力分析框架和方法,即波特"钻石"模型理论。

(三) 企业竞争力

企业竞争力理论包括动态能力论、制度论、网络分析论和知识论,它们都比较重视企业资源和能力的分析。企业竞争力研究的热点后来转移到核心竞争力上面。例如,普拉哈拉德(C. K. Prahalad)和哈默尔(Gary Harmel)在《哈佛商业评论》发表的《公司核心竞争力》(The Core Competence of Corporation)一文中,认为企业的核心竞争力就是"组织中的累积的学习能力,特别是如何协调不同生产技能和集成多种技术流派的学习能力,它是组织内部知识的汇总,特别是关于如何协调不同技能和融合多种技术的汇总"。

---

① 　陈左.国际竞争力理论及其启示.经济问题,1998(8): 7.

通过对关于竞争力的界定进行分析,可以总结出竞争力所表达的两层核心含义:首先,竞争力是一个比较的产物,没有竞争主体之间的相互较量和竞争,就不存在竞争主体的竞争力问题。也就是说,它是一个相对的概念,不仅与自身有关,还与参与资源竞争的其他行为主体有关,是某一竞争主体相对于另一竞争主体所具有的优势。其次,竞争力强调的是一种经济能力,这种经济能力包括提升资源收益率、提供高标准化的生活、增加人民的实际收入、创造更多财富以及更强的获利能力等,即竞争力更多的是一个经济意义上的概念。

二、旅游目的地竞争力的含义

国外对旅游目的地竞争力的界定来自一般竞争力,但与一般竞争力的概念又有一些不同。皮尔斯(Pearce)[1]从目的地开发角度,把目的地竞争力描述为:目的地在一个规划框架内,在不同目的地之间,对各个目的地特征系统地分析和比较的技术和方法。哈桑(Hassan)[2]从市场角度把旅游目的地的竞争力定义为一个目的地维持在旅游市场上相对于竞争对手的地位的同时,创造资源并将资源整合为具有增值作用的旅游产品的能力。他还认为,要使旅游目的地具有竞争力需要多个产业的介入,因此有必要跳出企业之间的竞争看待这一问题。克劳奇和里奇(Crouch and Ritchie)[3]认为,最有竞争力的目的地应是那些获得最大成功的目的地,即在可持续的基础上为其居民创造更多财富的目的地。迪哈特森(d'Hartserre)[4]认为,一个有竞争力的目的地必须是一个旅游市场份额(用游客人数或旅游收入测量)很高或增长很快的目的地。因而,他把目的地竞争力定义为一个目的地能够维持在旅游市场上的地位和市场份额并不断地改进它们的能力。沙利(Sahli)[5]提出:一个国家在某个旅游部门的外部竞争力可以定义为国家保持或提高其旅游出口市场份额的能力。德威尔(Dwyer)等[6]认为旅游目的地竞争力是一个由伴随着国际汇率变动而产生的价格差异、旅游产业的各构成部门的生产率水平以及影响目的地吸引物或其他要素的一些定性要素形成的综合概念。

从这些定义可以看出,由于竞争力概念的多维性及竞争结果表现的多面性,不同学者对旅游目的地竞争力概念的界定与表述存在较大的差异,而差异最大的方面体现在对旅游目的地竞争目标的界定上。旅游目的地竞争力的主体是旅游目的地,即"满足旅游者需求的服务和设施中心"[7],其最直接的目标是满足旅游者的需求,为其提供满意的旅游经历,从而

---

① Pearce D. Competitive destination analysis in Southeast Asia. Journal of Travel Research, 1997(4): 16-24.

② Hassan S S. Determinants of market competitiveness in an environmentally sustainable tourism. Industry. Journal of Travel Research, 2000, 38(3): 239-245.

③ Crouch G I, Ritchie J R B. Tourism, competitiveness, and social prosperity. Journal of Business Research, 1999, 44(3): 137-152.

④ Anne-Marie d'Hartserre. A lessons in managerial destination competitiveness in the case of Foxwoods Casino Resort. Tourism Management, 2000, 21(1): 23-32.

⑤ Sahli M, Hazari B, Sgro P. Tourism specialization: A comparison of 19 OECD destination.

⑥ Dwyer L., P Forsyth, P Rao. The price competitiveness of travel and tourism: A comparison of 19 destinations. Tourism Management, 2000, 21(1): 9-22.

⑦ 克里斯·库珀,等. 旅游学:原理与实践. 张俐俐,等,译. 北京:高等教育出版社,2004.

实现旅游目的地的经济目标。然而,经济目标并非旅游目的地首要和唯一的目标。正如马尼拉世界旅游宣言(The Manila Declaration On World Tourism)所指出的,旅游的根本目的是"提高生活质量并为所有的人创造更好的生活条件"[①],实现旅游目的地居民生活质量的提升才是旅游目的地发展旅游业的根本目标。因此,旅游目的地竞争力不仅仅是经济意义上的概念,还要考虑环境的保护、资源的永续使用等内容,从而保障旅游目的地居民及其他利益相关者的长远利益。也就是说,旅游目的地竞争力包括为旅游者提供满意旅游经历、提高旅游目的地居民生活质量与旅游目的地其他利益相关者福利的能力。同时,旅游目的地竞争力也是一个比较的概念,即拥有共同目标市场的不同旅游目的地之间的占有市场、获取利润的能力的比较。它也需要相应的表现指标,通常用市场占有率、旅游收入等经济指标对其竞争能力进行衡量。

通过以上分析,可以将旅游目的地竞争力界定为:旅游目的地能够持续地为旅游者提供满意的旅游经历,并且能够不断提高旅游目的地居民生活质量以及其他利益相关者福利的能力。

第二节　旅游目的地竞争力模型

一、旅游目的地竞争力的理论基础

尽管关于竞争的理论在西方经济学中早有论述(以马歇尔完全竞争理论、张伯伦(E. Chamberlin)的垄断竞争理论、克拉克(Clark)的有效竞争理论等为代表),但真正系统、完整地将竞争作为专门领域进行研究的应首推迈克尔·波特。他在其经典的竞争力三部曲——《竞争战略》《竞争优势》《国家竞争优势》中,以创造性的思维提出了一系列竞争分析的综合方法和技巧,如驱动产业竞争的五种力量、三种基本竞争战略(成本领先、标新立异、目标集聚)、国家竞争力模型等,为理解竞争行为、指导竞争行动提供了较为完整的知识框架。竞争理论中,竞争优势理论是对提升区域旅游业竞争力最具指导意义的理论之一。该理论是在比较优势理论渐趋没落的背景下提出的,因此,在阐述竞争优势理论之前,有必要对比较优势理论加以说明。

(一)比较优势理论

比较优势理论是国际贸易经典理论之一,它最初是用来解释有关产业为何能在国际贸易中取得成功。在国际上,一个国家的出口要有竞争力,它就必须有相对较低的生产成本。该理论认为土地、劳动力、天然资源等初级生产要素的比较优势是决定竞争成败的关键所在。比较优势理论起源于18世纪古典经济学家亚当·斯密(Adam Smith)的绝对优势理论,到了19世纪李嘉图创立比较成本理论,比较优势的概念被进一步强化。在20世纪的俄林(Bertil Ohlin)的要素禀赋论中,比较优势理论得到深入拓展。

生产要素的比较优势理论之所以能在18世纪、19世纪间风行一时,与当时产业还很

---

① 卞显红.旅游目的地形象、质量、满意度及其购后行为相互关系研究.华东经济管理,2005(1):84-88.

粗糙、生产形态是劳动力密集型而非技术密集型有关。当时的贸易活动更能反映国家资源与资金还处于发展中状态。像美国扮演造船业的盟主,原因之一是木材供应丰富。这段时间的主要贸易产品(如香料、丝绸、烟草和矿产等)的生产地区,也限制在单一或极少的区域内。不过,越来越多的例证显示,生产要素的比较优势并不足以解释丰富多元的贸易形态。

(二) 竞争优势理论

竞争优势的概念最早可以追溯到张伯伦 1939 年的著作《垄断竞争理论》(The Theory of Monopolistic Competition)。1978 年,霍弗和申德尔(Hofer & Schendel)把这个概念引入战略管理中。真正对竞争优势进行分析始于波特,在《国家竞争优势》一书中,波特从研究国家竞争优势的角度,系统阐述了竞争优势理论。该理论认为竞争优势是竞争主体长期有效利用资源的能力。一国特定产业是否具有竞争优势,取决于该产业的要素条件、需求条件、公司战略、结构与竞争、相关产业与辅助产业、机遇和政府行为六个要素的组合和相互作用,这六个要素构成了著名的钻石模型。

竞争优势理论从动态可持续发展的角度分析竞争优势,提出持续竞争优势概念。持续竞争优势指通过不断创新,保证在原有的竞争优势被削弱之前产生新的支撑盈利的竞争优势,从而保持竞争优势长期不断持续。竞争优势的可持续性取决于:① 优势层次的高低。各种资源所形成的竞争优势持续性互不相同。如果竞争优势产生于最简单的生产要素,由于在现代化生产中,简单生产要素具有较强的可替代性,其持续性就比较弱;如果产生于高级生产要素,如善于经营管理的高级人才、苦心培养的品牌形象、积极的创新机制、畅通的信息网络等,就能保持较强的竞争优势。由初级生产要素构成的竞争优势容易失效,而高层次的优势则要求更为先进的技术和能力、常年的优势积累和常年的技术开发。② 优势种类的多少。优势种类越多,持续性越强。③ 优势的更新。竞争优势要不断改进和更新,要使优势上升到更有持续性的竞争优势层次上去。

二、旅游目的地竞争力的影响因素

(一) 直接影响因素

1. 旅游资源与生态环境

旅游资源是发展旅游业的前提和基础,资源条件的好坏往往决定一个旅游目的地旅游的发展程度和发展后劲,其主要包括自然生态环境、气候条件、康体休闲资源的数量及质量。良好的生态环境是旅游目的地发展的首要条件,人们外出旅游的主要目的是远离喧嚣和污染、亲近自然、享受清新的空气和优雅的环境。舒适宜人的气候条件能使人身心舒畅,且能够较快地恢复体力和精力,因此良好的生态环境是旅游者选择旅游目的地的重要条件之一,也是影响旅游目的地竞争力的重要因素之一。

2. 旅游产品

旅游产品不同于旅游资源。旅游市场销售的是旅游产品,而非旅游资源。在旅游资源类型相近的情况下,旅游目的地旅游产品的价格、质量、时间、服务、效益和市场营销能力成为影响旅游目的地竞争力的主要因素。同时,旅游产品的功能和类型能否满足不同层次旅游者对旅游产品多样性的需求是旅游目的地能否持久发展的关键因素。在旅游产品开发过程中,应加强技术创新,改善经营管理,合理构建产品结构,避免价格竞争和一哄而上带来的产品雷同化,才能使旅游目的地旅游产品更具竞争力。

3. 市场需求

旅游业作为市场经济的组成部分,它的一项重要的功能就是不断地满足旅游者的消费需求,并获取经济利益。旅游市场份额的多寡,将直接影响旅游目的地竞争力的大小,因此必须注重对旅游市场需求的研究。只有这样才能创新市场,最终赢得市场。旅游目的地的市场需求状况主要集中表现在需求规模、需求特征、需求国际化等方面。市场需求状况对旅游目的地的目标市场定位、设施、旅游活动内容等都有很大的影响。

4. 市场营销能力

市场营销是旅游目的地竞争力实现的载体,包括从识别目标市场的需求到让消费者感到满意的所有活动,如市场调研、市场细分、市场定位、市场促销、提供服务和品牌化等。市场营销能力就是上述各种活动能力的综合体现。旅游市场营销能力如何,决定了目的地旅游产品在市场的地位和份额,从而直接体现了旅游目的地竞争力的大小。

5. 旅游企业

旅游企业是旅游供给和需求的媒介,它直接参与竞争,是旅游竞争的操作者。旅游目的地的企业规模、发展战略、发展目标、经营策略、企业自我积累和发展机制等的形成无疑对旅游目的地竞争力起着积极主动的作用。尤其是旅游企业间的竞争是否公平合理、竞争机制是否有效等与旅游目的地竞争能力有着很密切的关系。因此,旅游企业竞争力是旅游目的地竞争力的基石。一方面,旅游企业竞争力的增强有助于旅游目的地整体竞争力的增强;另一方面,旅游目的地竞争力的增强反过来又会促进旅游企业竞争力进一步提高。如此可以实现旅游目的地竞争力与旅游企业竞争力的良性循环。

(二)间接影响因素

1. 旅游基础设施

旅游基础设施是一个国家或地区发展旅游业的重要物质基础,同时也是旅游业深度发展的后盾,一般包括交通运输、绿化、供水、供电、通信、治安管理等系统。对旅游目的地竞争力影响较大的主要是旅游服务接待设施,包括住宿设施和游憩娱乐设施。没有相应的服务接待设施,旅游目的地就无法实现其旅游功能,因此,其发展状况是影响旅游目的地竞争力的一个重要影响因素。

2. 区位条件

区位条件包括地理区位、经济区位和旅游区位。地理区位具有纬度地带性和经度地带性的特点,旅游目的地所处的地理环境不同,旅游资源也就形成了自身的特征,导致旅游吸引力不同。具有良好经济区位的区域,可以通过发挥区位优势、提高经济发展水平为区域旅游竞争力的提升提供大量资金。旅游区位可以看成旅游区域与客源地的相对位置与可达性。旅游区位条件决定一个旅游目的地的旅游资源的相对价格、市场规模、旅游发展前景,进而影响其竞争力。

3. 旅游人力资源

一个旅游目的地的旅游人力规模、人力结构、人力素质、人力资本投入及供求关系直接影响目的地旅游发展。优秀的旅游人才是旅游目的地经济的发动机,其不仅会改变目的地传统的旅游产业结构和经济模式,更重要的是他将改变目的地旅游空间结构和价值取向,并且能够克服传统性,引导政府建立新型的适应企业竞争需要的现代思维模式。拥有一定数量、质量且结构合理的旅游人力资源是旅游目的地得以存在和发展的根本保证。

4. 旅游环境

旅游环境可以分为经济环境、社会文化环境、科技环境和政治法律环境。

(1) 经济环境。旅游目的地经济环境包括旅游目的地总体经济发展水平、居民收入水平、经济开放程度、金融产业发展状况等。其中,总体经济发展水平是进行目的地旅游开发和整合的基础,是旅游目的地竞争力的重要影响因素之一。它一方面影响旅游目的地的基础设施建设;另一方面影响旅游投资能力、开发规模和方向、旅游接待的能力和水平等。经济发达的旅游目的地拥有较强的旅游投资能力,因而旅游开发规模较大,旅游接待能力较强,开发方向呈现多元化,使得旅游目的地具有较强的竞争力;反之,旅游目的地竞争力则较弱。

(2) 社会文化环境。旅游目的地的社会文化影响主要表现为社会整体文化氛围、地方风俗、当地的治安状况、文明程度、当地居民对发展旅游业的态度、外来文化与当地文化的融合程度等,这些都是旅游目的地发展不可缺少的支撑因素。旅游目的地的社会文化环境影响旅游者在当地旅游和生活的舒适程度以及旅游活动能否顺利进行,而且也在相当程度上影响旅游者的身心感受。良好的社会文化环境能优化和放大旅游者的审美感受,甚至成为旅游吸引物的有机组成部分。

(3) 科技环境。科学技术的进步已经成为促进社会经济发展的重要因素,成为资本、劳动力之外的第三大生产要素。技术进步推动质变,其比较优势决定了旅游产业结构优化和效率提高的程度以及旅游竞争优势的大小。当今高新技术已应用在旅游开发、旅游管理、旅游营销、旅游交通、旅游服务和旅游者的旅游体验等各个方面。高新技术已成为旅游产业优胜劣汰的关键,成为强化旅游市场竞争、提高市场竞争力的重要手段之一。

(4) 政治法律环境。政治法律环境因素主要包括一个国家或地区的政治制度、体制、方针政策、法律法规等。这些因素常常制约、影响企业的经营行为,尤其是影响企业较长期的投资行为。对综合性很强的旅游业来说,一个地区政治法律环境对发展旅游业的态度及投入、管理水平在某种程度上影响着旅游目的地的发展及其竞争力的大小。这种影响作用也着重表现在旅游基础设施建设、旅游资金投入、旅游宣传促销、旅游立法执法以及为旅游业发展创造良好的自然、社会、经济、文化环境等方面。

三、旅游目的地竞争力分析模型

克劳奇和里奇(Crouch & Ritchie,1999)在波特的"钻石模型"基础上建立了著名的旅游目的地竞争力分析模型(CR 模型,如图 3-1 所示)。该模型确定了旅游目的地竞争力的两个重要组成部分,即微观环境和宏观环境。微观环境包括旅游目的地之间能够直观竞争的因素,如旅游运营商数量、旅游市场、竞争者数量以及目的地居民。而宏观环境指那些对旅游目的地产生影响的外部因素,包括对自然环境的关注度、世界性的经济结构重组、世界市场的变化以及日益增长的人类与技术的交互资源等。克劳奇和里奇指出,这些宏观和微观因素同时作用于旅游目的地的四个主要组成部分:资质性因素、核心资源与吸引物、支持性因素与资源、目的地管理。

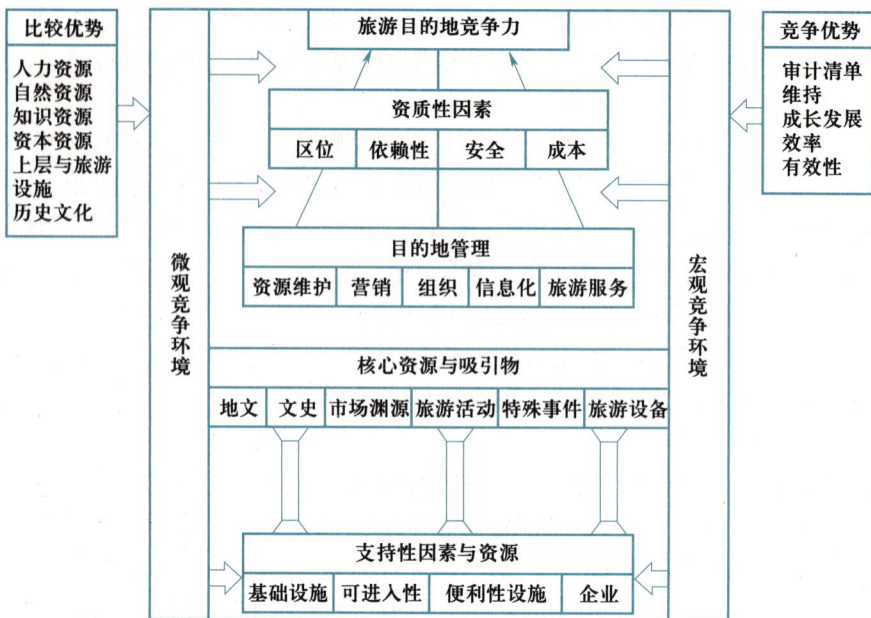

图 3-1　旅游目的地竞争力分析模型

(资料来源：Crouch G I，Ritchie J R B. Tourism，competitiveness，and social prosperity.
Journal of Business Research，1999，44（3）：147.)

注：2000 年，克劳奇和里奇对此模型进行了补充，加入了第五个核心构成要素：旅游
目的地政策、规划和开发。

第三节　旅游目的地竞争力评价

一、旅游目的地竞争力评价模型

　　旅游目的地是一个通过整合各类要素而形成的能够引发旅游者旅游动机，并能提供有效产品和服务的地理空间。旅游目的地的竞争力来自其本身所具有的资源以及有效利用这些资源的能力，也就是旅游目的地将其所拥有的资源有效地转化为能持续为旅游者提供满意旅游经历，进而获得相应利益，同时又能有利于当地居民福利发展的能力。

　　从比较优势理论来看，不同旅游目的地的禀赋条件，包括自然资源、人力资源、知识资源、资本资源等存在差异性，这种差异性决定了旅游目的地相关产业的发展方向，从而促使旅游目的地利用比较优势来发展优势产业并形成竞争力，这也决定了旅游者的流向。如前所述，旅游目的地的价值必须通过旅游者实现，所以旅游者的流向以及目的地旅游者的多寡在一定意义上反映了旅游目的地的竞争力。

　　从竞争优势理论来看，旅游目的地的竞争力主要来源于目的地发展和有效利用其资源禀赋的能力。该理论有效地解释了一些资源匮乏的旅游目的地也能展示较强竞争力的现象。从这个角度来看，竞争优势理论弥补了比较优势理论单从资源禀赋的差异分析旅游目

的地竞争力的弱点,进一步揭示了竞争力的内涵。以竞争优势理论为基础,旅游目的地竞争力的形成不再局限于资源特性的比较优势,而更强调管理因素在旅游目的地竞争中的作用,更强调了旅游目的地在竞争市场上的动态发展能力,为提升旅游目的地竞争力提供了路径与空间。

由此可见,旅游目的地竞争力的基础是旅游目的地所具有的所有资源,包括各类旅游资源、接待设施、人力资源以及资本资源,这是旅游目的地为旅游者提供旅游经历,提高旅游目的地居民生活质量的基础投入。竞争的最终表现是旅游者需求的满足以及通过这种满足而获得的相应利益。而最终表现的差异就取决于不同旅游目的地对其资源的利用效率,利用效率的高低则体现了竞争力的大小。显而易见,旅游目的地竞争力就是在一定的投入下获取最大、最优产出的能力。这种能力只能通过现实的投入与产出的比较来确定高低,这也说明旅游目的地竞争力是一种已经表现出来的实际能力。

基于以上分析,可以认为,旅游目的地竞争力评价模型是一个类似企业投入产出的模型,旅游目的地的资源禀赋以及各类支持性设施为目的地系统的投入部分(Input),而旅游目的地所吸引的客流、收益以及为当地居民所带来的福利则是目的地的产出表现(Output),旅游目的地的管理运行过程就是生产过程,旅游目的地投入产出之间的效率则是最直观的竞争力表现。据此,构建基于投入产出效率的旅游目的地竞争力模型,即IO模型(见图3-2)。该模型将旅游目的地竞争力简化为投入与产出两个体系及其内在关系,阐明了旅游目的地竞争的最终目标与基础条件,并且从基础投入方面自动对旅游目的地进行类别分析,明确了旅游目的地的基础实力范围,避免了以影响因素作为旅游目的地竞争力评价要素的片面性。

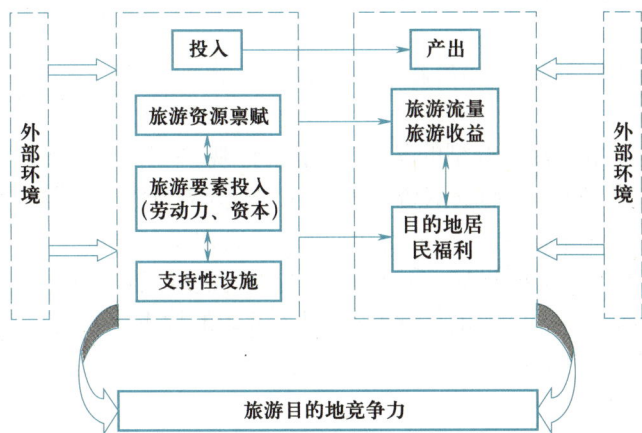

图3-2　基于投入产出的旅游目的地竞争力评价模型(IO模型)
(资料来源:冯学钢,沈虹,胡小纯.中国旅游目的地竞争力评价及实证研究.
华东师范大学学报,2009(5):103.)

二、旅游目的地竞争力评价指标体系构建原则

(一)客观性

旅游目的地竞争力评价指标的选择以及体系的构建必须建立在科学、客观的基础上,

即所选择的指标以及最终运用的评价方法均以客观的数据与分析为主。目前运用于旅游目的地竞争力评价的指标主要包括两类，即主观性判断指标和客观性统计数据指标。主观性判断主要是基于专家的评分，而客观性统计数据则来自事实本身以及数据本身的客观联系。从投入产出效率角度对旅游目的地竞争力构建评价指标体系，关注的是旅游目的地在竞争中形成的客观产出，因此在指标以及评价方法的选择中应遵循客观统计数据原则。

（二）系统性

旅游目的地竞争力评价指标以及评价方法的选择必须基于构建的旅游目的地竞争力评价模型，所选指标需反映该模型的特征，尽可能体现投入与产出之间的系统性关系。同时，指标之间要相互联系、相互配合、各有侧重，从而形成一个有机整体。

（三）关键性

旅游目的地是一个复杂的综合体系，各类投入与产出要素很多，表现形式也很多样，但是没有一个指标体系能够将所有的相关指标都包含在内。因此在选择指标时，力求在较为完备的体系结构中，选择具有突出代表性的关键指标，并且紧扣旅游目的地的核心组成要素。

（四）可操作性

旅游目的地竞争力评价指标以及评价方法的选择必须以可操作性为基础，选择的指标以及构建的评价模型要可比、可量。一方面，指标的含义要明确，口径要统一，对不同类型的旅游目的地竞争力评价都适合；另一方面，指标体系要以现实的统计数据为基础，易于比较计算，保证评价结果的合理性、客观性与公正性。

三、旅游目的地竞争力评价指标体系构建

在旅游目的地竞争力评价模型的基础上，遵循客观性、系统性、关键性和可操作性的原则，构建旅游目的地投入要素的指标（资源禀赋、资本、人力资源、支持性设施）和产出要素的指标（国内旅游产出、国际旅游产出、旅游企业产出），并对这些指标进行细化，形成旅游目的地竞争力评价的指标体系（如表 3-1 所示）。在进行定量研究时，不同的指标代表不同的变量（X），不同的变量所占有的权重也有所不同（投入要素的权重用 α 表示，产出要素的权重用 β 表示）。

四、旅游目的地竞争力评价方法

在选定评价指标之后，旅游目的地竞争力测评方法成为落实评价任务的手段。在克劳奇和里奇之前，关于旅游目的地竞争力的研究以定性评价为主，现如今各国的学者不再局限于定性方面的研究，而是更多地关注定量方面的研究，把各类指标量化，再作深入的分析。特别是面板数据模型的引入，使更科学地衡量旅游目的地竞争力成为可能。旅游目的地竞争力测评方法如图 3-3 所示。

表 3-1　基于投入产出评价模型的旅游目的地竞争力评价指标体系

	要素	指标	变量	权重
要素投入综合指数 X	资源禀赋	旅游景区(点)总量	X_1	α_1
		旅游资源品位与丰裕度	X_2	α_2
	资本	星级饭店固定资产	X_3	α_3
		旅行社固定资产	X_4	α_4
		旅游景区企业固定资产	X_5	α_5
	人力资源	旅游从业人员数量	X_6	α_6
		旅游院校数量	X_7	α_7
		旅游院校在校人数	X_8	α_8
	支持性设施	民用机场数量	X_9	α_9
		公路里程	X_{10}	α_{10}
		铁路营运里程	X_{11}	α_{11}
效绩产出综合指数 Y	国内旅游产出	国内旅游接待人次数	Y_1	β_1
		国内旅游收入	Y_2	β_2
	国际旅游产出	入境旅游者人次数	Y_3	β_3
		国际旅游收入	Y_4	β_4
	旅游企业产出	星级饭店营业收入	Y_5	β_5
		旅行社营业收入	Y_6	β_6
		旅游景区企业营业收入	Y_7	β_7

(资料来源:冯学钢,沈虹,胡小纯.中国旅游目的地竞争力评价及实证研究.华东师范大学学报(哲学社会科学版),2009(5):104.)

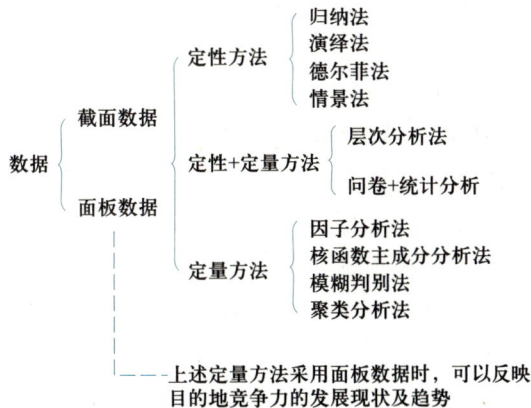

图 3-3　旅游目的地竞争力评价方法

(资料来源:朱明芳.关于旅游目的地竞争力测评方法的研究.社会科学家,2007(2):113.)

（一）定性方法

旅游目的地竞争力评价初期采用的主要方法包括归纳法、演绎法、德尔菲法和情景法等。克劳奇和里奇建立的模型，采用的主要是定性方法。万先进、刘亚玲（2006）在研究钻石模型的基础上，综合考量旅游业自身特点，归纳演绎得出区域旅游产业竞争力模型。谢维光、马云驰（2011）运用波士顿矩阵模型分析我国省级国内旅游目的地市场竞争演变特征。

（二）定性与定量相结合的方法

国内在进行旅游目的地竞争力测量中主要采用的是层次分析法。如万绪才（2001）运用层次分析法（AHP），将旅游业国际竞争力综合评价的基本层次概括为旅游资源与产品条件、社会经济条件以及其他条件三个方面，并得到第二层评价指标域和第三层评价指标层。还有的学者将前人定性研究得到的指标细化形成问卷，通过访谈的方式获得数据，对此组数据进行统计分析，获得方差、均值等分布状态。

（三）定量方法

这里的定量方法更多是分析和处理数据的方法。常见的有因子分析法、核函数主成分分析法、模糊判别法、聚类分析法。

1. 因子分析法

因子分析是从多个实测的原变量中提取出较少数的、互不相关的、抽象的综合指标，即因子（Factor），每个原变量可用这些提取的公共因子的线性组合表示。因子分析可以达到降低维数的目的，又可以对变量进行分类，因此在量表的构建效度评价中得到了广泛的应用。

2. 核函数主成分分析法

主成分分析法也称为主分量分析法，是利用降维的思想，根据相关性的大小进行分组，使得同组内变量之间的相关性较高，不同组的变量之间相关性较低，最终用少数几个综合指标的线性函数和特定主成分之和来表达原来观测的每个变量，以达到合理地解释存在于原始变量间的相关性和降低变量维数的目的。基于核函数的主成分分析是通过非线性映射 Φ：$X \rightarrow F$，将数据从输入空间映射到特征空间，然后在特征空间进行主成分分析，用核函数来进行内积计算。核函数主成分分析法提高了主成分分析模型的适应度，使之能够处理非线性问题。

3. 模糊判别法

模糊数学模型包括模糊聚类、模糊识别、模糊线性规划等，但是在旅游目的地竞争力研究方面，特别是在综合评判模型中，模糊识别应用得最多。

4. 聚类分析法

聚类分析（Cluster Analysis）是根据事物本身的特性研究个体分析的方法。其原则是同一类中的个体有较大的相似性，不同个体的差异很大。聚类分析包括样品（Cases）聚类和变量（Variables）聚类两种。进行聚类分析首先应该进行相似性度量，即采用一定的方法来确定相似系数；在相似矩阵的基础上，把变量分为不同的类别。当要聚成的类数是外生变量时，可以采用 K 均值分类法，对观测量进行快速聚类。

固鲁陈与苏雅图（Gooroochurn & Sugiyarto，2005）[1] 用因子分析、聚类分析和判别分析的方法进行了国家竞争力的研究。

---

[1] Gooroochurn N, Sugiyarto G. Competitiveness indicators in the travel and tourism industry. Tourism Economics, 2005, 11(1): 25-46.

第四节　旅游目的地竞争力的发展阶段

　　旅游目的地竞争力实际上是旅游目的地将其拥有的吸引物和资源转化为旅游产品推向市场以获得经济、社会、文化等综合利益的能力。由于旅游目的地自身的资源基础以及发展条件不同，其所处的阶段亦不相同。基于此，可以把旅游目的地按照开发重点和采取的策略不同分为处于开发阶段的旅游目的地、处于发展阶段的旅游目的地和处于成熟阶段的旅游目的地。不同阶段的旅游目的地其竞争力的形成和发展是不相同的。

一、处于开发阶段的旅游目的地——发挥自身优势的阶段

　　处于开发阶段的旅游目的地的旅游开发有两种模式：一种是当地有什么资源和吸引物就开发什么，是一种自然的开发状态。这种开发模式的直接后果就是近距离的重复建设，同时造成许多没有特色的项目，结果是只有极少数的旅游目的地能够生存下来。在旅游开发的早期，这种现象是不可避免的，随着市场不断成熟，采用这种开发模式的旅游目的地越来越少了。第二种开发模式是模仿式开发，模仿其他旅游目的地的成功开发案例。这种旅游目的地一般是自身可开发的旅游资源和吸引物比较少，而又想通过旅游的开发来促进当地的经济发展，但是造成的不良后果比第一种开发模式要大得多。例如，全国第一个人造主题公园是 1984 年河北正定建的西游记宫，项目投资 150 万元，开业 3 个月就收回了投资。其他地方蜂拥而起竞相模仿，最多的时候在全国建了 400 多个西游记宫，到现在 400 多个西游记宫基本上都以失败而告终。随着我国市场经济体制的逐步建立，现在人们开始越来越理性地面对模仿式旅游开发。

　　处于开发阶段的旅游目的地可以称为发挥自身优势的阶段。这一阶段的旅游目的地发展不太考虑其他相关目的地的发展情况，更不考虑市场需求，自身的资源禀赋和领导意志是开发的主导因素。这一阶段的旅游目的地只有具有高品质的旅游资源和吸引物才具有竞争力。

二、处于发展阶段的旅游目的地——发挥比较优势的阶段

　　对于这一阶段的旅游目的地，仅仅发挥自身优势的盲目开发不能为旅游目的地带来持久的利益。研究旅游目的地本身相对于其他目的地的优势，挖掘自己的特色，形成重点开发是这一阶段的主要特征。这一阶段的旅游目的地相对于其他目的地的优势主要是从自身的资源禀赋来说的，比如相对于其他旅游目的地，具有天然、优美的自然旅游资源或是深厚文化底蕴的人文旅游资源等都是旅游开发的动力。当然，旅游目的地优势的选取和认定不是主观和随意的，旅游目的地通过运用 SWOT（优势、劣势、机会和挑战）分析，与相关旅游目的地进行比较研究，找出自身发展旅游的优势、劣势、机会与挑战。发展阶段的旅游目的地可以称为发挥比较优势的阶段或者资源主导型的阶段。这一阶段旅游目的地从区域的角度出发，考虑自身的资源禀赋，挖掘潜力，发挥优势，形成自己的竞争力。

三、处于成熟阶段的旅游目的地——发挥竞争优势的阶段

发展阶段的旅游目的地一般是资源导向型的,主要从旅游生产者的角度考虑旅游开发,但是随着大量具有区域资源优势的旅游目的地的开发,旅游目的地之间同质开发越来越严重,形成恶性竞争。同时市场上旅游产品增多,替代性产品不断出现,消费者的口味也不再是生产者提供什么旅游产品就消费什么旅游产品,而是出现了多样化和细分化的趋势。这时以市场为主导,以消费者为导向的旅游开发应运而生。此阶段的旅游目的地开发主要考虑的是市场的接受程度和消费者的需求偏好,不符合市场竞争规则的旅游目的地终将被淘汰。

成熟阶段的旅游目的地可以称为打造旅游目的地竞争优势阶段。这一阶段市场在旅游目的地的开发过程中起主导作用,旅游目的地自身的资源禀赋已不再是第一决定因素。旅游目的地只有综合提升其竞争优势,才能在市场上取得持续的竞争力。

旅游目的地竞争力形成和发展的三个阶段也是旅游目的地开发和发展的三个阶段,虽然分为开发阶段的旅游目的地、发展阶段的旅游目的地和成熟阶段的旅游目的地,但旅游目的地并不一定严格按照这一顺序发展。旅游目的地开发和发展的三个阶段既是一个历时态的概念,同时又是一个共时态的概念,一个区域可能同时包括三个不同的阶段。以我国为例,总体上来说,西部地区还处于旅游目的地的开发阶段,中部地区已经进入旅游目的地的发展阶段,而东部地区现在开始了打造竞争优势的阶段。

不同发展阶段影响旅游目的地竞争力盛衰的因素也是不同的。简而言之,开发阶段影响旅游目的地竞争力的主要因素是自身的资源禀赋和开发者的意志;发展阶段影响旅游目的地竞争力的主要因素是相对于其他目的地的资源禀赋状况;成熟阶段影响旅游目的地竞争力的主要因素是旅游目的地迎合市场的能力。

本章小结

旅游目的地的竞争力指旅游目的地能够持续为旅游者提供满意的旅游经历,并且能够不断提高旅游目的地居民生活质量以及其他利益相关者福利的能力。它是一个相对的概念,通常用市场占有率、旅游收入等经济指标进行衡量。影响旅游目的地竞争力的因素有直接的,也有间接的。直接因素包括旅游资源与生态环境、旅游产品、市场需求、市场营销能力和旅游企业;间接因素包括旅游基础设施、区位条件、旅游人力资源和旅游环境。CR 模型用于分析旅游目的地竞争力,IO 模型用于评价旅游目的地竞争力。对旅游目的地竞争力的评价要遵循客观性、系统性、关键性和可操作性的原则,在此基础上构建旅游目的地竞争力评价的指标体系,评价方法包括定性方法、定性与定量相结合的方法、定量方法。旅游目的地按照开发重点和采取的策略不同分为处于开发阶段的旅游目的地、处于发展阶段的旅游目的地和处于成熟阶段的旅游目的地,不同阶段的旅游目的地其竞争力的形成和发展是不相同的。

思考题

1. 如何理解旅游目的地竞争力的含义？
2. 影响旅游目的地竞争力的因素有哪些？
3. 简述旅游目的地竞争力的评价原则和评价方法。
4. 不同发展阶段的旅游目的地的竞争力形成有何不同？

案例讨论

即测即评

第四章 旅游目的地开发

》 本章学习目标

1. 明确旅游目的地开发的目标、理论和基本内容。
2. 学会旅游目的地开发的分析与决策过程。
3. 理解旅游规划的类型、内容和基本程序。
4. 探讨旅游目的地开发与地方经济发展的关系。

》 本章引文

　　大唐不夜城位于西安市曲江新区著名的大雁塔脚下,以盛唐文化为背景,以唐风元素为主线,以体验消费为特征,大唐不夜城步行街融入商业、休闲、娱乐、体验等多种元素,近年来,以文商旅到商旅文深度融合为导向,满足游客及市民的全方位需求,拉长拓宽旅游产业链条,实现大型城市综合体和文化商业新地标。

　　据《2023中国黄河旅游发展指数报告》显示,大唐不夜城入选黄河流域夜间消费聚集区传播影响力TOP10,位列榜首。2021年11月,大唐不夜城被文化和旅游部授予国家级夜间文化和旅游消费集聚区、国家旅游科技示范园区。2023年以来,文旅产业全面复苏,大唐不夜城上半年累计接待量为4 244万人次,较上年同期增长2 883万人次,增幅为212%,恢复至2019年的150%。大唐不夜城已经成为一个现象级的大IP文旅项目,对目的地开发有十足的借鉴意义。

》 本章关键概念词

　　可持续发展; 旅游资源; 旅游市场; 旅游规划

第一节　旅游目的地开发概述

旅游目的地的开发是一项综合性工程,既要考虑开发带来的经济效益,又要兼顾社会、文化和环境的综合效益,并且还要在所有相关者之间、在不同族群的人们之间、在人与自然之间、在当代人和后代人之间,寻找一种平衡。

一、旅游目的地开发的目标

(一) 基本目标

1. 满足游客的需求

旅游目的地的开发,首先要满足游客的需求。事实上,一个旅游目的地只有能够满足游客的需求,才能够称得上是一个好的旅游目的地。在游客的需求获得满足的同时,游客也在支付相应的旅游费用,一个依托旅游消费而形成的产业链才得以存在,相关方的利益才能够产生并进行分配与流动。

2. 获得经济收益

旅游开发的主体和投资者,不管是地方政府、企业还是其他机构与个人,都要通过开发获得足够的经济收益,这是旅游投资得以进行的前提和保障。在目前情况下,绝大多数旅游目的地是以获得实际经济收益为首要目的进行开发。旅游业因其特殊的规模与发展速度,已经成为中国地方政府和企业的投资热点。全国大多数省一级政府都将旅游业作为了支柱产业或主导产业。

3. 为当地居民带来福利

通过旅游开发带来的经济利益能够提高旅游目的地居民的生活水平,同时基础设施和社会事业的发展,也能够提升旅游目的地居民的生活质量和发展条件。这是地方政府高度重视旅游业的原因之一,也是旅游目的地的开发与经营获得社区居民支持和积极参与的原因。例如,陕西省咸阳市礼泉县袁家村 2007 年开始发展乡村旅游,经过 10 多年的发展,成为"中国十大最美乡村",完成了"农村—景点—体验地—核心品牌"的蝶变。袁家村昔日是个仅有 286 人的小村庄。如今,作为从贫困村变身富裕村的样板,它成功吸引了数千名创客在此投资、开店、做生意,带动周边数万多名农民增收;相继获得了"中国十大最美乡村""中国十大最有魅力的休闲乡村""国家特色景观旅游名村""优秀乡村旅游示范村"等多个国家级"金字招牌"。2012 年,村里提出了合作社模式——通过"合作社 + 全村众筹 + 分红"的方式,尽量减少收益差距,实现全民参与,带领大家共同致富。所有合作社股份对全体村民和商户开放,相互持股,形成"你中有我、我中有你"的发展格局。2017 年,袁家村共接待游客 500 多万人次,旅游总收入 3.8 亿元,村民人均纯收入 8.3 万元,集体经济累计达 20 多亿元。从客流量和旅游收入来看,袁家村 2019 年的客流量超过 700 万人次。在 2020 年初新冠疫情的冲击下,袁家村的旅游收入同样维持在 5 亿元左右(与 2019 年持平),村民人均收入超过 10 万元。"乡村旅游看袁家村"已经成为业内共识。2023 年,袁家村年游客接待量达 800 万人次以上,年旅游总产值超过 12 亿元,村民人均年收入达 15 万元以上。这个实例中,旅游开发给当地居民带来的利益是非常现实的。

4. 实现旅游目的地所在区域的整体发展目标

旅游开发为旅游目的地所在区域带来经济收益的同时,也带来外部的信息、人力和资金,促进了旅游目的地所在区域的建设与管理水平的提高,为区域发展注入了更多的资源和活力。中国首批最佳旅游城市杭州、成都和大连都利用旅游业发展经济、展示形象、实现经济和社会的可持续发展。在一些专业化更强的旅游城市发展中,如桂林、三亚、丽江、张家界等,旅游目的地开发的作用和意义就更加突出了。

（二）一些重要的共识

经过旅游业的实践及反思,关于旅游目的地的开发,目前形成了一些广泛的共识。这些共识已成为旅游目的地开发的基本方向、依据或指导思想。

第一,环境问题已成为旅游开发与管理的核心问题之一。旅游业对环境的破坏作用已经在很多地方表现出来。旅游业已经不再被简单地当作"无烟产业"或"绿色产业"。不考虑环境问题的旅游目的地开发不是一个成功的开发,所引发的后果往往难以修复。

第二,旅游目的地开发要考虑目的地的社会承载力。在目的地居民与游客和开发商的冲突中,我们不断地反思并寻找平衡点。相互尊重,着眼长远,是保障旅游目的地可持续发展的基本态度。

第三,当地社区要积极地参与旅游发展议程,而且其在旅游发展和管理中的重要性是不可忽视的。

第四,旅游业必须成为一个对社会负责任的行业,具体地说,就是要更积极地承担社会责任而不是简单地应对来自各方的压力。[①]

这些共识与可持续旅游的目标和内涵是一致的。1990 年,在加拿大温哥华召开的全球可持续发展大会上,提出了旅游可持续发展的目标。1995 年 4 月,联合国教科文组织环境规划署和世界旅游组织在西班牙专门召开了可持续发展会议,通过了《可持续旅游发展宪章》和《可持续旅游发展行动计划》。这两个文件指出:可持续发展的实质就是要求旅游与自然、文化和人类生存环境成为一个整体,旅游发展应当是生态、环境、社会整体系统的可持续发展。可持续发展理论的核心是公平,旅游可持续发展的核心也是公平。

二、旅游目的地开发的基本理论

（一）系统论

1. 旅游系统理论的内涵

将旅游看作一个系统,按照系统论的方式认识旅游,已经成为旅游业界的共识。认识旅游系统的结构、功能及内部要素间的关系,是制定旅游目的地开发政策和策略的基础。

系统是基于某种联系规则,由相互联系、相互作用的许多要素结合而成的具有特定功能的统一体。这个统一体又称为整体或总体;要素又称为元素、局部或子系统,子系统之间通过一定的规律建立联系。系统包含多种尺度,其类型复杂多样,而表现形式也不尽相同。

库珀[②]首先提出游憩活动谱（Recreation Activity Spectrum）的概念。杰法里（Jafari）提出:

---

① Edward Inskeep. 旅游规划——一种综合性的可持续性的开发方法. 张凌云,译. 北京:旅游教育出版社,2004:1-2.

② 吴必虎. 区域旅游规划原理. 北京:中国旅游出版社,2001.

"为理解旅游业,有必要将其作为一个整体或作为一个系统来研究。"冈恩提出旅游功能系统(The Functioning Tourism System)的概念,包括了需求板块和供给板块两个部分。雷珀提出的旅游系统模型具有较大的影响力,游客被设定为最基本的要素,其次是旅游客源地、交通通道和旅游目的地,另外还包括旅游产业要素(如旅行社、航空公司、交通运输部门、宾馆、餐厅、娱乐部门等一切为旅游者提供服务的相关机构)。保继刚在2007年从地理学的观点,将旅游系统划分为客源地、目的地和旅游通道。综合众多学者的观点,旅游活动或旅游产业所构成的体系,就是一个具有高度复杂性和开放性的系统。把握这一系统的特征,并在旅游开发、规划、管理、经营中加以运用,是旅游科学的核心任务。

2. 旅游系统的结构

对旅游系统的内部结构有多种认识和描述,总体上一般包括以下几个部分:

(1) 市场系统,或者叫客源系统、旅游主体子系统。市场系统是旅游系统的子系统,可根据客源的分布、数量、结构、需求等类型特征进一步划分不同的细分市场。

(2) 目的地系统。包括为游客提供服务的全部产品、服务以及支撑它们的载体和平台,也有用供给系统来表达类似概念的。

(3) 出行系统。出行系统也称为旅游通道,包括游客使用的交通设施(公路、铁路、航空、水运等),主要有由旅行社提供的出行服务(旅游信息咨询、旅游服务预订),由政府提供的信息服务等。

(4) 支持系统。包括旅游业生存和发展所必需的环境、政策、科技、人力等方面的因素。

(二) 可持续发展理论

1. 可持续发展观

旅游业在发展过程中,在目的地可持续发展方面越来越受到质疑。因为在很多地方,旅游活动对旅游目的地的社会、文化和生态环境造成了毁坏性影响。发展可持续旅游已经成为旅游业的基本理念和目标之一。这也是旅游目的地开发的基本准则。

可持续发展的概念,最先是在1972年斯德哥尔摩联合国人类环境研讨会上被正式提出。目前,最为广泛采纳的定义,是在1987年由世界环境及发展委员会所发表的由布伦特兰夫人主持制定的报告《我们共同的未来》所载的定义:既满足当代人的需求,又不对后代人满足其需求的能力构成危害的发展。

可持续发展观的核心理念实际是"公平观":发展必须建立在资源分配代际公平的基础之上,依靠经济手段(如价格、利率、成本核算)、法律手段(资源法规的制定和实施)和行政手段(如制定资源利用定额、办理资源利用许可证等)。其关键是防止和限制对资源,尤其是对不可再生资源的过度耗用。

可持续旅游秉承可持续发展的根本理念,强调旅游活动与环境的和谐共荣。1995年4月24日至28日,联合国教科文组织、环境规划署、世界旅游组织在西班牙召开了"可持续旅游发展世界会议",包括中国在内的75个国家和地区的600多位代表出席了会议,会议最后通过了《可持续旅游发展宪章》《可持续旅游发展行动计划》。《可持续旅游发展宪章》指出:"可持续旅游发展的实质,就是要求旅游与自然、文化和人类生存环境成为一体,自然、文化和人类生存环境之间的平衡关系使许多旅游目的地各具特色,旅游发展不能破坏这种脆弱的平衡关系。"

世界各国发展旅游业的实践证明,旅游业能够持续高速发展的重要原因之一,是各国在发展旅游业的同时,运用了行政的、经济的、法律的、教育的、科技的手段保护旅游资源。运用法律手段管理旅游资源,与其他手段相比具有高度的权威性、特定的强制性、相对的稳定性、确切的规范性,是旅游业保持持续发展的重要手段。

坚持可持续发展观,实现旅游目的地的可持续发展,包括以下三个方面的要求:

(1) 满足需要。通过适度利用环境资源,实现经济创收,满足当地社区的生活需要,改善当地居民的生活水平,并进一步满足当地居民对文化和精神生活的更高需求。

(2) 维持环境。旅游开发与环境相协调,把旅游目的地的开发控制在合理承载力的范围之内,维持生态环境的稳定,保证旅游目的地在社会、文化和心理等方面能够承受旅游带来的负面影响。

(3) 平等。包括主客之间的平等、代与代之间的平等、人与环境之间的平等以及其他相关内容。

2. 生态旅游

生态旅游是在可持续发展观的背景之下产生的旅游行为方式,也是实现旅游可持续发展的关键,还是目前旅游目的地开发的基本观念之一。

生态旅游这一术语,由世界自然保护联盟(IUCN)于1983年首先提出,1993年国际生态旅游协会把其定义为:具有保护自然环境和维护当地人民生活双重责任的旅游活动。在生态旅游开发中,避免大兴土木等有损自然景观的做法,旅游交通以步行为主,旅游接待设施小巧,掩映在树丛中,住宿多为帐篷露营,尽一切可能将旅游对旅游物件的影响降至最低。在生态旅游管理中,提倡"留下的只有脚印,带走的只有照片",并在生态旅游目的地设置一些解释大自然奥秘和保护与人类攸息相关的大自然的标牌体系,开展一些喜闻乐见的旅游活动,让游客在休闲中增强环境意识,使生态旅游区成为提高人们环境意识的天然大课堂。

过去,西方旅游者喜欢到热带海滨去休闲度假,热带海滨特有的温暖的阳光(Sun)、碧蓝的大海(Sea)和舒适的沙滩(Sand),使居住于污染严重、竞争激烈的西方发达国家游客的身心得到平静,"3S"作为最具吸引力的旅游目的地成为西方人所向往的地方。随着生态旅游的开展、游客环境意识的提高,西方游客的旅游热点从"3S"转"3N",即到"大自然"(Nature)中,去缅怀人类曾经与自然和谐相处的"怀旧"(Nostolgia)情结,使自己在融入自然中精神得以"涅槃"(Nirvana),强调的是对自然景观的保护,是可持续发展的旅游。

关于生态旅游的概念和含义,目前仍有多种理解和争议,但在一些方面已经达成共识:

第一,旅游地主要位于人类干扰破坏很小、较为原始古朴的地区,特别是对生态环境有重要意义的自然保护区。

第二,旅游者、当地居民、旅游经营者等的环境意识很强。

第三,旅游对环境的负面影响很小。

第四,旅游能为环境保护提供资金。

第五,当地居民能参与旅游开发与管理并分享其经济利益,因而为环境保护提供支持。

第六,生态旅游对旅游者和当地社区等能起到环境教育作用。

第七,生态旅游是一种新型的、可持续的旅游活动。

(三) 空间理论

与旅游目的地开发紧密相关的空间理论包括区位论、空间相互作用理论、空间开发理论等。在旅游目的地开发中,所有设施和项目均具有空间属性,因而空间理论对旅游目的地的开发是至关重要的,主要体现在区域旅游产业布局、旅游景区功能分区、旅游项目选址等方面。微观旅游开发中的景观建设,也属于空间问题,将在后文介绍。

1. 区位论

区位论产生较早,经济学家和地理学家主要用以刻画产业布局和选址规律。在旅游目的地开发中,将旅游业作为一个产业,则区位论中的有关理论将提供有力的支撑。目前,区位论在旅游开发中运用较多的领域包括旅游市场区位分析、旅游交通区位分析、旅游产品竞争与合作空间格局分析等。

区位,即事物占有的空间或所处的场所。区位论产生于 19 世纪 20 年代。德国经济学家杜能(John H.Thanen)最早研究了农业区位问题,出版了《孤立国同农业和国民经济的关系》一书,提出了围绕消费中心,不同类型的农业生产呈圈层分布的思想。随着工业革命的发展,工业区位论研究成为热点,另一位德国经济学家韦伯(Weber)提出了工业区位论,并提出了一系列有关区位分析的概念,如区位指向、费用线等。进入 20 世纪,伴随着垄断资本主义的来临和发展,新的区位理论相继问世,如美国经济学家费特尔(Fetter)的贸易边界理论、瑞典经济学家帕兰德(Palander)的市场竞争区位、德国经济学家克里斯塔勒(W.Christller)的中心地理论等。20 世纪 50 年代,还形成了以区域综合开发和组织为研究对象的区域科学。旅游研究者将区位论的思想方法运用于旅游研究,形成了"旅游区位论",用以描述和解释旅游活动或现象的空间差异。

2. 空间相互作用理论和空间开发理论

在宏观(国家、省和地区一级)旅游目的地开发过程中,空间相互作用理论和空间开发理论具有重要作用。它们在设置区域旅游服务中心、旅游线路、旅游设施和服务供给带等领域发挥了作用。

例如,旅游研究和实践中经常用到的引力模型,就是来源于物理学并被广泛运用于区域开发与规划工作中的空间相互作用模型。克朗蓬(L.J.Crampon)首先证明引力模型在旅游研究中的作用,沃尔夫(R.I.Wolfe)、爱德华兹(S.L.Edwards)和切萨里诺(F.J.Cesario)等在随后几年中对旅游市场的引力模型做了进一步调整和完善。在中国,保继刚等学者将这一模型和理论在中国的研究中做了运用和讨论。[①] 引力模型的基本形式是:

$$T=G\frac{P\cdot A}{D}$$

式中:T 为客源旅行强度的某种量度;P 为客源地人口与经济规模的某种量度;A 为目的地吸引力的某种量度;D 为以距离为主的旅行成本的某种量度;G 为经验常数。各个变量上面一般还有经验指数。

空间开发理论是一定区域范围内社会经济各组成部分及其组合类型的空间相互作用和空间位置关系以及反映这种关系的空间集聚规模和集聚程度的学说。空间开发理论在实践中可用来指导制定国土开发和区域发展战略,在旅游规划和开发中也有着广泛的应用。

空间开发理论的三种开发模式,在宏观旅游目的地开发中得到了重要的运用。

(1) 据点式开发模式,也称增长极开发模式,是以某旅游城市或著名旅游景点为龙头,带动周边景点区域的旅游开发。据点式开发模式适用于区域旅游开发的初始阶段,或经济的稀疏区、经济不发达地区。

---

① 保继刚,楚义芳.旅游地理学.北京:高等教育出版社,1999:62.

（2）点轴式开发模式，是以点轴为主线的条带式开发模式。这里的"点"是前述的主要旅游景点或旅游城市，"线"指线状基础设施（包括各类交通线、大江大河或海岸水线等）。凭借"线"把各个"点"有机地联系起来，便形成了点轴系统。点轴贯穿于复杂的旅游目的地系统之间，构成了以点轴为主线的条带式开发系统。这种开发模式主要适用于区域旅游开发的中期，或旅游资源相对呈带状分布的地区。

（3）网络式开发模式。在旅游资源较丰富的地区或经济中心区，交通发达，城市密集度较大，旅游需求旺盛，众多旅游景点和旅游带建设全面启动，组成了一个有机的空间体系——旅游网络。这种开发模式适合于大都市连绵区、城市群周边的旅游开发。

（四）心理学理论

1. 体验理论

在中观和微观旅游目的地（一个旅游景区、度假区或几个有关联的景区及服务设施区）开发过程中，体验经济学以及有关体验的研究能够提供重要的开发依据。它直接指导了项目策划、服务设置和环境氛围营造。

英国的《百科全书》中对体验一词做了详细的解释："体验是一个心理学术语，它是人的心理现象。体验包括个人环境里的一些物项，借助于这些物项，自我可以以不同的方式发生改变。"1998年派恩二世（Pine Ⅱ）和吉尔摩（Grilmere）提出经济价值经历从提取产品、制造商品、提交服务到展示体验的演化阶段。根据马斯洛（A.H.Maslow）的需要层次理论，现代人的追求也逐步向高层次即自我实现的层次发展。

从体验的本质来看，体验是"通过亲身实践来认识周围的事物"或"在实践中认识事物"。旅游的本质是一种体验活动，是旅游者离开居住地去他地旅行时所获得的一种丰富的经历和感受。它既包括旅游者在旅游中通过运用原有知识对客观事物进行分析和观察所获得的心灵共鸣及愉悦的感觉，又包括他们通过直接参与活动而得到的舒畅感，同时旅游者在旅行中通过接触陌生事物而进行学习的过程也是一种体验。

美国人托马斯·戴维逊（Thomas Davison）在《旅游真是产业吗》一文中提出："旅游是一种经历或过程，不是一种产品——这种经历又是相差悬殊的。"邹统钎在《旅游度假区发展规划》一书中把旅游科学的核心概念界定为"经历"，即"旅游者通过对旅游目的地的事物（广义上指旅游过程）或事件的直接观察或参与而形成的感受与体验"。1999年，谢彦君在其专著《基础旅游学》一书中将旅游定义为"个人以前往异地寻求审美和愉悦为主要目的而度过的一种具有社会、休闲和消费属性的短暂经历"。王兴斌也认为"旅游本质上是向游客提供一种离开惯常居住地的新鲜经历，一种以一定的物质条件为依托的服务。旅游者得到的是旅游过程中的印象、感受和体验，而不是具体的旅游资源"。

1968年，马斯洛提出了高峰体验的观念，指"最快乐、最满足的时刻"，这种体验可通过自然体验、对美的认知、创造性活动、敏锐的洞察力、运动以及其他类似活动获得。美国心理学家米哈里（Mihali）提出了最佳体验标准——"畅"（Flow）的概念，即"具有适当的挑战性而能让一个人深深沉浸于其中，以至于忘记了时间的流逝，意识不到自己的存在"。

"畅"的体验具有七个特征：注意力集中；短暂；具有丰富的感知；忘却自我，全身心地融入正在进行的活动中；忘却了时间和空间；尽情享受；暂时忘掉忧虑和束缚。高峰体验和"畅"的概念的提出对最优游客体验的塑造具有很强的指导意义。

在旅游领域，创造"畅"的方法主要包括将体验主题化、以正面线索强化主题印象、消除消极体验、提供纪念品并重视对游客的感官刺激等。在主题公园的开发中,这一理论已经得到自觉和不自觉地运用。

2. 消费心理学

消费心理学是微观旅游目的地开发中一个重要的理论支撑,用以指导项目设置、氛围营造和销售策略等。

消费心理指人作为消费者时的所思所想。消费心理学是心理学的一个重要分支,它研究消费者在消费活动中的心理现象和行为规律。研究消费心理,对于消费者,可提高消费效益;对于经营者,可提高经营效益。消费心理学的主要研究内容包括两个方面,即影响消费者购买行为的内在条件(如个性特征)和影响消费者心理及行为的外部条件(如社会环境、购物环境等)。在进行产品设计和旅游市场营销时,要在细分客源市场的基础上,把握各个年龄层和性别群体的不同消费心理,设计适销对路的产品。例如,针对少年儿童,可以科普教育、拓展训练等项目为主,年轻人则以娱乐、度假为主,而中老年人则喜欢文化产品和康体疗养类产品。

从消费心理的角度看,旅游者的追求分三个层次:第一个层次是好奇心,第二个层次是求知欲,第三个层次是审美感。达到了审美感受也可以说是达到了一个比较高的层次。也就是说要把旅游的过程作为一个审美体验的过程,作为一个审美感不断满足的过程。同时,在心理学方面马斯洛的需要层次论等也解释了游客对旅游服务的要求的满足过程。

(五) 管理学理论

1. 旅游地生命周期理论

由产品生命周期理论衍生的旅游地生命周期理论在旅游目的地开发中被普遍用于判断旅游目的地发展的阶段、特征、问题和趋势,对指导旅游目的地开发具有较强的理论支持。

产品生命周期是美国哈佛大学教授弗农(Raymond Vernon)1966 年在其《产品周期中的国际投资与国际贸易》一文中首次提出的。他把一个产品的销售历史比作人的生命周期,要经历出生、成长、成熟、老化、死亡等阶段。旅游地生命周期理论的研究以巴特勒(Butler)的理论[①]为代表。巴特勒根据产品生命周期理论,提出 S 形演化模型。即游客人数的涨落类似于产品销售,可以把一个旅游地看作一件产品,生命周期由六个阶段构成,即探索、起步、发展、巩固、停滞、衰落或复兴。

2. 市场营销理论

市场营销理论对指导旅游目的地的定位、开发策略、销售策略等都具有基础性的重要作用。

现代市场营销理论经过了不断发展和进步,从 20 世纪 50 年代的消费者营销到 60 年代的产业市场营销,再到 70 年代的社会营销、80 年代的服务营销,再到 90 年代的关系营销。传统的市场营销理论是建立在 4P 理论基础上的,4P 理论从企业本身可以直接控制的 4 个因素出发,以产品策略为基础,首先看企业能生产什么产品(Product),决定制造某一产品后,设定一个不仅弥补成本且能赚到最大利润的价格(Price),通过其掌控的销售渠道(Place)加以促销(Promotion)。美国西北大学菲利浦·科特勒(Philip Kotler)教授 20 世纪70 年代末将 4P 理论发展为 6P 理论,增加了政治权力(Political Power)和公共关系(Political

---

① Butler R W.The concept of a tourist area cycle of evolution: implication for management of resources.Canadian Geographer,1980,24(1):5-12.

Relationship)。公共关系不仅是一种促销策略,而且是各种社会关系的整合,能为营销活动创造良好的环境。20世纪90年代,美国的舒尔兹(Schulz)等人提出了整合营销新观念,以消费者为出发点,在此新规范下提出了4C理论。4C理论首先强调消费者需要(Consumer Wants and Need),即企业要生产消费者所需要的产品而不是卖自己所能制造的产品;其次是消费者愿意付出的成本(Cost),即企业定价不是根据品牌策略而是要研究消费者的收入状况、消费习惯以及同类产品的市场价位;再次是为消费者提供方便(Convenience),这里主要指购买环节的便利,使消费者快速便捷地买到该产品,由此产生送货上门、电话订货、电视购物等新的销售行为;最后是与消费者的沟通(Communication),即消费者不只是单纯的受众,也是新的传播者,必须实现企业与消费者的双向沟通,以谋求与消费者建立长久的关系。4C理论着眼于消费者需要,落足于建立企业与消费者的关系。

在最新的4R理论中,关系(Relationship)被排在第一位,而且关系的内涵也从4P中的公共关系、4C中的企业与消费者的沟通,扩展到与客户建立长期而稳固的关系,即企业向顾客提供产品或服务以及顾客运用企业的产品或服务后的体验,进而形成品牌关系。第二是容易(Retrenchment),这里不仅仅指让客户更容易地得到产品或服务,让客户节省时间、精力和心思,还包括容易使用等内涵。第三是恰当(Relevancy),指能够为客户提供专家服务,而且是独一无二的、量体裁衣型服务。最后是回报或奖赏(Rewards),即企业要满足客户需要,为客户提供价值,一切营销活动都必须以为客户及股东创造价值为目的。这里的回报不仅仅指金钱或物质,还包括给消费者带来的声望和身份感以及时间上的回报。从4P、4C到4R,新的营销理念带来了市场研究领域技术模型变化的五大趋势。

旅游市场营销不仅要充分借助市场营销的基本理论,把握其最新动向,更要密切结合旅游产业发展自身的特征,创新营销模式,形成完善的理论体系。

三、旅游目的地开发的基本内容

旅游目的地开发是对一个特定旅游目的地系统的开发,目的地是使之具有开发目标指向的系统结构与功能。就旅游目的地系统内部而言,一般包含以下内容:

(1) 旅游产品和活动。这一项指吸引游客的主要自然、文化吸引物或其他有特色活动。这是旅游目的地得以存在和发展的核心要素。

(2) 住宿。这一项包括游客过夜的设施及相关服务,其规模、结构与特色对游客体验来说也是十分重要的。

(3) 其他服务与设施。这一项包括游客旅游活动过程中所需要的其他基本服务,如旅行社、餐饮、纪念品和特殊商品购物、便利店、银行或货币兑换服务、旅游信息咨询、美容院等日常生活服务、医疗、公共安全设施等。

(4) 交通设施。这一项包括进入一个国家或地区的交通设施、连接目的地与口岸的交通设施以及目的地内部连接的交通设施等。

(5) 其他基础设施。其他重要的基础设施包括供水、供电、垃圾处理、通信等。

(6) 经营管理。这一项包括经营战略、营销战略、管理模式等内容。

(7) 发展能力。这一项包括发展政策、人力资源建设等内容。

(8) 环境要素。这一项包括生态和景观环境的治理等内容。

第二节　旅游目的地开发的分析与决策

一、问题导向与目标导向

开发一个特定的旅游目的地有两类常用的分析思路,一类着重于解决当前发展中的问题,一类着重于实现预定的开发目标,即问题导向型思路和目标导向型思路。

(一) 问题导向型思路

发现问题、分析问题、解决问题是问题导向型思路的基本思维方式。问题导向是以问题为中心,围绕问题来研究其特征、规律,给出解决方案的方法。问题导向中的问题泛指旅游发展中存在的问题。

问题导向型思路从问题诊断出发,通过深入调查研究(包括踏勘现场、查阅资料、市场调查、座谈访谈、征询意见等)、认真分析梳理,确定旅游目的地的基本问题,提出拟解决的核心问题,针对这些问题提出发展战略思路、核心产品体系、提出关键性策略,指导旅游目的地的发展。

以问题为导向的旅游目的地研究思路的出发点是问题诊断,然后针对这些问题提出发展战略思路、规划核心产品体系、构建支撑体系、提出实施对策,如图 4-1 所示。

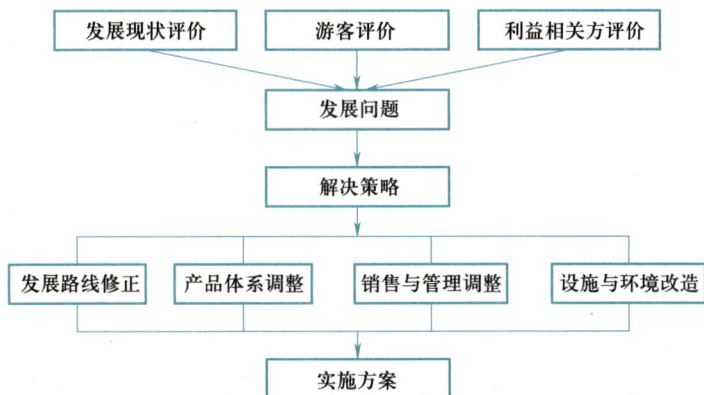

图 4-1　旅游目的地开发的问题导向型思路示意图

在问题导向型方法中,两个关键任务是确定旅游目的地发展中存在的问题、针对旅游目的地发展中存在的主要问题提出旅游发展新思路。

旅游目的地发展中存在的问题可能涉及各个方面,对某一个既定的旅游目的地,可能同时存在很多问题,要把这些问题梳理出来,在此基础上界定对旅游发展具有全局性影响的关键问题。

旅游目的地发展中常见的问题主要包括以下方面:

(1) 旅游管理体制。旅游管理体制不顺畅,旅游行政管理部门的职能不明确,旅游区(点)管理体制不合理,都会制约旅游发展。

(2) 旅游发展政策。旅游产业的地位不明确,旅游产业发展的政策环境不具备,通常会给旅游融资、旅游企业发展带来很大困难。

（3）旅游发展思路。旅游发展思路不清晰、不统一，定位不利，目标模糊、过高或过低，会给旅游产业发展造成导向性错误。

（4）旅游产品开发。旅游资源向旅游产品转化难度大，旅游区（点）、旅游线路不符合游客需求，旅游产品体系不完整，旅游产品结构不合理，是制约旅游发展的核心问题。

（5）旅游产业布局。旅游产业或设施布局不合理，功能分区不科学，土地利用不符合要求，中心地的支撑作用不够，增长极培育力度不足，会成为旅游发展障碍。

（6）旅游形象塑造和宣传。知名度不高、美誉度不够，旅游形象不够明确、不够突出、不够独特，旅游宣传口号不具震撼力、吸引力，旅游视觉与形象识别系统不完善，也影响旅游者决策，从而影响客源。

（7）旅游市场营销策略。旅游市场定位模糊，宣传力度不够，市场开拓手段单一，营销投入不足，会影响旅游客源的规模。

（8）旅游开发资金来源。旅游融资理念陈旧、渠道单一、手段落后，旅游开发投入不足，直接制约旅游发展。

（9）旅游基础设施和配套设施。外部可进入性不高，内部交通不够便捷，通信、电力、给排水设施不完善，都会影响旅游体验。旅游住宿、餐饮、娱乐、购物、游览等接待设施不完善，将影响旅游者的体验质量和满意程度。

（10）旅游人力资源。旅游从业人员数量不足、结构不合理、质量不能适应需求，也会影响服务质量与管理水平。

（11）旅游环境保护。旅游环境质量下降、旅游资源遭破坏，会在一定程度上制约旅游可持续发展。

（12）利益分配。相关各方利益分配不合理，容易引起矛盾。特别是当地社区的有效参与是保障旅游目的地可持续发展的关键因素之一。

（二）目标导向型思路

目标导向型思路以宏观目标为切入点，进行调查分析，确定发展目标，制定实现目标的战略，进而推出实施策略及保障措施。这种研究思路是基于旅游发展目标对旅游产品设计、品牌塑造等的导向作用。它关注的焦点在于：① 目标的确立。根据优势、劣势、机遇、威胁的分析和旅游发展历史与现状的研究，合理确定旅游发展目标，这实质上就确定了旅游发展的方向和要达到的水平。② 战略的确定。根据旅游目的地的发展基础和条件，瞄准确立的目标，制定为实现旅游发展目标需要采取的战略。

在目标导向型方法中，确定适合的旅游发展目标是分析研究的核心工作，其他内容都是围绕这个核心而展开的。不管是前期的旅游资源调查分析与评价、旅游市场的分析与预测、旅游发展背景的分析，还是后期保障体系的制定，都是为了能确定和实现旅游发展目标。

确定旅游发展目标，一般要考虑以下三个方面：

（1）确定发展的各项指标。常见的旅游目的地的发展指标包括：旅游接待人数和增长速度、人均消费水平和年增长速度、旅游总收入占国内生产总值的比重（区域型目的地）。为了更进一步了解区域旅游发展的水平和规模，有时还要计算一些由上述主要指标细化而得的指标。预测旅游业的发展指标是为了更好地规划、开发和管理旅游发展速度和规模。

（2）确定在一个更大区域发展与竞争格局中的地位。旅游目的地能否成为一个有竞争力的目的地、在旅游大格局中占有一席之地、在国民经济中起主导或带动作用的决定因素，不仅有上述旅游业发展的量化指标,还包括旅游资源品位(本地标志性的旅游资源在同类资源中的地位)和旅游开发层次(旅游基础设施、旅游服务设施、旅游服务质量、旅游产品的组合和营销)两个因素。

(3)确定旅游目的地发展的可持续性目标。统筹考虑旅游目的地发展的经济效益、社会效益和环境效益,以实现旅游目的地的长期可持续发展。同时根据不同的发展时期和阶段做出相应的阶段性安排。

二、旅游资源分析

旅游资源是旅游活动的载体,是开发旅游产品和发展旅游业的基础和前提。一般来说,旅游资源禀赋和特征决定了一地旅游业的发展模式和发展方向,认识和分析旅游资源是旅游目的地开发的基础性工作。

(一)旅游资源调查

1. 旅游资源调查的内容

(1)旅游资源背景状况。旅游资源背景指旅游资源所依托的自然和人文环境。自然环境包括位置、范围、面积、地形、地质地貌、水系、气候特征、动植物要素等。人文环境包括历史沿革、经济发展状况(GDP、产业结构、居民收入水平、知名企业等)、政策制度状况(旅游产业定位、区域发展战略、政府工作重点、发展计划)、基础设施和公共服务(交通、供水供电、文化教育、医疗卫生、金融、电信)、社会民俗(人口、民族构成、风俗习惯、宗教信仰、居民友好程度)等。

(2)旅游资源赋存状况。包括旅游资源的规模、分布、等级等特征。旅游资源的规模一方面关系到旅游资源的品位和级别,另一方面关系到旅游资源的开发空间和开发潜力,因此,旅游资源规模调查是旅游资源调查的重要内容。规模调查包括对旅游资源的体量、数量、分布范围、面积及分布密集程度等的调查。旅游资源分布调查指对旅游资源空间分布和空间组合状况的调查。旅游资源的空间分布直接影响旅游功能分区,是进行旅游产业布局和战略空间布局的重要依据。旅游资源等级包括"世界遗产""优秀旅游城市""A级旅游区",国家级或省级或市级或县级"自然保护区""森林公园""地质公园""风景名胜区""历史文化名城""历史文化名镇"等称号,能够在一定程度上表明旅游资源的优良性。

(3)旅游资源开发状况。包括旅游目的地旅游业态调查、旅游景区(点)开发状况调查等。

(4)旅游资源周边状况调查。调查周边状况是为了了解本地旅游资源与邻近旅游资源的相互关系,分析周边旅游资源对本地旅游开发所产生的消极和积极影响。

2. 旅游资源调查的一般方法

(1)资料分析法。资料分析法是依据已有的文字、数据、图形、音像制品等资料对旅游开发地或者旅游区状况进行分析和研究。此方法是间接调查法,是从前人已有的研究、调查和统计中获取第二手资料。这种调查方式效率最高,使用得也最多。

(2)实地考察法。实地考察法是根据旅游开发的性质和任务要求,组织专家队伍,对调查区域进行的实地情况调查。要准确把握一个旅游目的地或者旅游区的实地情况,必须通过实地考察的方法。实地考察过程中,要对旅游资源的分布位置、变化规律、数量、特色、类型、结构、功能、价值和旅游开发现状等进行调查,通过观察、勘察、测量、记录、填绘、摄像等途径,记录第一手资料。这种方式十分耗费人力和时间,但却是绝对不能忽略的。通过实地调查不仅能够获得更准确的信息,更能够发现旅游目的地的很多问题,获得开发旅游目的地的很多思想。

(3) 座谈访问法。座谈访问法包括座谈会和访问两种方法。座谈会是调查人员与当地政府、专家、企业代表等共同参加的会议。一般在调查地当地举行。这种集中探讨式的会议,信息量大、效率高。通过座谈会,调查人员能够比较准确地了解情况。

(4) 遥感法。指使用遥感技术对不易调查的旅游资源进行考察。这种方式不仅能完成所调查旅游资源的定性和定量的考察,而且可以发现新的旅游资源,对旅游资源的考察工作有一定的补充作用。

(二) 旅游资源评价

《旅游资源分类、调查与评价》(GB/T 18972—2017)是目前我国旅游开发与规划中的指导性文件,是评价旅游资源所依据的主要方法,称为通用方法。事实上,这一方法还不完善,存在不适应实际需要的情况,因此,要因地制宜、灵活变通,适当采用其他方法作为补充。

一方面,要与其他标准相适应,如对风景名胜区、森林公园、自然保护区等地方的旅游资源做评价时,可以适当参考有关部门制定的规范和标准,如《风景名胜区详细规划标准》(GB/T 51294—2018)、《中国森林公园风景资源质量等级评定》(GB/T 18005—1999)、《自然保护区类型与级别划分原则》(GB/T 14529—1993);另一方面,根据实地情况和不同类型旅游资源的要求,可以制定适用的旅游资源评价标准和方法,一般采用层次分析法。

除依据《旅游资源分类、调查与评价》(GB/T 18972—2017)(或结合其他适用方法)对旅游资源进行打分评价外,还应特别重视评价旅游资源在开发过程中的潜力,包括资源与市场的关系、资源的开发难度和综合条件等。

(三) 旅游资源整合

旅游资源整合是旅游目的地开发的热点问题。旅游资源整合是旅游目的地发展到一定阶段后产生的课题,它实际上是旅游目的地系统结构的重组。通过这种重组,旅游目的地将获得更大的发展空间和发展能力。

1. 旅游资源整合的依据

旅游资源整合符合经济发展的一般规律,在经济生活中,优胜劣汰,资产的优化重组乃至兼并和退出都是很平常的现象。旅游资源的普遍共生性也决定了旅游资源需要整合。一些旅游资源彼此之间具有某种互补性,整合以后能够增强总体实力,得到更好的发展。例如,苏州园林群,能够整合出规模大、档次高的旅游产品系列,形成精品旅游线路。苏州园林群两次打包申请世界遗产就是一种成功的整合。有的旅游资源共同依附于某种载体,这种载体也就成为多个旅游资源共存的根本前提。例如,太湖周边的若干景区和度假村,看似分隔独立,实则共同依托太湖水环境而生存,如果盲目竞争,过度开发,就会造成水的污染、环境的破坏,最终导致共同衰败,因此要整合,约束大家的行为,维持共存。

旅游资源的空间层次性使得旅游资源需要整合。旅游资源的空间层次性指大景区里面往往有小景区。在旅游开发的初期,出于投资能力、规划水平和市场状况等方面的原因,通常先开发的空间规模较小。当发展到一定阶段后,扩展空间就成为旅游目的地发展的重要问题了。

2. 旅游资源整合的意义

(1) 旅游资源经过整合能够强化旅游主题,突出旅游形象。知名度高的旅游产品无不具有鲜明的市场形象,消费者对产品的认识也是由产品的市场形象开始的。对一个区域而言同样如此,区域旅游产业的发展需依托旅游资源打造旅游目的地的主题和形象。这是一个将单体旅游资源的形象整合成一个区域的形象的过程。一个旅游目的地往往包含多个类型的旅游资源,可以据此开发多个类型和主题的旅游产品。但是这种主题的"丰富"反而不利于旅游目的地形象的树立。通过整合,能突出一种形象,有利于旅游目的地的市场宣传。

(2) 旅游资源经过整合能够增强整体实力,提升产品竞争力。将有关联的旅游资源整合推出,一般有利于发挥规模效应,提升整体档次或等级,增强产品竞争力。例如,苏州园林群打包申遗、长城沿线数省联合申遗以及千岛湖与黄山联合组线等都充分证明了这一点。整体规模效应主要体现在:能够共同占据同类旅游资源的更高等级;能够优势互补,增强产品的功能和提高品位,增加吸引力;能够形成新的旅游"大餐",丰富旅游内容,提高游行比;能够大大增强宣传促销的能力,扩大市场影响。

(3) 旅游资源经过整合能够约束恶性竞争,优化发展环境。一些地方由于旅游资源开发密度过大,又存在大量低水平的重复建设和模仿开发,造成景区之间的恶性竞争,陷入极其混乱的局面。旅游资源经过整合,能够达成一种契约,协调大家的利益关系,约束恶性竞争,规范行业行为,创造对大家都更有利的发展环境。

(4) 旅游资源经过整合能够保障公共产品的供给,并维持旅游资源的共生基础。很多时候,一些旅游资源需要共同的开发和经营条件即公共产品,例如道路、通信等方面的投入。只有整合旅游资源,才能集中力量解决好公共产品的供给问题。旅游资源经过整合还能够切实保护资源与环境,维持共同的可持续发展基础。

3. 旅游资源整合的方式

(1) 空间层次整合。将同属于一个较高空间层次的旅游资源整合起来,形成一个大资源,建设一个大景区,扩大规模,提升档次,集中力量在一个更广阔的空间里开发产品,开拓市场。

(2) 共生整合。将具有共生关系的旅游资源整合起来,协调利益关系,调整开发行为,限制开发力度,实现资源与环境的可持续利用,保障旅游产业的长远发展。

(3) 主题整合。在某一个区域内,根据旅游资源的总体特点和市场状况,制定旅游产业的发展方向和战略,确定区域旅游的主题和形象,借此整合区域内旅游资源,使其服从或服务于区域旅游的主题,形成鲜明的旅游形象,打造最具市场竞争力的核心产品,形成有吸引力的旅游目的地。

(4) 产品线路整合。将某些不能形成成熟旅游产品或市场竞争力较弱的旅游资源依据某种产品开发理念整合起来,形成新的旅游产品。利用旅游资源在区位、交通和功能上的联系,将分散的旅游资源组织起来,组成旅游线路整体推出。共享客源市场,丰富旅游内容,提高对游客的吸引力和旅行社运作的可行性。

(5) 市场整合。根据区域旅游的目标市场定位,将不同类型旅游产品中核心目标市场一致的旅游资源捆绑开发,打造多类型的旅游产品,增加游客的停留时间和消费额,实现客源的充分利用。

(6) 产业链整合。利用某些旅游消费链条上的承接关系进行整合,完善旅游产业链,带动旅游经济的发展。

(7) 保障系统整合。旅游资源的开发有赖于保障系统的建立,广义上的保障系统包括交通、通信、电力、金融、卫生等构成的社会经济体系。充分利用旅游保障系统是整合旅游资源的一个重要思路。交通线路的形成和改善往往作用最为明显。例如,青藏铁路的修建使沿线的旅游开发获得了共同的交通基础,为沿线旅游资源的整合推出提供了极佳的历史条件。

4. 旅游资源整合的实施方式

(1) 临时联盟。在一般情况下独立开发经营,各自享有产权,只是在必须统一行动的时候由政府或企业之间结成临时联盟。例如,相关企业在政府组织下或自发地结合起来进行旅游产品的联合推介。另外,不同区域的政府也可以临时联合起来举行促销活动等。这种形式较为灵活,成本较低,亦可根据形势的需要达成长期合作联盟。但是这种形式约束力较差。

(2) 契约合作。一种是由政府牵头,在区域之间达成区域旅游合作契约。如在杭州签订的《长江三角洲旅游城市(杭州)宣言》,就包含区域间旅游资源整合的内容。这种模式是区域间旅游合作的较好模式,充分利用了政府的行政管理能力,而这种能力是企业所不可能具备的。另一种是由政府或者一个或几个龙头企业牵头,在相关旅游企业或单位之间签订契约,组成战略联盟。

(3) 行政划拨。由政府将隶属于不同部门和单位管理的旅游资源划拨给一个部门或国有企业统一开发经营。这种模式由于行政力量强大,通常实施得快、产权清楚且固定、资本雄厚、后续支持有保障。但是,这种模式克服条块分割的成本较高,产权和经营权也往往不能分离,经营灵活性差。

(4) 企业兼并。企业在市场规则的作用下,优胜劣汰,自行重组兼并。这种模式实施起来产权清楚、操作灵活。但是在中国的现状下,资产评估体系还有待完善,一旦涉及国有单位或国有资产,往往出现一般企业所难以清除的障碍。纯粹的市场作用也容易暴露出市场的弊端,恶性竞争不易避免。

(5) 改造所有制。在政府的引导下,国有资产和其他资本通过股份制改造共同注入新成立的公司,所有资源归其统一组织开发。这种模式符合现代经济发展潮流,产权明晰,国有资本得到盘活,而且组织稳定,利于长远发展。对于一般情况,这可能是一种较好的旅游资源整合模式[①],但是整个改造工作难度很大。

三、旅游市场分析

(一) 旅游市场分析的内容和方法

旅游市场分析的根本目的在于明确旅游需求的过去、现在和未来。即通过历史数据的分析和经营业绩的回顾,或者参照周边地区旅游发展规模,对一个地区(或景区)旅游发展的历史进行总结回顾,明确其发展阶段;分析近期经营状况,对现状特征和存在的问题进行研判;结合历史数据和发展背景,对发展趋势做出预测,为该旅游目的地的开发提供科学依据。

[①] 廖宣祥. 龙岩旅游资源整合的必要性、可行性及思路. 闽西职业大学学报,2003(3): 29—31.

1. 旅游市场调查

旅游市场调查是获取第一手资料,为旅游目的地分析与开发提供科学依据的重要手段。通过市场调查,明确规划区域客源市场的构成特征(如性别、年龄、职业、收入等)、空间分布、旅游偏好、支付意愿等,为客源市场的分析奠定基础。旅游市场调查的基本步骤包括确定调查对象、设计调查问卷、组建调查队伍、发放与回收调查问卷、统计分析等。

(1)确定调查对象。应根据抽样调查的科学方法和程序进行调查,因为调查对象的选择直接影响调查结果的真实性和有效性。一般而言,应该在与调查主题关联较大的总体中选择调查对象,这样容易激发被调查者的兴趣与积极性。也不排除为服从抽样调查概率分布而选择一些与主题相关性不大,甚至无关的人群进行调查。

(2)设计调查问卷。提出的问题要易于理解,避免出现敏感性问题。同时,应减少主观题的比例,即尽量缩减调查对象填写问卷所花费的时间。此外,在调查问卷正式发放之前,可以进行小范围的实验,以调整问卷内容,使其更为合理。

(3)组建调查队伍。旅游问卷调查技术作为旅游市场调查重要的信息收集技术之一,必须借助具备相当专业知识的旅游市场调查人员,才能够收到良好的效果。调查人员需具备旅游学、经济学、社会学、统计学、心理学等多学科交叉的基本素质,还应掌握一些专门的技巧,如酒店管理知识、营销策划技术等。在市场调查之前,需有意识地对工作人群进行必要的专业知识培训,以提高调查效果。

(4)发放与回收调查问卷。发放与回收调查问卷是调查的核心部分。在这一环节中,要特别注意保证问卷的有效性和回收率。有效问卷是指填写完整,通过逻辑性题目检验合格,并且答案可用于问卷项目统计的部分。在设计与发放问卷的过程中,要使其通俗易懂,还要注意对填写者的引导和说明,如增加注释。调查问卷的回收率是衡量其科学性的重要指标,因此在实际发放问卷的过程中,应采取多重措施保障回收率。另外,要将抽样技术与问卷技术有效结合,增强问卷调查的实际效果。

(5)统计分析。通过统计学手段,或者借助统计软件,筛选有效问卷,对其进行指标统计。在此基础之上,计算每一统计项的构成,形成观点性数据。

2. 旅游市场预测

旅游市场预测的概念有狭义和广义的区别。狭义的旅游市场预测是仅对未来不同时段的游客数量进行预测,而广义的旅游市场预测不局限于游客数量,还包括游客结构、消费水平、床位需求等多方面的综合预测,即以游客数量为基础,衍生出相互关联的其他要素的趋势。

旅游市场预测的方法多种多样,总体可以分为定性和定量两种方法。旅游市场预测方法也处于不断发展中,随着统计学、心理学和旅游学等学科的发展,预测的方法将更为多样化。

(1)定性预测法。定性预测法是依据预测者的经验和知识,通过对影响预测对象的各种因素进行分析、判断和推理,来预测特定经济现象未来发展变化的趋势。它主要用于对那些缺乏系统统计资料或很难进行定量分析的旅游现象进行预测。常见的旅游市场定性预测法可细分为类推法、德尔菲法和主观概率法等。

① 类推法是预测者根据自己的知识和经验,在调查研究基础上,根据逻辑类推原理,对预测对象进行的预测。依据经济现象之间相互替代规律进行的逻辑类推,称为替代关系类推法;依据经济现象之间的趋同性和可比性规律进行的逻辑类推,称为比较类推法。

② 德尔菲法是美国兰德公司在 20 世纪 40 年代末创立的一种定性预测方法,旨在借助专家的经验对无法量化的经济现象进行预测。该方法一方面借助专家的知识与经验,另一方面由预测组织者对专家的预测值进行量化统计处理,从而使定性预测得到量化表述,具有较强的实用性与科学性。

③ 主观概率法是概率论在经济预测中的一种应用方法。概率指某一实验重复无限次时,其中某事件相对发生的次数。主观概率则指人们认为某事件可能发生的可信程度。

(2) 定量预测法。定量预测法是对预测对象未来的发展变化趋势、增减速度和可能达到的水平的一种量的说明。该方法适用于具有系统、详细和准确统计资料,在一定时期内发展变化比较稳定的旅游市场现象。它可细分为时间序列法和因果关系法两种。

① 时间序列法是根据经济现象发展变化的时序连贯原理,把预测对象的历史统计指标值按其发生时间的先后顺序排成数列,然后利用数学方法对时间序列进行平均处理或平滑处理,得出预测对象的历史演变规律,并参照当前已经出现的各种情况,来预测其未来发展变化的趋势。根据对时间序列处理所使用的具体数学方法,一般再将其分为移动平均法和指数平滑法两种。

② 因果关系法是根据经济变量之间的某种因果关系,找出影响预测对象(因变量)的一个或几个经济因素(自变量),建立因果或回归数学模型,然后根据自变量的变化趋势来预测因变量的变化趋势。因果模型中的因变量和自变量在时间上是并进关系,也就是说,因变量的预测值要由并进的自变量的值来旁推。

3. 旅游市场定位

旅游市场定位是在供需关系分析的基础上,对未来客源市场的空间分布和构成结构进行的科学判断。准确的旅游市场定位为市场营销和产品设计提供科学依据。

首先要做的是对旅游市场进行细分,进而选择旅游目的地主要目标市场。市场细分的概念是 20 世纪 50 年代中期,美国市场学家斯密在总结企业按照消费者的不同需求组织生产的经验中提出来的一个概念。

市场细分是以顾客需求的某些特征或变量为依据,将具有不同需求的顾客群划分为若干个子市场的过程。市场细分从消费者需求出发,寻找具有共同消费需求的消费者组成一个细分市场。需求的个性化是旅游业发展的必然趋势,传统的市场划分方法已经不能满足现代旅游业发展需要,这就衍生出了多种类型的消费人群,从而使得市场细分成为剥离重要市场、获取目标人群的重要手段。

旅游市场细分的标准包括人口统计学特征、消费动机、地理区域、需求心理、旅行目的以及组织方式等。旅游市场细分标准及类型举例如表 4-1 所示。

表 4-1　旅游市场细分标准及类型举例

划分标准	细分市场举例
人口统计学特征	女性市场、银发市场、儿童市场
消费动机	观光市场、度假市场、商务活动市场、会议市场、修学市场
地理区域	国外市场、国内市场、本地市场、外地市场
组织方式	团队市场、散客市场、机构团队市场、自驾车市场

（二）旅游市场圈层结构及其实际变化

1. 旅游市场圈层结构模型

旅游研究借鉴了来源于物理学的引力模型,由此产生的旅游市场圈层结构模式在旅游规划、管理和研究中得到了广泛运用。

旅游目的地的选择是旅游需求与供给双方互动的过程,必须从旅游目的地属性与旅游市场属性两个方面予以考察。从旅游系统特性和消费者的消费能力、情感、偏好和旅行行为选择之间的关系来看,有多种因素影响旅游者的旅游行为。传统的需求模型对这些问题做了简化处理,因此已有的旅游需求模型用来描述旅游市场结构不精确,用来激发或改变消费者旅行行为的策略不敏感,不能充分解释旅游流的时空特性。[1]

在旅游规划和研究工作中,常用的市场圈层结构来源于引力模型。引力模型最早诞生于物理学,后来被广泛运用于社会科学中各种人类相互作用聚集流的研究,如人口迁移、旅行、通信、商品运送、城市内部交通等。[2]

2. 旅游市场结构的实际变化

然而在许多具体研究对象面前,旅游市场的空间结构常常发生变异。造成这种变异的因素主要包括以下几个方面:

（1）均质条件的破坏。旅游市场圈层结构理论的假设——均质环境在现实中原本不存在,地理、经济、文化等条件的非均质分布势必影响圈层结构的面貌。例如人口的非均质分布,使得大城市总会比小城市和乡村在同等几何空间内蕴藏更大的旅游市场。除了人口,由于经济条件的非均质分布,一些城市和地区的出游率更高,在相同的人口和距离条件下,它们会成为更为重要的市场。

（2）交通线路的影响。交通线路是游客进入的通道,它的分布直接影响游客进入的便捷程度和成本。因而,在最为重要的交通线路方向上,旅游市场圈层结构将出现"突起",这与城市和产业的空间生长有些类似。例如,位于辽西走廊的葫芦岛和河西走廊的酒泉市,旅游市场都存在沿交通大通道伸展的情况。由于重要交通线路的布局与重要城镇的分布通常存在互为因果的关系,交通线路对旅游市场结构的影响可能被前述人口与经济分布的影响所叠加遮蔽。同时,交通线路的布局也与地理因素有关,例如,山西省中部的交通动脉多沿汾河谷地纵向分布,这也导致临汾市旅游市场的圈层结构沿谷地纵向"突起"。

（3）消费门槛的影响。对于旅游区和具体的旅游产品,一些非大众化的高端旅游产品会形成明显的消费门槛。例如,对于高档次的温泉度假村,临近乡村和一般城镇居民不具备消费能力,这些旅游产品势必跳出临近空间,直接投放高端客源聚集地。通俗地说,它们就不是为本地客人准备的。例如,西藏旅游,由于交通成本等方面的原因,长期以来成为高端旅游消费。在这里,消费门槛的影响表现得很突出。对于特定的高端旅游产品,它的市场圈层可能受到严重扭曲,甚至成为一些互不相连的"市场岛",这些"市场岛"是达到消费门槛的城市和人群,而周边大范围的区域则不在其范围内。

（4）消费偏好的影响。如同一般商品和服务的市场特征,不同地域的旅游者也有着不同的消费偏好。例如,欧洲游客希望放松和享受,喜欢自助游;美国游客以休闲为主,探险和生

---

① Lancaster K J. Consumer demand: a new approach. New York: Columbia University Press, 1971.

② 王瑛,王铮. 旅游业区位分析——以云南为例. 地理学报, 2000, 52 (3): 315-321.

态旅游都很喜欢;日本游客喜欢休闲和观光度假,对登山、滑雪、冲浪和疗养等专题旅游感兴趣,同时对佛教等历史文化也很感兴趣。根据不同的产品类型,旅游市场结构会受到一定的影响。例如,中国西藏旅游和敦煌旅游,日本游客在游客市场占据特别重要的位置,这与他们的文化渊源导致的消费偏好有关。一些特殊的专业型旅游资源,例如,考古研修型资源,只对个别城市中的特殊人群有吸引力,消费偏好将成为市场研究的主要考虑因素。

(5) 特殊因素的影响。亲缘关系、工作和商务关系以及其他政治经济因素,也可能成为影响旅游市场空间结构的重要因素。在山东乳山市的银滩景区,大庆石油部门由单位组织建房,形成了数个大型生活小区,大量退休职工举家迁居于此。由此,相距遥远的两座城市建立起了紧密的亲缘关系,大庆成为乳山旅游重要的客源市场地。可见,工作和商务关系也对旅游市场的分布有重要影响。行政区界,特别是国界对旅游成本的增加作用是毋庸置疑的。世界上尚有一些国家不能成为另一些国家的旅游目的地。这些因素极大地改变了理论上的圈层结构。

在上述因素的影响下,旅游市场结构将由圈层结构发生变异,形成新的空间格局。旅游产品与旅游目的地所处的环境是复杂的,影响旅游市场的因素也是多方面的。这些因素综合作用,共同塑造旅游市场的空间结构。旅游市场的圈层结构是研究的一个基础,它依循吸引力距离递减的原理,符合产品供给和需求的基本关系,符合经济学、地理学和物理学的一般规律。但是,多种因素对这一空间结构的影响是普遍存在的,这在旅游发展的实践中已经得到证实。在将来的旅游规划和经营过程中,理应对各种影响因素加以研究,特别是对多种因素要做综合考察。

第三节 旅游规划

旅游规划是旅游目的地开发的蓝本,更是保障旅游目的地在社会、文化和生态等方面非现实利益和长远利益的关键所在。世界旅游组织(UN Tourism)和西方学者十分重视旅游规划工作。中国的旅游规划尚不能完全满足旅游目的地开发的需要,尤其在切实保障可持续发展和人文关怀方面,仍需要从法规、人才、意识和技术方法等方面进行完善。

一、旅游规划概述

(一) 旅游规划的必要性

旅游开发常带来很多问题,例如经济结构扭曲、环境质量下降、文化特征丧失、群体之间矛盾激化等。旅游目的地开发中的规划和其他行业一样,只有进行认真的规划和有效的管理,才能尽可能使旅游带来的利益最大化,规避可能出现的问题。下面一些具体情况都说明了旅游规划的必要性。

(1) 对于许多欠发达地区,旅游业还是一个新兴事物,一些地方政府和私营机构对如何发展旅游缺乏经验,或了解的信息有限,这需要旅游规划提供基本的行动标准和依据,避免出现重大的经济或其他方面的损失。

（2）旅游目的地是一个复杂系统,其中包括多种要素,涉及多个部门和环节,需要旅游规划对所有的部门、环节、设施、利益群体等做出协调性安排,以保证旅游开发的持续性和有效性。

（3）只有通过科学和负责任的旅游规划,旅游目的地开发中的短视问题才有可能得以规避,进而保障旅游目的地的文化和生态,保护弱势群体的利益。

（4）需要根据市场的变化、经营环境的变化以及发展能力的变化,通过专门的规划研究,不断调整旅游目的地发展的策略和方式。

（二）旅游规划的目标

旅游规划,是根据工作委托方的要求,对旅游目的地的旅游系统要素所做的规划或设计,用以指导旅游目的地的开发、建设、经营和管理。旅游规划的中心目标和任务包括以下三个方面。

1. 分析发展条件,确定开发目标

通过对旅游资源、旅游市场和其他发展条件的全面分析,确定合理的开发目标。目标的制定既要有高度,又要实际可行。目标应来源于对发展条件的分析,同时将统领具体的发展策略和方案。目标的制定通常与定位相结合,除了总体发展目标,通常还包括经济效益目标、环境目标等多角度目标,也应当根据发展的时间阶段,制定阶段性目标。

2. 解决发展问题,制定开发策略

旅游目的地的开发和经营过程中,会遇到各种各样的问题,需要规划工作做出系统的解决安排。常见的问题包括:旅游市场发生变化,原有产品不能适应;旅游开发的资金和人力不足;旅游开发与社区居民和生态环境矛盾加深;旅游营销效果不佳;旅游基础设施和配套要素不完善等。规划工作应当在客观分析的基础上,结合委托方的实际情况和条件,为委托方制定切实可行的解决问题的方案,或以客观的立场反映问题并提出解决方案,交由决策者作为决策的参考和依据。旅游规划方案通过评审后,报有关部门审批,将成为具有法规效力的文件。根据发展目标制定策略时,要特别注意策略的系统连接性以及策略方案的可操作性。发展目标的实现,要互相匹配的多层面的策略配合,才能够得以实现。

3. 规避发展风险,保障持续发展

旅游目的地的开发和经营,存在经济、生态和文化等各个方面的风险。旅游规划的制定应当预先判断这些风险,并做出相应的安排和对策。发达国家的一些旅游规划把避免旅游开发中的文化和生态损失放在极其重要的位置上,甚至作为制定旅游规划的基本原则。旅游规划还应根据对旅游系统承载力的分析,协调发展政策和策略,保障旅游目的地的持续健康发展,持续利用旅游发展资源,维护旅游目的地的生态和文化方面的稳定。同时,根据产品生命周期和市场的变化,为维持和恢复旅游目的地的竞争力作出适当调整,避免和缓解旅游目的地的衰落。

（三）旅游规划工作的特点

1. 综合性

旅游规划是一项综合性很强的系统工程。旅游产品的多部门整合特征、旅游市场激烈竞争的压力,客观上要求通过旅游规划使各相关部门加速实现整合,使这一现代社会—经济—环境的边缘组合系统走向资源合理配置、供需匹配,并和谐高效地运行。旅游规划要综合考虑这些与旅游业直接相关或间接相关的产业,使之协调发展。由于旅游系统本身涉及

的问题门类众多,需要旅游规划组织者具有较强的综合能力素质,同时要求规划的编制组具有丰富而合理的学科背景配合。

2. 依赖性

旅游开发是一项依赖性很强的经济活动。旅游业发展水平很大程度上依赖区域经济发展水平。旅游系统是依赖很多行业支持的系统,没有这些行业的支持,旅游系统就难以运行。这些支持行业具有双重任务:一是满足旅游系统运行的需要;二是满足自身及其他产业正常运行的需要。旅游规划必须协调这些行业与旅游业之间的关系。这种情况一方面要求旅游规划编制专家认真研读相关的社会经济发展规划、城乡规划和其他重要文件,另一方面也亟须在旅游规划领域进行相关立法,明确旅游规划的权限和职能。

3. 层次性

由于旅游目的地层级不同,旅游规划也是多层次、多类型的。不同层次的旅游规划的目标、任务和特点是不同的。按规划范围,旅游规划分为国家旅游规划、区域旅游规划(省际、省、地区)等层次。按规划内容,旅游规划分为发展规划、空间规划与专项规划。较大的区域型旅游目的地(如东北地区、四川省),其旅游规划侧重于战略目标与产业政策的制定以及重大基础设施的规划;较小的区域性旅游目的地(如我国一个县级单位或一个旅游景区),其旅游规划往往侧重于具体项目的策划、设施与服务的规划以及经营方面的规划。

4. 动态性

旅游规划不能一蹴而就,要在动态变化中跟踪调整。旅游者的需求会随着政治、经济、社会环境和人的观念变化而产生变化,这就决定了旅游规划是一种动态规划,要适应旅游发展趋势,尤其是旅游项目的选择与布局必须具有弹性。旅游规划要重视市场及其变化,充分了解和研究市场需求,掌握其变化趋势,是旅游规划成功的基础之一。应当不断学习市场上成功的案例,吸取成功的经验,用以预判市场的发展趋势,提前调整旅游产品,甚至创造全新的产品,引导市场需求。

(四)旅游规划的指导思想

目前公认的旅游规划的指导思想包括以下几个方面。

1. 旅游规划应当采用系统的和综合的方法

旅游目的地是一个多要素聚合的系统,影响旅游目的地发展的因素很多,其作用模式也是复杂的。对旅游目的地开发所做的规划工作应当以系统理论为指导,提出全面的方案来,而不是只关注局部问题。

2. 旅游规划应当坚持旅游可持续发展

可持续发展是当前旅游目的地开发的基本要求,是旅游目的地获得长远利益的保障。旅游规划必须从生态环境和文化的方面做认真的考虑和安排。

3. 旅游规划应当坚持各利益相关方特别是社区的参与

成功的旅游规划必然全面考虑和照顾了相关方的利益。目前,旅游目的地社区居民的有效参与成为许多旅游目的地成功运转的保障。忽略这一点,往往导致经营困难,甚至出现经济与文化上的严重冲突。

4. 旅游规划应当采用一种延续性、增长性和灵活的方法

旅游规划不能脱离旅游目的地现有的基础和条件,旅游开发政策应当具有适当的延续性,同时应采取增长性和灵活的方法,妥当制定具体开发措施,保障整体发展目标与战略的

有效推进。

5. 旅游规划应当坚持规划的可实施性

旅游规划所做出的各项安排都应当着眼于实施。所有的开发政策、投资和建设计划、商业计划等都应当是可操作的或被证明确实可行的。

二、旅游规划的类型和内容

(一) 旅游规划的类型

旅游规划的类型划分,主要源于所规划的旅游目的地的类型特点以及规划委托方的要求不同。目前,中国的旅游规划类型主要依据空间类型和内容深度来划分。根据《旅游规划通则》(GB/T 18971—2003)的描述,旅游规划分为两大类,即旅游(业)发展规划和旅游区规划。

旅游业发展规划的对象通常是以行政管辖区为范围的,在空间上相对宏观。规划内容包括旅游产业系统的主要要素的安排。例如,河北省旅游业发展规划、唐山市旅游业发展规划、玉田县旅游业发展规划等属于旅游业发展规划。

旅游区规划的对象是一个旅游区(景区、度假区等),在空间上相对微观。规划内容包括具体的产品、设施以及经营策略等。例如,×× 温泉度假区规划、×× 景区规划等属于旅游区规划。旅游区规划按照规划工作的深度又可分为总体规划、控制性详细规划、修建性详细规划等,不同层次的旅游规划,其内容也不尽相同。

根据中国旅游目的地开发建设的需求,目前在中国常见的旅游规划类型除了旅游(业)发展规划、旅游区总体规划、旅游区控制性详细规划、旅游区修建性详细规划等以外,还有旅游区或旅游项目策划、旅游区概念性规划、区域旅游发展战略规划、区域或旅游区专项规划或策划(如营销规划、投融资规划、旅游形象策划和标识系统设计等)、区域性旅游目的地近期行动计划、社会经济五年计划中的旅游产业规划(或研究)、旅游区景观规划设计等。

(二) 旅游发展规划

根据我国《旅游发展规划管理办法》和《旅游规划通则》,旅游发展规划的定义为:"旅游发展规划是根据旅游业的历史、现状和市场要素的变化所制定的目标体系,以及为实现目标体系在特定的发展条件下对旅游发展的要素所做的安排。"

旅游发展规划的主要任务是明确旅游业在国民经济和社会发展中的地位与作用,提出旅游业发展目标,优化旅游业发展的要素结构与空间布局,安排旅游业发展优先项目,促进旅游业持续、健康、稳定发展。

旅游发展规划的主要内容包括:全面分析规划区旅游业发展历史与现状、优势与制约因素及与相关规划的衔接;分析规划区的客源市场需求总量、地域结构、消费结构及其他结构,预测规划期内客源市场需求总量、地域结构、消费结构及其他结构;提出规划区的旅游主题形象和发展战略;提出旅游业发展目标及其依据;明确旅游产品开发的方向、特色与主要内容;提出旅游发展重点项目,对其空间及时序做出安排;提出要素结构、空间布局及供给要素的原则和办法;按照可持续发展原则,注重保护开发利用的关系,提出合理的措施;提出规划实施的保障措施;对规划实施的总体投资进行分析,主要包括旅游设施建设、配套基础设施建设、旅游市场开发、人力资源开发等方面的投入与产出方面的分析。

旅游发展规划成果包括规划文本、规划图表及附件。规划图表包括区位分析图、旅游资源分析图、旅游客源市场分析图、旅游业发展目标图、旅游产业发展规划图等。附件包括规划说明和基础资料等。

(三)旅游区规划

旅游区规划是为了保护、开发、利用和经营管理旅游区,使其发挥多种功能和用途而进行的各项旅游要素的统筹部署和具体安排。旅游区规划按规划层次分总体规划、控制性详细规划、修建性详细规划等。不同层次的规划任务、内容、编制程序与成果要求也不相同。

旅游区总体规划指在一个地域综合体(多为一个法定范围)内的旅游系统的发展目标和整体性部署过程。根据《旅游规划通则》,"旅游区在开发、建设之前,原则上应当编制总体规划。小型旅游区可直接编制控制性详细规划"。旅游区总体规划是旅游区详细规划的基础,是从整体的角度对旅游区的旅游资源进行优化配置,从发展旅游业的长远角度考虑的旅游业规划设计。旅游区总体规划不仅仅重视自然景观的设计以及区域范围内路线与设施设计,更多的是从市场的角度、从注重游客的角度规划旅游景观和设施,设计旅游活动项目,强调资源和环境的保护对旅游可持续发展的重要性,突出可操作性,尽量做到经济、社会和环境效益综合兼顾。

旅游区总体规划的内容包括:对旅游区的客源市场的需求总量、地域结构、消费结构等进行全面分析与预测;界定旅游区范围,进行现状调查和分析,对旅游资源进行科学评价;确定旅游区的性质和主题形象;确定规划旅游区的功能分区和土地利用,提出规划期内的旅游容量;规划旅游区的对外交通系统的布局和主要交通设施的规模、位置;规划旅游区内部的其他道路系统的走向、断面和交叉形式;规划旅游区的景观系统和绿地系统的总体布局;规划旅游区其他基础设施、服务设施和附属设施的总体布局;规划旅游区的防灾系统和安全系统的总体布局;研究并确定旅游区资源的保护范围和保护措施;规划旅游区的环境卫生系统布局,提出防止和治理污染的措施;提出旅游区近期建设规划,进行重点项目策划;提出总体规划的实施步骤、措施和方法以及规划、建设、运营中的管理意见;对旅游区开发建设进行总体投资分析。旅游区总体规划的成果要求包括规划文本、图件和附件三个部分。图件包括旅游区区位图、综合现状图、旅游市场分析图、旅游资源评价图、总体规划图、道路交通规划图、功能分区图及近期建设规划图等;附件包括规划说明和其他基础资料等。图纸比例可根据功能需要与可能确定。

在旅游区总体规划的指导下,为了近期建设的需要,可编制旅游区控制性详细规划和修建性详细规划。控制性详细规划的落脚点是一套指标控制体系,修建性详细规划侧重于技术经济指标体系的控制,对旅游区地块性质、开发强度和综合环境提出规划控制要求,以指导地块的建设。旅游区控制性详细规划的主要内容包括:详细划定所规划范围内各类不同性质用地的界线,规定各类用地内适建、不适建或者有条件地允许建设的建筑类型;规划分地块,规定建筑高度、建筑密度、容积率、绿地率等控制指标,并根据各类用地的性质增加其他必要的控制指标;规定交通出入口方位、停车泊位、建筑后退红线、建筑间距等要求;提出对各地块的建筑测量、尺度、色彩、风格等要求;确定各级道路的红线位置、控制点坐标和标高。旅游区控制性详细规划的成果包括规划文本、图件和附件三部分。图件包括旅游区综合现状图、各地块的控制性详细规划图、各项工程管线规划图等;附件包括规划说明及基础资料。图纸比例一般为 1/1 000~1/2 000。

旅游区修建性详细规划侧重于在某一局部地区或地块内,在规划指标指导下,对该地区或地块的建设方案提出详细的布局和配套方案。修建性详细规划的落脚点在以指标控制为前提的平面布局规划上。修建性详细规划的任务是,在总体规划或控制性详细规划的基础上,进一步深化和细化,用以指导各项建筑和工程设施的设计和施工。旅游区修建性详细规划的主要内容包括:综合现状与建设条件分析用地布局、景观系统规划设计、道路交通系统规划设计、绿地系统规划设计、旅游服务设施及附属设施系统规划设计、工程管线系统规划设计、竖向规划设计、环境保护和环境卫生系统规划设计。旅游区修建性详细规划的成果包括规划设计说明书和图件。图件包括综合现状图、修建性详细规划总图、道路及绿地系统规划设计图、工程管网综合规划设计图、竖向规划设计图、鸟瞰或透视效果图等。图纸比例一般为 1/500~1/2 000。

旅游区可根据实际需要,编制项目开发规划、旅游线路规划和旅游地建设规划、旅游营销规划、旅游区保护规划等功能性专项规划。

三、旅游规划的基本程序

(一)任务确定

首先,由委托方确定编制单位。委托方应根据国家旅游行政主管部门对旅游规划设计单位资质认定的有关规定确定旅游规划编制单位。通常有公开招标、邀请招标、直接委托等形式。

然后,制定项目计划书并签订旅游规划编制合同。委托方应制定项目计划书并与规划编制单位签订旅游规划编制合同。

(二)前期准备阶段

第一,政策法规研究。对国家和本地区旅游及相关政策、法规进行系统研究,全面评估规划所需要的社会、经济、文化、环境及政府行为等方面的影响。

第二,旅游资源调查。对规划区内旅游资源的类别、品位进行全面调查,编制规划区内旅游资源分类明细表,绘制旅游资源分析图,具备条件时可根据需要建立旅游资源数据库,确定其旅游容量。

第三,旅游客源市场分析。在对规划区的旅游者数量和结构、地理和季节性分布、旅游方式、旅游目的、旅游偏好、停留时间、消费水平进行全面调查分析的基础上,研究并提出规划区旅游客源市场未来的总量、结构和水平。

第四,综合分析和评价各种制约因素及机遇。对规划区旅游业发展进行全面分析,确立规划区在交通可进入性、基础设施、景点现状、服务设施、广告宣传等各方面的区域比较优势,综合分析和评价各种制约因素及机遇。

(三)规划编制阶段

第一,确定规划区。在前期准备工作的基础上,确立规划区旅游主题,包括主要功能、主打产品和主题形象。

第二,确立规划分期及各分期目标。

第三,提出旅游产品及设施的开发思路和空间布局。

第四,确立重点旅游开发项目,确定投资规模,进行经济、社会和环境评价。

第五，形成规划区的旅游发展战略，提出规划实施的措施、方案和步骤，包括政策支持、经营管理体制、宣传促销、融资方式、教育培训等。

第六，撰写规划文本、说明和附件的草案。

(四) 征求意见阶段

规划草案形成后，原则上应广泛征求各方意见，并在此基础上对规划草案进行修改、充实和完善。

(五) 规划评审阶段

在旅游规划提交政府或人民代表大会常务委员会审批前，由当地政府或旅游局主持规划评审会(或论证会，下同)，集思广益，实行科学决策，保证旅游规划质量。

(六) 评审后的修改

旅游规划如通过评审，编制组应根据评委会的意见和建议，对规划做修改补充，使之更加完善。评审后的修正稿一般不需再经专家审查，如有重大的原则性修改，可把修正稿送评审委员会主任、副主任或全体委员审阅认可。旅游规划如不能通过评审，由委托方与受托方按照协议书的规定或双方协商决定处理办法。未通过评审的旅游规划经修改后，必须重新举行评审会。在通常情况下，旅游规划如不经过专家评审委员会的评审或论证，则被视为无效，不能上报政府有关部门审批，也不得付诸实施。

(七) 规划的实施、监控与修编

旅游规划文本、图件及附件，经规划评审会议讨论通过并根据评审意见修改后，由委托方按有关规定程序报批实施。

规划实施的监控是规划实施和管理过程中不可缺少的一部分。监控有助于及早发现问题，因而能够及时采取补救措施。在总体上，旅游规划应在实施和管理过程中监测旅游业发展的经济、环境、社会和文化影响以及特定项目。

旅游规划修编是旅游规划过程的一个环节，也是旅游地持续发展的实际需要。《旅游规划通则》指出，要根据市场环境等各个方面的变化对规划做进一步的修订和完善。规划的修编需重新经过前述的整个过程。

实践环节

发现城市老街区

背景知识：

北京什刹海、杭州清河坊、南京夫子庙等城市老街区是当地传统的居民生活和城市布局形式。老街区承载了城市传统文化的很多内容，也成为许多城市旅游的主要内容之一。

北京利用胡同的景观和文化，已经成功地推出了系列胡同旅游体验产品，受到中外游客的广泛青睐。什刹海、南锣鼓巷、前门等已经发展成为体验北京文化旅游的品牌。其他地区也有类似的成功经验。

主题：深入调查和分析老街区的旅游吸引力

城市老街区含有哪些旅游吸引要素？其中哪些是核心要素？哪些是需要保护和挖掘的要素？能够发展成怎样的旅游产品？这样的老街区对于本地居民和外来游客的意义分别是什么？

形式：

（1）调查。北京、上海、杭州、南京、天津、成都、武汉、重庆等大城市地区的学校：班级分组调查，每组由一名组长负责，带领3~6名学生深入城市老街区，各组独立调查老街区旅游的吸引要素及发展状况。撰写调查报告。

其他较小城市地区的学校：分组调查，通过资料研究一个中国著名城市老街区（如北京胡同）的旅游吸引要素以及旅游开发情况。撰写调查报告。

（2）展示和讨论。由教师引导，每组学生向全班展示调查和研究成果，并进行讨论。

注意事项：

应将实践内容纳入本课程学习成绩考察范围；应特别重视本地文化与外来文化的相互影响，重视中西方的视角差异；应引发学生对文化价值和人类需求等方面的深层思考；应鼓励学生对新业态和新趋势的观察。

本章小结

旅游目的地的开发是一项综合性工程，既要考虑开发带来的经济效益，又要兼顾社会、文化和环境的综合效益，并且要在所有相关要素中找到一种平衡，其核心目的是实现旅游目的地的可持续发展。做好旅游目的地的开发工作，需要充分的理论和方法作为基础，其中包括系统理论、可持续发展理论、空间理论、心理学理论、管理学理论等。旅游目的地的开发需要充分的分析过程。其中对旅游资源和市场的分析是至关重要的，通常有问题导向型和目标导向型两类思考方法。旅游规划的目的是保障旅游目的地可持续发展，规避发展风险和冲突，这也是一项综合性工程。我们推崇的旅游规划方法应当是综合性和可持续性方法。但是，在旅游目的地开发的具体过程中，还要有足够的思考能力和灵活性。

思考题

1. 为什么旅游目的地的开发要特别重视当地社区居民的利益？
2. 旅游目的地的开发与文化特征的破坏有无必然的联系？
3. 制定旅游规划的目的是什么？
4. 旅游规划如何保障旅游目的地的可持续发展？
5. 尝试利用问题导向型的思路考察你的家乡或你生活的城市的旅游发展问题。

案例讨论

即测即评

第五章　旅游目的地营销

》》本章学习目标

1. 掌握游客旅游目的地选择的动机和决策过程。
2. 学习旅游目的地形象塑造和市场定位的策略。
3. 理解旅游目的地营销的常用策略,包括市场细分、设计包价产品等。
4. 分析旅游目的地营销的成功案例和策略。

》》本章引文

旅游目的地是旅游活动的载体,旅游消费行为的异地性特点和综合性特点要求目的地作为整体开展营销活动。在旅游企业已经纷纷投入营销活动的前提下,旅游目的地是否有必要开展营销活动? 如果有必要,那么应该如何开展营销活动?

》》本章关键概念词

旅游动机;旅游目的地形象;旅游目的地品牌;旅游营销策略目的地

第一节 游客旅游目的地选择

一、旅游者动机

在旅游目的地营销中,对旅游消费者行为的研究占据重要地位。其中,旅游者动机又是旅游消费者行为最重要的组成部分。许多学者都认为,旅游者动机是旅游消费者行为的决定因素,它直接影响旅游者对旅游目的地的选择。

(一)何为旅游者动机

研究旅游者动机是为了对旅游者的各种行为做出解释。动机是一种驱动力,当有需要的时候就会产生一种满足此需要的动机。每个人内心都力图保持一种物质、精神以及社会因素的平衡,当一种需要产生的时候,这种平衡会被打破,必须通过满足此需要来恢复平衡。旅游营销者就是通过宣传和促销让旅游者认知自己需要的产品和服务,达到满足旅游者需要的目的。旅游者动机十分复杂而且难以衡量,但是对它的研究可以回答旅游者许多决定和行为的原因,从而帮助旅游管理者对景区进行规划,促进旅游目的地发展。

(二)旅游者动机理论概述

1. 推—拉理论(Push and Pull Theory)

大多数研究者都认为旅游者的动机分为推力因素和拉力因素(Crompton,1979;Dann,1977)。推力因素是旅游者进行旅游的原因,拉力因素决定旅游者选择特定的旅游目的地。高斯(Gnoth,1997)认为推力是旅游者满足内心需要的内部动力,拉力是旅游者对旅游目的地的认识喜好。克朗普顿(Crompton)在1979年通过对多名旅游者的深度访谈将愉悦旅游者的社会—心理动机分为七大类,包括逃避日常生活、自我发现、放松、显示身份地位、回归自然、改善家庭关系、加强社会交往。同时,还有两种来自文化范畴的动机,即受教育和寻求新奇事物。

2. 马斯洛的需要层次理论为基础的旅游者动机理论

马斯洛(Maslow,1954)认为人的需要是一级一级完成的,一级需要满足后才能产生更高一级的需要。需要由低向高可划分为生理需要、安全需要、归属感需要、受尊重的需要以及自我实现的需要,这就是需要层次理论。基于马斯洛的需要层次理论,比尔德(Beard)和拉吉普(Ragheb)创立了休闲动机测量模型(Leisure Motivation Scale,LMS,1983);皮尔斯(Pearce,1988)也创立了旅游动机阶梯,将旅游动机由低向高划分为逃避或寻求刺激(生理需要)、预知世界(安全需要)、与他人建立联系(关系)、寻求地位和成就(自我尊重和发展)以及为自我实现而进行的旅行。

3. 旅游者动机社会心理模型

旅游者动机社会心理模型认为,旅游带来的满足感可以成为个体旅游的目标和原因。这种内在奖励可分为寻求刺激或逃避现实生活。Iso-Ahola 认为这两类因素是时刻存在的,只是在某一个阶段一类因素会比另一类更强烈。例如,一位旅游者可能会选择去科罗拉多滑雪,选择的度假地表明他的逃避心理,但是滑雪又说明他有寻求成就感的动机。之后,Iso-Ahola 又扩展了其旅游者动机的种类,图5-1表明了旅游者是怎样通过抛弃个人烦恼和人际关系障碍而逃避现实生活,如何通过旅游中的社会交往(挑战、学习、探索)寻求刺激而满足自我奖励的。

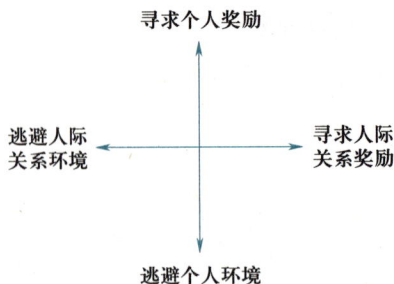

图 5-1 休闲旅游的逃避现实和寻求刺激的动机种类

二、旅游消费者决策过程

(一) 消费者五步式决策模型

在旅游目的地进行市场营销之前,营销者需了解消费者是如何决定购买一种旅游产品的。消费者的购买决策遵循一种五步式过程模型:需要认知—收集信息—评价选择—购买—购买后评价。

1. 需要认知

需要认知指消费者意识到有一个问题需要解决,或者有一种需求要得到满足。这种需求可能是为准备午餐而去市场买菜,或者是家里需要为即将出生的孩子购买更大一点的房子。不论是简单还是重大的需要,都要花费消费者的精力去找到某种合适的解决方法。这时,需要更倾向于是一种内在的要求或不满,不同于外部环境引起的问题,它是消费者的一种内心状态。例如,消费者可能会从心底产生一种放松或寻求刺激的需要,因此他们被这种需要所驱使,采取某种行动来满足这种需要。通常旅游者外出旅游的动机都是为填补其感情需要,而非外部需要。

2. 收集信息

消费者在购买自己所需商品的时候,总是希望确保自己的购买决策是正确的。为降低决策错误的风险,消费者会花时间和精力去调查哪种产品能最大限度地达到其要求,满足其需要。当然,越是价格昂贵的商品,这种确认越重要,而消费者要收集的信息也就格外地详细而广泛。

消费者可以通过商家的宣传材料来收集信息,但是这只是其中一个方面。因为消费者知道商家总是强调自己商品的优点,因此消费者也会通过其他渠道收集一些客观的材料,如通过网络查找相关信息等。此外,消费者还会通过询问已经购买了此产品的亲朋好友,得到他们的评价信息。虽然商家的宣传可能会在最初吸引消费者的注意,但是决定消费者是否购买此产品的往往是那些客观的信息来源。

3. 评价选择

消费者会将不同产品的所有信息汇集到一起,然后决定哪个产品最符合自己的要求。产品的外部特征是消费者要求的一个重要方面,但是在决定是否购买一种产品的时候,消费者的内心倾向也起着十分重要的作用。比如,一个旅游目的地所提供的支持性设施和服务固然重要,但更重要的还是这个旅游目的地的核心旅游产品是否符合消费者的需要,如消费者在看到此旅游目的地的价格合适、距离合适的情况下,还要看它是否有可供参观的艺术博物馆,或者是否能够提供一次舒适的按摩等。

4. 购买

如果所购买的产品价格昂贵而且消费者并不熟悉产品的特性,购买过程就不太容易,购买旅游产品便是如此。购买可能开始于消费者要求旅行社帮助预订一张演出票,然后可能要求帮助查询其他信息和帮助预订酒店房间、往返交通。如果任何一个环节中旅行社没有提供相应的信息或给予充分的帮助,购买就可能终止,消费者可能选择其他旅行社或目的地。

5. 购买后评价

购买后评价指消费者评价自己购买的产品是否达到自己的期望。如果产品是有形的,如茶杯或台灯,商家一般会制定退货制度以降低购买风险来鼓励消费者去购买自己需要的产品。但是由于旅游产品和服务的无形性,消费者所购买的产品通常情况下是难以退换的,这就意味着消费者在购买旅游产品时存在更多的风险。如果消费者在一个旅游目的地游玩后感到这里并不能达到他的期望,旅游目的地的营销者就很难再改变消费者的印象。更糟糕的是,通常旅游者会把这一不愉快经历告诉身边的亲朋好友。这就要求做目的地营销的时候要格外小心,确保旅游者获得满意的经历。

(二) 谨慎选择与随意选择

将整个消费过程分解为以上几个阶段是非常必要的,因为很少有消费者在一时冲动之下购买昂贵的产品。但实际上并不是所有的购买行为都要经历以上所有的阶段,特别是当购买便宜产品的时候。

有些旅游产品非常昂贵,如邮轮旅游;有些非常复杂,如两周以上的年假旅游;有些是不可重复的,如蜜月旅游或结婚十周年的纪念旅游。这时消费者在决定去哪里旅游等问题时需要做大量的信息收集工作,并且会谨慎选择。

有些旅游产品是被消费者随意选择的,因为价格便宜、简单或被消费者所熟悉。消费者随意选择的决策有便宜的郊外旅行、一次简单的短假包价旅行,或是重复过多次的商务旅行等。由于这些产品成本低,购买简单,或者消费者已经有了类似经历,消费者就无须再花费大量的金钱和时间、精力去收集信息和思考评价。

一般来说,谨慎选择的过程会更多地融入理性的选择,而随意选择带有浓厚的感性色彩。不过即使理性的选择也常常会带有感性的因素。如度假旅游者在选择旅游目的地时会考虑费用等理性的问题,同时他们在心底可能也梦想有一些冒险的故事发生,可以让他们回来后慢慢回忆。因此市场营销者在了解了消费者的购买特点后,可以在传递理性信息的同时,找准合适的机会在促销中也加入感性的信息。谨慎选择和随意选择在一定程度上影响了消费者的购买过程,进而也影响了消费者对促销信息的选择。

三、旅游目的地选择过程

(一) 产生旅游动机

通过对旅游者动机的学习,我们知道,潜在的旅游者在决定旅游之前首先会产生旅游动机中所说的推力,如在繁重的工作下需要放松,或厌烦了平淡、枯燥的生活。这时,需要决定是留在家里休息还是外出旅游。这一决定会受到家庭情况、个人经济条件以及旅游动机中的拉力等因素的影响。如果家庭条件或经济状况不允许，潜在的旅游者可能会选择一些价格低、花费少的旅游目的地，或放弃出行。但如果潜在的旅游者决定去旅游，那么接下来会产生一系列的选择过程，包括收集信息，归纳选择，做出决定（见图 5-2）。

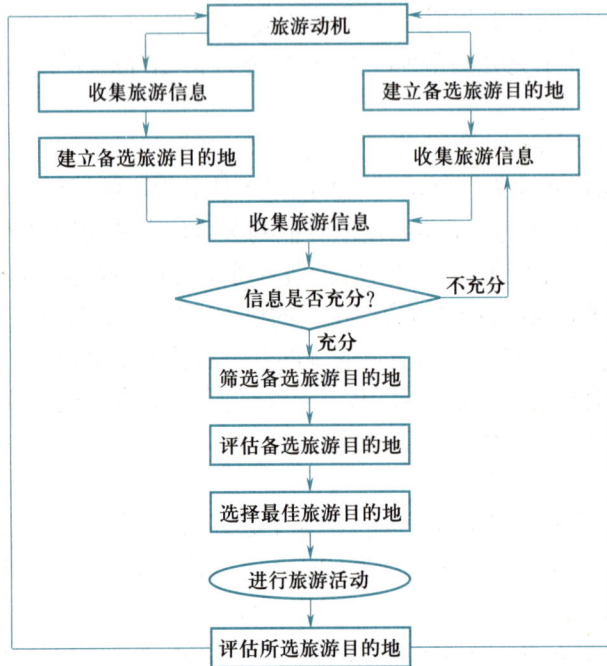

图 5-2　旅游者旅游目的地选择模型
（资料来源：Yoel Mansfeld, 1992.）

（二）收集信息

收集信息的过程实际上分为两个阶段。在第一阶段，潜在的旅游者主要收集各种信息来决定自己喜欢的或可选择的旅游目的地是否在自身条件限制范围内，如自己可旅行时间、经济状况、家庭情况等。在第二阶段，对于选择出来的在自身条件约束范围内的旅游目的地，潜在的旅游者会对当地旅游资源和服务设施进行更加细致的信息收集。

由于不同类型旅游动机的作用，潜在旅游者在选择旅游目的地时会有两种相反的趋势：一种是旅游动机驱使其到某个特定的旅游目的地，另一种是旅游动机没有特别指定旅游目的地。因此，潜在旅游者可能会在"无特定的旅游目的地—不完全特定的旅游目的地—完全特定的旅游目的地"的范围内进行选择。对旅游目的地偏好度的模糊水平会影响旅游者的选择范围。

可供潜在旅游者收集和选择的信息来源分为正式和非正式两类。正式的信息来源包括旅行社、旅行小册子、旅游杂志、导游书籍、相关网站和地图等。在许多旅游接待国，还有广播和电视宣传、宣传光碟、报纸广告等相对正式的信息来源。非正式的信息来源指来自他人的推荐或对某一旅游目的地的印象。如亲朋好友，或其他社会团体，根据他们的旅行经历和从以往旅行中长期积累的知识提供的对某一旅游目的地的信息和评价。这种信息虽然会因个人因素而有不同程度的失真,但是具有很强的综合性和感情色彩,已经成为潜在旅游者在选择过程中越来越依赖的来源之一。不同的信息来源对不同旅游者的重要程度也不一样,有研究显示,文化程度越高的人,越倾向于选择更多的信息来源。

虽然旅行社在潜在旅游者选择旅游目的地时发挥的作用在逐渐减弱,但它仍然是潜在旅游者获取旅游目的地信息的重要来源,特别是在潜在旅游者对旅游目的地的了解非常模糊的情况下。其他一些正式信息来源,如旅游促销信息,特别是旅行小册子,在帮助潜在旅游者选择旅游目的地进行旅游活动和建立旅游目的地良好形象等方面也发挥了重要作用。但是根据研究发现,旅游者往往在旅游目的地的选择过程中更加需要此类信息,而一旦到达旅游目的地,他们对此类信息的需求会大大减少。

由于旅游者购买的是一种无形的经历,没有任何经济上的回报,通常旅游者要在自身经济收入的基础上考虑旅游花费。同时,购买行为不是心血来潮,要经过一段时间的经济积累和旅游计划准备。正因为旅游产品具有区别于一般产品的独特性,旅游者对价格和满意度会非常敏感。实际上,旅游者在进行旅游目的地选择时要面对很多不确定因素,如实际旅游中的天气、旅游服务质量、食宿条件,还有目的地居民友好程度等因素,这些都是在做决定时旅游者无法获知的。旅游者掌握的信息只能给出一个旅游目的地大概的图景。旅游者对实际产品的感知在时间上滞后,他们在付款后要经过一段时间才能真正感受到自己购买的旅游产品,因此,如果旅行社提供的信息与实际旅游目的地情况不一致,当旅游者发现时为时已晚。此外,一些旅游小册子在制作时,当地旅游部门总是会刻意地去宣传和渲染美丽的景色和积极的一面,而这样做的结果往往会误导旅游者。这些都是旅游者在选择过程中要面对的风险和旅游者要慎重选择自己不熟悉的旅游目的地的原因。虽然如此,正式信息来源和非正式信息来源对潜在旅游者选择旅游目的地时降低选择风险、在脑海中建立旅游目的地形象等方面还是起了非常重要的作用。

（三）归纳选择

在收集了足够的信息之后,潜在旅游者有足够的信心来建立几个旅游目的地的备选方案。这时收集信息的两个阶段都已经完成,潜在旅游者认为所掌握的信息在质量上和数量上都已经很充分,可以根据这些信息将不符合自己实际条件和潜在风险太大的方案剔除。在剔除过程中,潜在旅游者需要运用实用理论对旅游目的地做出评价,并根据评价信息做出一连串的分析。

对每个旅游目的地选择的最终任务是看旅游目的地的各个方面是否具有实用价值,旅游目的地的各个方面就是我们说的旅游目的地属性。这一系列的属性转变成潜在旅游者对旅游目的地的需要和期望,同时让他们对旅游目的地的约束条件有了认识。每条属性都会被潜在旅游者评价为具有积极的或消极的实用价值。一旦这些评价建立起来,连同潜在旅游者的意向尺度、决策标准,形成了潜在旅游者对旅游目的地的选择基础。备选的旅游目的地中如果有一个旅游目的地的属性中具有多个积极的实用价值,或者某个旅游目的地的定位符合潜在旅游者的意向尺度,这个旅游目的地会更可能被选中。

（四）做出决定

潜在旅游者做出最后决定要经历两个阶段:第一阶段要将所有无法接受的旅游目的地都排除,第二阶段要对可能选择的目的地子集进行评估以确定最后的选择。为进行最后选择,潜在旅游者要为自己制定一个选择规则,这个规则将作为接受或排除一个旅游目的地的指导方针。这种选择规则有非补偿型和补偿型。非补偿型规划是在潜在旅游者选择时,旅游目的地之间的属性不存在取舍问题,在旅游目的地属性中不存在一个具有吸引力的属性补偿另一个无吸引力的属性的现象。补偿型规则是评估成绩低的属性可以被(至少部分被)评估得分高的属性所补偿,满足潜在旅游者选择过程中的心理平衡感。例如,旅游者可能为参加自己所喜欢的所选旅游目的地的旅游活动而最终放弃对当地气候的要求。这种补偿型规则有两种形式:第一种是"属性数量最大值",指在两个备选旅游目的地中,看哪个旅游目的地拥有更多种类的属性;第二种是"附加的实用原则",指选择在综合属性评估中实用价值最高的旅游目的地。实际上,大多数目的地选择情况都是补偿型的。这是由于旅游需要和期望不同,旅游者个人、家庭和社会约束不同,个人或家庭做旅游目的地选择的程序不同,每人的选择过程都各不相同。

潜在旅游者在进行旅游目的地评估和选择时会理性或非理性地做出各种决定,这让有些人认为旅游目的地的选择是一种个人决定。但潜在旅游者对旅游目的地的选择从来都不是在"真空社会"下做出决定的。对个人选择影响最大的团体是家庭。一些学者研究发现,旅游目的地的选择并不是某个人的个人决定,而是整个家庭的决定。

由于受社会价值观和传统习惯的影响,潜在旅游者会根据自己所处群体的道德与价值体系选择旅游目的地。通过研究群体的典型选择方式就可预测出此类群体中的个体会如何进行旅游目的地的选择。有学者提出,吸引相同社会阶层的同种旅游目的地是因为在他们中附有同一类社会阶层的形象。如一些旅游目的地适合接待商务人士,而另一些旅游目的地常有中产阶级光顾。但是随着旅游市场竞争日益激烈,许多旅游目的地开始拓展自己的游客群体,以吸引不同社会阶层的游客。

四、旅游目的地选择的影响因素

在 20 世纪 70 年代,研究旅游现象的学者就已经意识到,消费者行为模型是一种认识和预测旅游者对旅游目的地的选择的非常有用的工具。他们将宏观的选择过程模型转化为旅游目的地选择的专门模型。建立此类模型一方面确立了影响旅游者进行选择的因素,如旅游者的信念、态度、所处环境条件以及消费行为,另一方面也揭示了各个因素之间的关系。

通过对旅游者及其所处环境的研究,学者们发现旅游者在自身所处环境中的行为和他们对旅游目的地的选择有直接的联系。除自身内在因素外,影响旅游者对旅游目的地选择的外在因素还有经济社会因素、人口统计因素、政治因素及文化因素等。此外,个人的价值观对旅游目的地的选择也有至关重要的影响。

1981 年,学者梅奥和贾维斯(Mayo and Jarvis)提出,个人的旅行行为可以被看作一连串的受各种因素影响的决定过程。从日常性决策到延伸性决策,反映出不同的特征(见图 5-3)。

要了解旅游者的选择过程,还要对影响他们抉择的心理和社会因素进行探究。为此,梅奥和贾维斯用图 5-4 来表示这些影响因素。处于中心位置的是决策者,他在选择过程中会受到来自内在和社

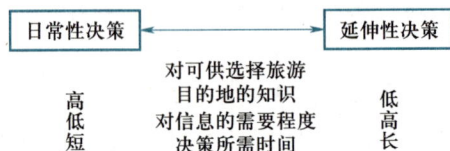

日常性决策	←	→	延伸性决策
高	对可供选择旅游		低
低	目的地的知识		高
短	对信息的需要程度		长
	决策所需时间		

图 5-3　决策尺度表

会因素的影响。影响旅游行为的内在因素包括旅游者的感知力、学习能力、人格特点、动机和态度。感知力为决策者提供信息以勾勒出一个合理的社会图画。学习能力是决策者通过经验对自己行为的改变。人格特点与行为结构和心智特征相关联,将决策者的行为和经验相结合。动机是决策者内心为达到个人目标而激发出的行为动力。态度是决策者通过自己已有的知识对一个物体、事件或其他人持有的积极或消极的感觉。

旅游者的决策还受个体之外的因素影响。图5-4归纳出四类外部影响因素:个人角色和家庭情况、参考群体、社会阶层、文化与亚文化。但是,这一模型没有提及市场变量这样的外部刺激因素。

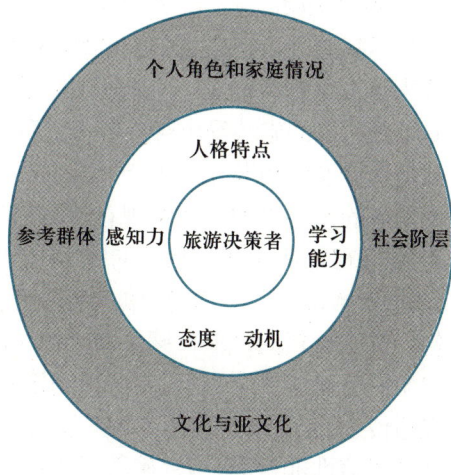

图5-4　个人旅游行为影响因素

第二节　旅游目的地形象塑造

一、旅游目的地形象

(一) 旅游目的地形象的定义

旅游目的地形象指旅游者对旅游目的地的知识、信念、想法、印象和感情的总和,是旅游者持有的个人想法和概念。旅游目的地形象将旅游者对旅游目的地各个方面不完全的认识简单化,因此,旅游目的地形象是从旅游者角度来看旅游目的地是什么样的,它因人而异,不同的旅游者对旅游目的地的形象感知有很大不同。不论旅游者选择什么样的旅游目的地,他们在以前获取信息的基础上对此旅游目的地的形象都会有自己的看法。

(二) 旅游目的地形象建立的影响因素

旅游目的地形象的建立包含三个过程要素:首先是认知评估,这是旅游者对旅游目的地属性的感知;其次是情感评估,这是旅游者对旅游目的地属性的感觉;最后是总体形象,这是综合认知评估和情感评估而形成的(Baloglu 和 McCleary,1999b)。

对旅游目的地形象的感知是旅游者结合旅游目的地自身特点及其自身需要、旅游动机、知识偏好和其他个人特点而形成的。旅游目的地的自身特点包括当地的自然资源、一般基础设施、旅游基础设施、旅游休闲娱乐服务、文化、历史、艺术、政治、经济、自然环境、社会环境和氛围等多个方面。旅游目的地形象会受旅游者个人因素和外界刺激因素的影响。

1. 个人因素

个人因素指旅游者的性格特点,既包括心理特点,也包括其所处的社会因素。心理特点指旅游者所持的旅游动机、价值观、个性特点、生活方式等。这些个人因素共同构成了旅游者对旅游目的地的认知。而社会因素包括旅游者的性别、年龄、教育背景、家庭阶段、社会阶层、居住地区等。

2. 外界刺激因素

外界刺激因素指来自外部的影响因素,这些因素起到了提供信息资源的作用。信息资源分为第一手资料和第二手资料(间接资料)。第一手资料如旅游者之前的旅游经历,在一个旅游目的地的旅游经历对旅游者之后再选择此旅游目的地进行旅游活动的影响很大。旅游者通过旅游经历获得了关于此旅游目的地的丰富的信息和感觉,成为旅游者获得旅游目的地信息的重要来源。哪怕现在旅游目的地的实际情况已经发生改变,之前的经历也会先入为主,使旅游者更相信自己的经历。同时,有了旅游经历的旅游者会更坚定地做出各种决定,从而大大减少收集旅游目的地信息的动力。第二手资料如旅游目的地进行促销的信息、广告以及旅游目的地的口碑。对于第一次选择某个旅游目的地的旅游者,他们获得信息的主要来源就是第二手资料,旅游目的地一定要确保将适合旅游者需要的信息通过有效的沟通渠道传达给潜在旅游者。口碑是传递和影响旅游目的地形象的最重要的间接途径。因为口碑的可信性非常高,结合旅游目的地宣传的事实资料,可以达到互相补充、互相认证的作用。这也要求旅游目的地在宣传自己的时候不能歪曲或隐瞒事实,否则当旅游者发现此旅游目的地不能满足他们的需要或达不到他们的预期,旅游者将给此旅游目的地一个非常差的口碑,从而给旅游目的地形象带来负面影响。

由于旅游目的地形象在旅游者决策过程中的关键作用,旅游目的地形象已经成为旅游业界进行旅游目的地营销的一个重要概念,它是旅游目的地营销的关键因素,能够提供如以往旅游产品质量和顾客满意度、旅游者是否会有回访旅游目的地的打算以及旅游者对旅游目的地整体评价方面的信息。因此建立旅游目的地形象十分重要,它决定了旅游目的地的目标市场、品牌建立以及市场定位。

旅游目的地建设自身形象的主要目标集中在加强已在目标市场中形成的正面形象,改正负面形象或塑造一个全新的旅游目的地形象。为获得最终成功,必须进行有竞争力的市场定位,并制定相应的发展战略规划。

二、旅游目的地市场定位

(一) 何为旅游目的地市场定位

市场定位的概念最初来源于市场营销的广告策略。旅游目的地的市场定位是旅游目的地在旅游市场中建立和维护一种独特的地位或一种独特的产品的过程。

旅游目的地市场定位建立在三个论点基础之上:第一,当今社会处于信息爆炸阶段,人们每天接触的信息量之大是人类历史上从未经历过的;第二,人们大脑存在对付干扰的防御体系;第三,传递简洁和重点明确的信息是向人们大脑"挤入"信息的唯一途径。因此,如果一个旅游目的地没有市场定位策略,可能要面临很多更有竞争力的对手。错误的市场定位会导致稀少的客源,或者导致在旅游竞争市场上无法凸显自己的优势。

有效的市场定位使旅游目的地为旅游者提供了不同于其他竞争者的独特服务和利益,而旅游目的地市场定位的关键在于旅游目的地的品牌形象。但是只在旅游者心目中建立旅游目的地的品牌形象还远远不够,无法让自己区别于其他竞争对手。市场定位要求旅游目的地通过同竞争对手对比一些具体的旅游目的地产品属性而使旅游者感受到其产品的特殊之处。在这里,旅游目的地市场定位要考虑的更多的是"不同"而不是"更好",差异性对旅游目的地市场定位来说至关重要。如今,全球化效应使得世界上旅游目的地越来越相似,标准化的旅游设施为大众旅游提供了相似的必需品,这种相似性极大地破坏了旅游者享受不同旅游经历的机会。而有效的旅游目的地市场定位能让旅游目的地产品在巨大的竞争市场中独树一帜。成功的旅游目的地市场定位可以让旅游目的地出现在目标旅游者脑海中的首选位置上。这种意识反映了旅游者的购买意向,并且反映出相对于其他旅游目的地的竞争优势。

(二)旅游目的地市场定位属性选择

2003 年,学者派克(Pike)通过对已公布的 80 个旅游目的地形象的研究,将旅游目的地的一般决定性属性归纳为 15 个主题,见表 5-1。

表 5-1　旅游目的地一般决定性属性

属性	属性
自然 / 风景	食宿条件
当地文化	运动项目
价格 / 价值	餐厅饭店
气候条件	历史古迹
基础设施	夜生活
当地居民友好程度	便利的往返交通
安全 / 放松的环境	购物
各种活动	

(资料来源:Pike S. The use of repertory grid analysis to elicit salient short-break holiday attribute. Journal of Travel Research, 2003(41).)

对旅游目的地的品牌分类来说,表 5-1 覆盖了大多数非常重要的旅游目的地属性。许多竞争产品都会用到这些属性,旅游目的地要结合自己的情况,将这些属性进行筛选,并最终确定 1~2 个符合自己特点的旅游目的地属性。

(三)建立旅游目的地的市场定位

1. 旅游目的地的市场定位的步骤

旅游目的地的市场定位包含以下 7 个步骤:

(1) 认清旅游目的地的目标市场和旅游发展环境。

(2) 认清旅游目的地在目标市场中的竞争因素及发展环境。

(3) 认清曾光顾旅游目的地的旅游者和不愿光顾此目的地的旅游者的动机、利益趋向。

(4) 旅游目的地在目标市场中各个竞争因素的优缺点分析。

(5) 不同定位策略的机会分析。

(6) 选择并实施市场定位策略。

(7) 始终监控市场定位策略的实施效果。

值得注意的是,旅游目的地必须只针对一个或极少数的属性设计自己的定位策略。旅游目的地差异特征越少,成功的机会就越大。但往往现实中一个旅游目的地会归纳出自己的许多特征来,而旅游者非常反感的就是繁多而杂乱的信息。因此在信息传递的过程中,应该抓住一个强有力的属性进行宣传,过多的属性介绍只能引起旅游者的困惑。

2. 建立成功市场定位的标准

成功的旅游目的地市场定位使有价值的承诺在功能、情感和自我表达的利益方面真正影响旅游者的消费决策。建立成功市场定位有三个标准:

(1) 市场定位的可行性。当地旅游行业和旅游接待地是否有能力和意愿履行所制定的旅游目的地市场定位。

(2) 市场定位的可沟通性。旅游目的地必须与旅游市场建立紧密的、引人入胜的并且独特的联系,并力求使旅游者内心重新建立旅游目的地的特性,或改变旅游者内心对此旅游目的地旧有的看法。

(3) 市场定位的可持续性。要在长期内保持旅游目的地在旅游市场建立起的地位,需有能力应对随时随地的竞争。

(四) 进行市场定位的三个重要因素

当旅游目的地确立了自己的市场定位之后,必须选择将自己的旅游目的地品牌呈现给旅游大众的方式。对一个旅游目的地来说,最重要的三个市场定位宣传要素是旅游目的地的名称、象征物和欢迎语。

1. 名称

旅游目的地品牌的核心就是旅游目的地的名称。一个好的名称可以给旅游者留下深刻的第一印象并成为旅游目的地和旅游者之间沟通的良好开端,从而为向旅游者传达更多的信息提供条件。但是只有极少数旅游目的地可以自己挑选名称,因为绝大多数旅游目的地由于历史等原因早已拥有自己的名称。当然,也存在一些旅游目的地为推广旅游目的地品牌而改变名称的,如在加勒比海,小岛 Hog Island 为开拓游轮市场将自己的名称改为 Paradise Island(天堂岛);在 20 世纪 30 年代,昆士兰海边小城 Elston 改名 Surfers' Paradise(冲浪者的乐园)。此外,许多旅游目的地特别是著名的旅游目的地都有第二名称,如"水城"威尼斯和"沙漠之城"开罗。

2. 象征物

由于旅游目的地的名称通常不是为旅游宣传而设立,旅游目的地象征物在宣传旅游目的地特点和好处时就显得格外重要。象征物可以使旅游者很容易认出旅游目的地品牌,通常象征物还能够反映一个旅游目的地的个性。象征物有多种多样的来源,它必须最能够代表旅游目的地,如巴黎的埃菲尔铁塔、中国的万里长城,以及日本的富士山。有些旅游目的地的象征物也可能是某种图标。

3. 欢迎语

对于许多旅游目的地,只有象征物还不够,欢迎语可以给旅游目的地名称以及象征物添加更多的含义。欢迎语指为一个旅游目的地品牌传递描述或劝说信息的短句。以下是几个国家旅游官方网站所用的欢迎语:

(1) 中国:欢迎来美丽中国(Welcome to Beautiful China)。

(2) 加拿大:为了闪亮的心(For Glowing Hearts)。

(3) 德国：欢迎来到目的地德国（Welcome to Destination Germany）。

欢迎语应该能够代表旅游目的地的定位主题。通过分析各网站欢迎语的内容，可将它们分为 14 个主题，见表 5-2。

表 5-2　旅游目的地欢迎语主题

主题	主题
领导	逃避
发现	愉快
自然	财富
地理位置	忠实
人物	醒目
水	气候
自我表达	食物

（资料来源：Pike S. The use of repertory grid analysis to elicit salient short-break holiday attribute. Journal of Travel Research, 2003 (41).)

有的旅游目的地发动当地群众制定旅游目的地的欢迎语。好的欢迎语必须是短句，能够代表旅游目的地吸引旅游者的属性，而且这种属性必须是独特的。

三、旅游目的地品牌建设

（一）旅游目的地品牌的含义

一个旅游目的地想要成功地建立自己的旅游目的地形象，必须在相当长的一段时期内向自己的目标市场稳定并一致地传达关于旅游目的地特点和优势的信息。如果传达的关于旅游目的地特点和优势的信息不一致就会让潜在旅游者感到迷惑，无益于建立起旅游目的地和旅游者之间的联系。因此，旅游目的地可以建立一个品牌，作为在同旅游者沟通过程中传递旅游目的地名称和特点之间的纽带。当然，建立一个旅游目的地品牌需要经历一个相当长的过程并投入足够的人力、物力才行。

旅游目的地品牌指旅游目的地根据要向旅游者传递的信息，将自己的欢迎语连同自己所设计的象征物或标志放在一起，向潜在旅游者传递旅游目的地的形象，包括传递旅游目的地的特点、好处和价值等方面。通常品牌名称指旅游目的地品牌中所传达的文字部分，品牌标志指旅游目的地品牌中所传达的象征物或标志部分。

（二）旅游产品的特性及沟通策略

当旅游者决定到一个旅游目的地旅行时，他们购买的是一种经历。他们是在物品、服务和理念上同时进行消费，从而组成了旅游者在旅游目的地的经历。只有当旅游者认为他们在物品、服务和理念上的消费经历都达到他们的期望时，旅游目的地才能被旅游者所接受。旅游者消费的物品有食品、饮料、纪念品，有时还有衣物或运动装备等。除了物品上的消费，旅游者主要购买的还是服务部分，如住宿、娱乐、景点以及当地交通设施。此外，旅游者还消费理念,如决定摆脱日常乏味的生活到旅游目的地旅游。

服务不同于一般的商品,它有不可触摸性、易损性、生产与消费不可分割性等特点。由于服务在旅游产品中占有很大比例,在旅游产品的产品定价、促销、经销各个环节都要根据旅游产品的特性进行设计运作。

旅游目的地同潜在旅游消费者进行沟通的方法很多,在选择沟通策略时要根据向旅游者传递的信息特点来决定。向潜在旅游者传递的信息可以分为明示信息和暗示信息。明示信息的作用就是为了告知,如旅游目的地传达当地举办各种活动或开放新的景点的信息就属于此类。而暗示信息不单单是告知旅游目的地的特色,还要通过传递旅游目的地产品在情感上能给旅游者带来的益处,说服他们选择此旅游目的地。所以,在沟通中暗示信息要具备更多的感染力。旅游目的地在宣传自己产品和服务的时候必须在感性和理性两方面同潜在旅游者进行沟通。通过对旅游目的地产品的理性宣传,建立旅游者对旅游目的地的感知;通过感性宣传使潜在旅游者对旅游目的地加深感情,更加偏爱此旅游目的地,进而最终选择此旅游目的地。

在沟通中可以使用直接推销和间接推销的策略。直接推销指旅游目的地直接向潜在旅游者推销旅游目的地的产品。间接推销指旅游目的地通过旅游中间商(如旅游运营商、旅行社等)向旅游者推荐旅游目的地。

(三)成功的旅游目的地品牌建设的条件

1. 真实

成功的旅游目的地品牌必须建立在真实的基础上,旅游目的地必须真实准确地向旅游者传达自己旅游产品的信息。有的旅游目的地为吸引旅游者而夸大地宣传自己,如当地没有多少夜生活,旅游目的地宣传者却将夜生活作为本地特点之一。当旅游者发现旅游目的地不能提供所承诺的产品和服务时,他们不仅以后再也不会光顾此地,还会将负面信息带给更多的旅游者。

2. 明确

旅游目的地要确保潜在旅游者能够容易并准确地理解品牌标识和语言所提供的信息。自作聪明的品牌内容可能会引起很多人的注意,但是往往让人很难理解,结果还是难以吸引旅游者。因此旅游目的地在设计自己的品牌时要求新求异,但也不能过分,避免适得其反。

3. 好记

内容冗长或乏味的旅游目的地品牌是不会给旅游者留下深刻记忆的。旅游目的地品牌的标志醒目、内容朗朗上口才能达到应有的效果。

4. 可用

如今越来越多的旅游目的地不仅通过传单、小册子、广告等方式宣传自己,还会将旅游目的地的品牌贴在一些可爱的小日用品上发送给旅游者。如水杯、帽子、T恤、玩具等都是很好的旅游目的地品牌的载体。在旅游宣传中发放这样的小礼品,不仅能够让旅游者对此旅游目的地产生良好的印象,并且可以让他们今后使用这些小物品时随时想起此旅游目的地,从而达到很好的宣传作用。

第三节　旅游目的地营销

一、旅游目的地市场细分

进行旅游市场细分,首先是因为这样能够节省促销的费用,提高效率。试想如果将一条旅游信息传达给整个市场的每一个消费者将需要多么高的费用。其次,即使旅游目的地有能力支付如此高昂的费用,这种促销仍然是非常低效的,因为整个市场中消费者的需要层次差别很大。因此,必须根据不同类型的消费群体设计不同的促销信息以鼓励潜在旅游者的购买行为。

(一) 市场细分的定义

旅游目的地市场细分指根据旅游者的一个或几个特点,将整个旅游目的地潜在旅游市场细分为不同的群体的过程。可以根据旅游者的外部特点,如年龄、性别、收入等进行细分;也可以根据旅游者的内部特点,如心理因素进行细分。此外,还可根据旅游者的地区分布以及旅游者的旅游目的进行细分。

(二) 市场细分的方式

1. 按旅游者人口统计因素细分

(1) 年龄和性别。在市场细分中应重点考虑的人口统计因素之一为年龄,因为往往不同年龄段的消费者会对旅游活动有不同的要求。儿童喜欢的活动与少年相比就要浪漫、稚气许多。同样,年轻人期望的旅游经历与老年人也会有很大不同。

性别也常常会成为旅游产品细分的重要依据。不同性别的人考虑问题的因素不同,对旅游目的地和旅游活动的选择也不同。当然也要注意避免对一些性别上的成见而导致失去或得罪潜在的旅游者。例如,我们都觉得女士喜欢购物而男士喜欢观看球赛,但事实上并非人人如此,女士有时也喜欢观看一些运动项目,而男士有时也喜欢去购物。因此,在考虑性别的同时也要考虑此细分市场的其他特点。

(2) 种族。定义潜在旅游群体的另一种方式是按种族进行细分。同样的种族在价值观念、兴趣和生活方式上有着共同之处。但应该注意不要受成见的影响。设计历史文化古迹主题可能会使具有相应历史的种族群体产生兴趣,但是正如性别不是唯一进行市场细分的手段一样,种族也不能作为唯一的细分标准。

(3) 收入。在对价格敏感度高的旅游市场中应更多地考虑收入因素。如果针对一个目标市场开发的旅游目的地产品超过了旅游者的支付能力,这个旅游产品的存在就是毫无意义的。实际上,根据旅游者的支付能力,可以设计不同价位的旅游产品来满足不同收入水平的旅游者。如对一个旅游目的地来说,它可以提供豪华游所需的奢侈行程、酒店及服务,同时,此旅游目的地也可以为低收入人群设计一些方便、实惠的旅游活动和如汽车旅馆、露营等住宿设施。

(4) 家庭阶段。处于不同家庭阶段的旅游者在旅游中有不同的需求。旅游目的地应为单身、夫妇或带孩子的家庭设计不同的旅游产品。如果旅游目的地提供的产品和服务能够满足不同家庭类型旅游者的需求,就会吸引更多的旅游者。

2. 按旅游者心理特点细分

由于心理特点是旅游者的内在因素,在研究和把握上比外部因素更难一些。对于心理特点,大概可以从旅游者的生活方式、价值观和社会阶层几方面进行研究。

(1) VALS 模型。著名的 VALS 模型是美国斯坦福国际研究中心提出的(SRI,2005)。VALS 代表 Value(价值观)和 Lifestyle(生活方式)。价值观是一个人对怎样经历生活的一种内在信仰。生活方式指一个人如何去生活。VALS 模型提出消费者消费行为有三种动机,分别为满足理想、满足成就感和满足自我表达。如果一个消费者为满足理想而消费,产品就必须符合他的价值观和偏好;如果为满足成就感,他会选择显示其地位的产品;如果为满足自我表达,他愿意选择购买社会经历和体育运动类的产品。VALS 模型将潜在旅游者分为创新者、思考者、成就者、经历者、相信者、奋斗者、制造者和求生者。创新的旅游者具备足够的资源和很高的旅游动机,而求生者具备最少的资源和最低的旅游动机。

(2) 盖洛普旅游模型(Gallup Tourism Model)。盖洛普集团为进行旅游者细分而制定了一个模型,这个模型将旅游者分为五大类,每一类有各自的特点:冒险家,他们受过良好教育,拥有较高收入,是喜欢体验不同文化和经历的人群;受宠者,他们属于社会上最富有的一群人,愿意放纵和宠爱自己,并愿意为此支付任何费用;节省、较大年纪的以男性居多的中等收入人群,他们外出旅游是生活例行的一部分;梦想家,较大年纪的以女性居多的中等收入和受教育水平的人群,他们认为外出旅游的意义重大,倾向安全的选择,但也有冒险的梦想;焦虑者,文化程度和收入水平较低的人群,因对旅游目的地不了解而不喜欢旅行。旅游目的地可以根据不同类型旅游者的心理特点设计和宣传自己的产品,从而满足目标市场的需要。

(3) 社会阶层。社会阶层通常作为人口统计信息,因为它常常与个人的收入和受教育程度相联系。旅游市场细分将社会阶层按心理特点进行分类是因为社会阶层越高的潜在旅游者,他们越有可能进行旅游活动。较高的社会阶层受过良好的教育,他们喜欢在旅游中追求新奇的经历,同时他们的收入水平允许自己的旅程尽量豪华或最起码要舒适。较低的社会阶层收入水平不高,在旅游上的预算有限,同时,较低的教育背景也许会让他们对旅游兴趣不大。通常我们说的焦虑者就是这个群体。

3. 按地理因素细分

按地理因素细分是将旅游市场按旅游者的居住地进行划分。由于旅游目的地与潜在旅游者居住地存在不同距离,潜在旅游者在选择旅游目的地时会考虑距离因素。通常旅游者离旅游目的地越远,旅行时间就会越长,费用越高。同时,细分的目标市场地理范围越大,旅游目的地媒体宣传的覆盖面和工作量也就越大。因此,要吸引远程的旅游者就必须有非常独特的旅游目的地核心产品。反之,如果旅游目的地有足够独特的旅游产品来满足某一类旅游消费群体,他们就可以不过多考虑地理位置的因素。

对于较小和默默无闻的旅游目的地,吸引相邻地区的旅游者是一个较为明智的选择。较大和较著名的旅游目的地也可以将自己的旅游市场按地理因素,如省、国家甚至州进行分类。

4. 按旅游目的细分

按旅游目的,旅游者可分为商务旅游者、探亲访友者、短途旅游者和传统度假者等类型。

商务旅游者旅行的基本目的是工作和生意,他们到旅游目的地来参加会议、访问客户,或者是进行产品促销等。这种情况下他们会较多地进行住宿和餐饮消费,其他旅游活动的支出不会太多。当然,也不能忽视商务旅游者这一类特殊的游客,他们来到一个旅游目的地之后,在工作之余,也非常希望了解当地特色并抽时间参加一些娱乐或旅游活动。一些夜间的文艺演出或体育活动对他们来说都是不错的选择。如果他们对此旅游目的地有非常好的印象，也会考虑今后带家人来一起度假。

探亲访友者一般居住在家人或朋友的住宅中，他们的住宿和饮食花销不大，但是因为他们的目的是探亲访友，有很多空余时间，这些旅游者的家人和朋友会推荐或陪同他们去本地值得游览的景点或参加当地的各种活动，因此旅游目的地可以向这类旅游者的家人，也就是当地居民宣传介绍自己的旅游产品。

短途旅游者通常在周末外出旅游，旅游目的或许是参加文化活动，或许是参加体育活动，也有可能就是去购物。

传统度假者通常用周末或年假的时间到旅游目的地进行放松和娱乐活动，时间长短不同。旅游目的地对自己各种旅游产品的宣传和各种包价促销可以让传统度假者更加了解在此旅游目的地值得去做的事情，从而让其参加更多的活动，进行尽可能多的消费活动。

二、旅游目的地包价产品

旅游目的地包价产品指将旅游目的地的核心产品同旅游目的地的服务产品捆绑起来，按一个较低的价格一起销售给旅游者。它方便旅游目的地的产品推销，也方便旅游者选择和购买，因此在旅游目的地营销中扮演着重要角色。

(一) 旅游目的地包价产品的意义

旅游目的地包价产品会使旅游目的地游客的数量和消费水平大大提高。丰富多彩的旅游活动可以让旅游者延长在旅游目的地的逗留时间，即使在淡季，包价产品也会因其促销期间低廉的价格吸引一批旅游者。此外，对旅游者来说，包价旅游产品相对低廉的价格非常具有诱惑力，在实际消费中也更加快捷，降低了旅游者的消费风险。同时，旅游包价产品为旅游者的日程安排提供了很好的意见和计划，更加便于旅游者事前进行计划和选择，从而大大节省了旅游者收集资料、进行抉择的时间。

(二) 旅游目的地包价产品的分类

旅游目的地包价产品可以按旅游市场细分中的细分因素进行分类。例如，根据旅游市场细分中的人口统计特点，可以将旅游包价产品分为青年包价旅游、老年包价旅游和女性包价旅游；按旅游者旅行时间分为短期包价旅游产品和长期包价旅游产品，如一日游、七日游；按旅游者的人数分为个人包价旅游产品和团队包价旅游产品；按旅游包价产品的包价范围分为只包括住宿和门票的经济型包价产品和包括所有旅游活动、设施服务的旅游包价产品。同时，在各种各样的包价产品中，旅游者也可以根据自己的需要筛选和增加服务或娱乐项目，从而购买最适合自己的旅游目的地包价产品。

(三) 旅游目的地包价产品的定价

旅游目的地包价产品价格由固定价格和可变价格两部分组成。固定价格指不论多少旅游者购买都要投入的成本，如导游和司机的工资、租车费、管理费用以及各种前期宣传的花费。可变成本指根据旅游者的多少来决定实际成本的部分，如房费和餐费。因此为保险起见，对每个旅游包价产品都必须计算出它的折损点，也就是最低参加人数，以确保没有经济损失。在折损点所在的最低人数之上，购买的旅游者人数多一人，旅游经销商就多赚取一份利润。同时，在人数不变的情况下，旅游包价产品价格越高，需要达到折损点的人数越少。

这种关系可以用以下两个公式来表示：

$$折损点人数 = 固定费用/(价格 - 每人可变费用)$$
$$价格 = 固定费用/折损点人数 + 每人可变费用$$

（四）旅游目的地包价产品的制定和销售

旅游目的地包价产品涉及整个旅游目的地旅游资源和服务的供应者，还包括中间商。因此，制定旅游目的地包价产品时要有当地旅游部门、旅游景点和旅游服务提供者（酒店、交通）、旅行社、旅游运营商等共同参与。在销售过程中，可以借助当地旅游局的宣传活动，或在某些旅游企业以旅行社报价或在旅游目的地饭店内放置宣传册等方式进行促销。旅游目的地还可以通过参加旅游产品推介会和博览会的方式，在业内宣传自己的产品。如果某些旅游中间商认为此类旅游产品非常适合自己的目标市场，他们会在自己的业务范围内进行热心推荐。

三、旅游目的地产品宣传策略

（一）旅游目的地宣传信息的类型

进行旅游目的地营销的最终目的是影响旅游者的购买行为，促使其选择此旅游目的地。所有的营销信息可以分为三种类型：告知类信息、说服类信息和提醒类信息。告知类信息的作用是让旅游者了解旅游目的地的产品特色。在旅游者决定出游前，他们必须感知到有这样一个旅游目的地的存在，这一点对一个新开发的旅游目的地来说尤为重要。当然，只提供告知类信息还不足以吸引旅游者，它必须和其他类信息共同作用才能达到好的效果。说服类信息是向旅游者介绍旅游目的地的价值，或者说可以提供给旅游者的好处。例如，一个旅游目的地把当地建筑特色通过极其优美的图片展示给潜在旅游者，让潜在旅游者惊叹当地建筑物的美感和历史特色。说服类信息的目的是在情感上揭示旅游者选择此旅游目的地和旅游产品的原因，激发旅游者的旅游动机，并促使旅游者选择此旅游目的地。提醒类信息的目标是提醒旅游者一个旅游目的地的产品的存在，这是针对已经来访过这个旅游目的地的旅游者群体。这类信息能够唤起旅游者在此地旅游时的一些美好回忆，并强化旅游者对当地旅游产品特色的记忆，从而鼓励旅游者再次选择此旅游目的地旅游。

（二）旅游目的地宣传信息方式

提到宣传方式的时候，很多人会想到广告。但实际上广告只是众多宣传方式的一种，进行旅游目的地营销的时候，还可以通过公共关系、促销、直接营销、建立网站等手段进行宣传，如表 5-3 所示。

表 5-3　旅游目的地营销的宣传方式

宣传方式	定义	宣传辅助工具
广告	产品信息通过平面或广播的形式传达给目标市场	报纸/杂志广告、收音机/电视广播、展板、传单、小手册等
公共关系	产品信息通过媒体间接传达给公众	各种媒体、新闻发布会、公众演说、赞助等

続表

宣传方式	定义	宣传辅助工具
促销	通过各种方式鼓励消费者立刻购买产品	打折、竞赛、抽奖、会员制度
直接营销	通过信息手段进行的双向沟通以进行的产品宣传	电子邮件、信件

1. 广告

广告指旅游目的地将产品信息通过平面或广播的形式传达给目标市场的过程。广告宣传可以借助多种媒介，如报纸、杂志、电视、广播、传单、展板、宣传册、光盘或互联网等。

(1) 进行广告宣传的优点。① 广告由于借助大众传媒，其成本按实际受众的人均花费计算属于较低的。② 一旦广告制作完成，可以被反复使用或复制信息。③ 广告可以向目标市场传送情感信息。图片和语言的合理运用可以对顾客产生强大的冲击力。④ 实力象征。如全国性的广告虽然造价高，但能显示旅游目的地的实力和质量水平。

(2) 进行广告宣传的缺点。① 进行广告宣传时，只能进行单向沟通。广告中如果没有覆盖更多信息而消费者又想进一步了解某一方面的情况时，广告本身在当时无法提供更多的帮助。② 广告制作费用较高。有时制作精美的广告需要大量金钱投入，如果压低成本制作广告，可能会因为低劣的广告质量而让消费者感觉旅游目的地本身的质量不高从而降低其形象。③ 尽管制作广告需要大量投入，但其效果却很难准确预测。④ 如今人们每天要面对大量广告。很多时候某些广告会被淹没在其他大量竞争者的广告信息中，结果消费者可能根本没有注意到其存在。

(3) 成功广告的判定标准。首先，广告中应该使用容易记住的词语并能够在潜在消费者脑海中留下印象。其次，广告应该能够准确表达旅游目的地的特色，包含必要的事实和联系信息。最后，广告制作应该在视觉和听觉上给人以美的享受并能打动目标市场消费者群体。

2. 公共关系

公共关系也叫公关，是产品信息通过媒体间接传达给公众，从而建立和维护旅游目的地形象的宣传方式。公关不像广告那样直接，它是通过媒体、新闻、演说、赞助等方式进行自我宣传。当然，这些方式也是需要各种资金投入的。

由于是间接的自我宣传，旅游目的地本身不能全部掌控发布出去的信息。例如，某地为举办一次新城市节日而进行新闻发布会，其用意是宣传节日和旅游目的地，而记者最终的报道可能是质疑这次活动是一种资源的浪费。

然而，公共关系在旅游目的地营销中还是起着非常重要的作用。潜在旅游者会认为旅游目的地在公关和媒体宣传下表现出的形象是客观和真实的，其效果要远胜于广告宣传。进行公共关系的形式如表5-4所示。

3. 促销

促销指商家通过各种方式鼓励消费者立刻购买产品。促销是一种极其有效的营销方式，但是单独使用效果并不理想，要借助其他营销方式一起发挥作用。在促销之前，消费者看重的还是产品的特点和功能，一旦向消费者宣传了自己产品的特点，再配合促销手段，可以让需要此产品的消费者快速下决心购买。常见的促销手段如表5-5所示。

表5-4　进行公共关系的形式

形式	描述
自我宣传品	为媒体撰写关于旅游目的地特色的文章而准备的各种背景材料
新闻发布会	对媒体发布事先准备好的演说
公众照片	拍摄专门用于媒体宣传的照片
公众演说	向居民宣传旅游目的地
赞助项目	建立积极的旅游目的地形象

表5-5　常见的促销手段

促销手段	描述	例子
减价	淡季减价、包价优惠、提前购买优惠	淡季票半价、包价旅游折扣
竞赛和抽奖	竞赛和抽奖让购买过程更加刺激、有趣	关于旅游目的地的有奖知识问答、一周免费住宿的抽奖活动
赠品	当购买某种产品时赠送的礼品	送给所有住店客人的印有旅游目的地城市标志的瓷杯
常客计划	奖励忠诚客户	为住店一周以上的客人打折

由于市场竞争日益激烈，越来越多的商家采用促销的方式吸引消费者。对于旅游目的地的营销人员，要在竞争者中脱颖而出，并让消费者减少对比和犹豫的过程，进而购买自己的产品，促销确实能够充分发挥其辅助作用。当然，促销本身并不能发挥最大作用，它只在已经对本旅游目的地产生兴趣的消费者在几个旅游目的地之间拿不定主意的时候起作用。减价是最有效的促销方式之一，因为它直接降低了消费者的购买风险。赠品和抽奖在淡季也是非常有效的促销方式。

在旅游目的地营销中，常客计划经常被使用。它可以被应用于各种不同类型的游客，大到航空公司，小到咖啡厅。航空公司经常对常客进行里程奖励和赠送一定数量的机票。咖啡厅为留住客人，会在客人连续购买几杯咖啡之后提供一杯免费咖啡。旅游目的地营销者也可以运用这些理念鼓励旅游者更多购买本旅游目的地的产品和服务。如在游览一定数量旅游景点之后，客人可以凭门票到游客服务中心领取打折券，用于住宿或其他旅游消费。

4. 直接营销

直接营销（Direct Marketing）起源于美国，现在已席卷了所有的发达国家和新兴工业化国家，被西方营销学家称为"划时代的营销革命"。直接营销投资少、见效快、效果佳。企业既可以把直接营销作为自己的主要业务（专门的直接营销公司），又可将之作为辅助手段，为自己的生产经营锦上添花。

许多人从不同的角度给直接营销下过定义。其中,最为人们广泛接受的是美国直接营销协会(ADMA)为直接营销下的定义:直接营销指一种为了在任何地方产生可度量的反应和达成交易而使用一种或多种广告媒体的互相作用的市场营销体系。这个定义包含以下三个要素:

(1) 直接营销是一个互相作用的体系。直接营销人员和目标顾客之间是以"双向信息交流"的方式进行联系的,而在传统的市场营销活动中,营销人员总是试图将信息传递给目标顾客,但是却无法了解这些信息究竟对目标顾客产生了何种影响,这种传递信息的方式被称为"单向信息交流"。传统的市场营销人员只能根据广告的效果(如广告的注意率)进行决策,存在着很大的误差,而直接营销人员则能根据市场营销活动的效果(如预订量)进行决策,十分精确。

(2) 直接营销活动为每个目标顾客提供直接向营销人员反映的机会。顾客可通过多种方式(如打电话、邮购等)将自己的反馈回复给直接营销人员。值得一提的是,没有反馈行为的目标顾客人数对直接营销人员来说,也是十分重要的,他们可据此找出不足,为成功开展下一次直接营销活动做准备。

(3) 直接营销的一个最重要的特性就是所有的直接营销活动的效果都可测定。直接营销人员能很确切地知道何种信息交流方式使目标顾客产生了反馈行为,并且能知道反馈的具体内容是什么。例如,目标顾客是想预订旅游线路,还是要获取更详细的资料等。直接营销人员分析目标顾客的有关数据,根据这些数据为下一次营销活动制定计划,并且与每位顾客联系之后还要重新修订有关数据。可以说,直接营销活动之所以效率很高,就是因为存在着数据库等实际参照要素,故而它必将掀起新一轮的销售革命。

5. 基于移动互联网营销

(1) 建立网站。网站可以帮助商家实现多种功能。它可以帮助商家在线销售,也可以帮助商家售后服务或咨询。对非营利性组织,网站也可以仅仅用来进行信息宣传和公关。

对一个组织来说,网站是非常重要的对外联系工具,就如同以前办公室里需要有一部电话一样。当然设计网站需要时间、人力和资金投入,需要专业的网站设计工具和相关知识。成功的网站可以帮助旅游目的地为潜在旅游者提供丰富的旅游信息,并吸引旅游者前来消费,同时它也是进行公共关系的良好媒介。网站有如下优点:

第一,网站可以将多种信息分类展示,不需要考虑广告制作中对应某一消费群体的因素。网站中可以设立不同消费群体标签,如家庭游、青年游、商务行等类别,方便不同消费者对号入座,寻找适合自己的信息。

第二,与小册子等印刷类宣传品相比,网站信息更新和维护所需要的费用要低很多,并且如今的科技手段可以提供访问者与网站建立者进行互动,如在线服务、留言板、免费咨询电话等。网站应具备的特点如表5-6所示。

(2) 借助自媒体等传播渠道营销。随着媒介在PC端和移动端的创新和发展,公众分享信息变得更加便捷、自由,短视频的迅猛发展为地方文旅宣传提供了新契机。以短视频为主的宣传方式呈现出传播主体人格化、视像符号特色化、创作运营协同化的宣传特征,具有引流、提质的积极效应。旅游目的地可以通过各大社交媒体平台分享游客的照片、视频、点评、旅游攻略等加强与游客的互动。此外还可以通过线上直播平台邀请相关明星博主进行合作推广,强化宣传效果和提高知名度,吸引更多人的关注与参与。

表 5-6 网站应具备的特点

特点	描述	例子
吸引力	能够让潜在的旅游者在第一时间对此旅游目的地产生兴趣	第一次访问网站的访客可以参加抽奖,免费赢取纪念品
互动性	能让旅游者方便地联系到旅游部门	网站上有清楚的电话和电子邮件等联系方式
记忆性	可以储存访问者的访问信息	网站的数据库支持用户信息存储和查询

此外,还可以建立网评大数据库,然后利用关键词、聚类分析消费者的消费行为、价值取向、评论中体现的新消费需求和旅游品质中存在问题,以此来改进和创新产品,制定合理的价格及提高服务质量,以有效地提高旅游目的地的市场竞争力和收益能力。

6. 政府和民间齐发力助力营销

政府在根据当地的旅游资源和市场需求发布政策吸引游客前来的同时,鼓励当地居民融入旅游的发展,有利于增强其主人翁意识。通过与当地群众共同努力,群策群力,凝聚合力,可以不断提高当地的服务水平,形成良好的旅游氛围,让游客从方方面面感受到温暖,从而营造地区口碑,并助力当地居民增收致富。

政府和民间可以建立旅游产业发展合作机制,定期召开旅游产业发展座谈会、研讨会等活动,共同商讨旅游产业发展的重大问题和对策措施。政府和民间的信息共享和资源整合可以推动当地旅游产业协同发展。政府可以提供政策支持和市场引导,民间可以提供旅游产品和服务创新等方面的支持。政府和民间力量还可以共同打造当地旅游品牌,提高当地旅游的知名度和美誉度。政府可以通过官方渠道进行宣传推广,民间可以通过社交媒体等渠道进行口碑传播。

实践环节

1. 2~3 人组成小组,在校园进行访谈,询问在最近一次公共假期出游的大学生的出游动机和旅游行为。分析其动机如何影响其旅游目的地的选择和旅游行为。

2. 3~5 人组成小组,根据自己所在城市或社区的特点,选定一个适宜的旅游目的地区域(如一个区县或一个城市)制定一个旅游目的地宣传计划,包括本区域所具备特点、潜在旅游目标市场、旅游目的地宣传方式和具体计划,并在课堂上与其他小组分享。

本章小结

旅游者动机在旅游者决定旅游目的地过程中起着非常重要的作用。旅游者进行旅游目的地选择时还受到自身和外界环境因素的影响。

旅游目的地形象会受旅游者个人因素和外界刺激因素的影响,为获得最终成功,必须进行有竞争力的市场定位和旅游目的地市场细分。可以通过广告、公共关系、促销、直接营销、互联网等手段宣传,进行旅游目的地营销。

思考题

1. 简述旅游者选择旅游目的地的过程,在此过程中都有哪些影响因素。
2. 何为旅游目的地形象,如何对旅游目的地进行市场定位及品牌建设?
3. 进行旅游目的地营销有哪些宣传方式? 评析旅游目的地各种营销方式的优缺点。

 案例讨论

 即测即评

第六章　旅游目的地可持续发展

➤➤ 本章学习目标

1. 理解可持续发展、生态旅游、低碳旅游等概念体系及其在旅游目的地的应用。
2. 掌握旅游目的地可持续发展的原则及现实困境。
3. 学习旅游目的地生命周期理论及其在规划中的运用。
4. 探讨功能分区、环境影响评估和游客管理在旅游目的地发展中的作用。

➤➤ 本章引文

2023 年是中国碳达峰碳中和重大宣示的第三年。近年来，中国在"双碳"目标的推动下，加快了各个产业的绿色低碳转型，明确了到 2035 年"广泛形成绿色生产生活方式，碳排放达峰后稳中有降，生态环境根本好转，美丽中国目标基本实现"。由此可见，低碳发展不仅是我国应对气候和环境问题的重要引擎，更是实现经济提质增效、助力可持续发展的战略选择。紧跟国家可持续发展战略，环境和经济问题在旅游发展过程中日益凸显，可持续旅游正日益受到各国政府、企业和旅游者的重视。例如，新加坡确立国家绿色经济的发展目标，并在 2023 年获得来自全球可持续发展旅游委员会（GSTC）的认证，成为首个"可持续旅游目的地"国家；柬埔寨的著名旅游目的地七星海在景区开发中保留了大量的生态保护用地，通过对环保建材和工艺的应用，实现了旅游业与自然环境的和谐共生。旅游业在当今世界经济中发挥着极为重要的作用。随着可持续理念的深入发展，旅游目的地应积极顺应时代潮流，倡导绿色体验方式，踏上可持续发展之路。

➤➤ 本章关键概念词

可持续发展；公平性原则；持续性原则；共同性原则；旅游目的地生命周期

第一节　可持续发展的概念体系

一、可持续发展概念的产生

"持续性"一词是由生态学家首先提出来的,即生态持续性(Ecological Sustainability),指自然资源及其开发利用程度间的平衡。1972年,斯德哥尔摩世界环境大会改变了人们传统的"世界是无限的"认识,使大家认识到"只有一个地球"的事实。大会首次使用了"可持续发展"这一表述,"可持续发展"被定义为"在不牺牲子孙后代需要的前提下,满足当代人的需要"。可持续发展自被提出的那一刻起,就广泛地被全球各界所认同。世界环境与发展委员会(World Commission on Environment and Development)于1984年举行了第一次会议,会议选择了诸如能源、食品安全性、人类居住环境、国际经济关系等问题作为中心议题,根据对2000年这些问题的展望和测算,委员会于1987年在挪威前首相布伦特兰(Brundtland)夫人主持下发表了调查报告"我们共同的未来"(Our Common Future),系统地阐述了人类面临的一系列重大经济、社会和环境问题。报告中对可持续发展的界定是"既满足当代人的需要,又不对后代人满足其需要的能力构成危害"。这一概念得到了国际社会的广泛接受和认可。1990年,联合国开发计划署(UNDP)首次发表的"人类发展报告"中,提出了"人类是发展的中心"的观点,再次表明人类应该是发展过程的结果而不是手段,换句话说,一切发展均应以人类生存条件的改善为中心。"可持续发展"理论的真正形成始于1992年,当年在巴西里约热内卢召开的世界环境与发展大会上通过了《里约环境和发展宣言》《21世纪议程》等协议及联合声明,将可持续发展问题进一步推向实际行动。1995年3月在丹麦哥本哈根举行的国际社会发展首脑会议,从社会发展角度讨论可持续发展,强调社会公平,强调建立国际伙伴关系,将可持续发展由环境、资源、人口、经济发展领域扩展到社会领域,成为整个社会的系统工程。

二、可持续发展的内涵

(一) 可持续发展的内容

可持续发展思想认为发展与环境是一个有机整体,《里约环境和发展宣言》强调:"为实现可持续发展,环境保护工作应当是发展进程的一个整体组成部分,不能脱离这一进程来考虑。"

可持续发展的理论内涵十分丰富,概括起来主要包括环境、经济、社会三个方面。

1. 环境方面

环境方面即生态可持续性,指维持健康的自然过程,保护生态系统的生产力功能,维护自然资源的基础和环境。在人类发展过程中,自然资源对经济发展的限制对可持续性发展具有重要的影响。这些资源可以分为自然资源和环境资源,两者的主要特点和共同性是:它们都是有限的。前者主要与人类生活的生理基础有关,同时也与人们对自然资源的索取有关,如各种矿产资源、耕地、水资源等;后者主要依赖自然环境的吸收能力,并为人们获得满意的生存环境创造条件,如臭氧层、生物多样性等。

2. 经济方面

经济方面即经济发展可持续性,指保持经济稳定增长,尤其是迅速提高发展中国家的人均收入,同时使用经济手段管理资源和环境,使经济外在性因素的资源与环境内在化。经济的增长与结构的变化一直是发展的研究中心,原因很简单,经济增长与结构变化是满足人类需求、不断提高生存质量的前提。经济总量的增长或个人收入的提高并不能保证整个社会的进步,要取得社会进步,相应的结构调整是必要的。另外,广义的人类发展还包含个人能力的加强和选择范围的扩大。因此,广义的发展超越了发展等于经济增长的狭隘概念,但并不否认发展过程中经济进步的中心作用。

3. 社会方面

社会方面即社会可持续性,指长期满足社会的基本需要,保证资源与收入在当代人和各代人之间的公平分配。广义的发展包括提高能力和扩大个体选择范围等质量性问题,这些社会性问题,理所当然地被视为发展概念中必不可少的有机组成。首先,促进社会发展有利于经济稳定。其次,从人类发展的进程来看,社会发展与环保目标的实现并不能完全同步,环保目标在经济发展时也不能自然地实现,两者的关系在特定的时间和地点甚至是矛盾的。

(二) 可持续发展的评价模型

目前,国内外学者和机构根据研究需要和应用领域的不同侧重点,提出了许多在指标的结构体系和参数选择等方面各不相同的可持续发展指标体系评价模型。

1. 经济合作与发展组织提出的可持续发展评价模型

经济合作与发展组织提出的可持续发展指标体系将环境问题作为可持续矩阵的"行",驱动力、状态和响应指标则作为"列",针对每一个问题构建了时间序列,确定了近期指标、中期指标和远期指标,并对特定的生态系统或环境要素所确定的可持续性指标定义了统一的模型,即"压力—状态—响应"模型。其参照标准多适合于空间尺度较小的领域,但对空间差异较大、因素较多的大尺度综合评价则困难较大。

2. 联合国统计局提出的可持续发展评价模型

1994 年联合国统计局以《21 世纪议程》中的主题如经济问题、大气和气候、固体废弃物、社会经济活动和事件、影响和效果以及对影响的响应等作为可持续发展的主要问题来对指标进行分类,形成了一套可持续发展指标体系。它能反映出指标之间的因果关系,但该评价模型对环境因素的关注较多,对社会因素反映的较少,应用受到一定限制。

3. 中国科学院可持续发展战略研究组的评价模型

中国科学院可持续发展战略研究组按照可持续发展的系统学原理,设计了一套结构化的可持续发展指标体系。它分为总体层、系统层、状态层、变量层和要素层五个等级。其中,系统层将可持续发展总系统分解为生存支持系统、发展支持系统、环境支持系统、社会支持系统、智力支持系统;变量层共采用 45 个指数加以代表;要素层采用了 219 个指标,全面系统地对 45 个指数进行了定量描述。

三、旅游目的地可持续发展

(一) 问题产生的原因

旅游目的地可持续发展问题之所以引起社会的普遍重视,是基于旅游业的特殊行业地位及其发展过程中出现的一系列日益突出的经济、社会和环境问题。

旅游目的地的可持续发展是在全球旅游业急剧膨胀、飞速发展,但同时背后的危机也日益暴露以及伴随着全世界对环境与资源问题密切关注的情况下提出的,并迅速得到广泛的认可。一方面,旅游业在全球经济中占据着重要的地位,旅游目的地能否做到可持续发展关系到世界的全局。另一方面,旅游业作为一种资源产业,是一个依靠自然禀赋和社会馈赠的产业。因此,保持优良的生态环境和人文环境是旅游业赖以存在和发展的客观基础。旅游者的到来会给旅游目的地造成有意或无意的环境破坏,如果旅游的规划、开发与管理不当,就会对环境产生破坏作用,如生态污染、空气污染、噪声污染等。

由于对旅游资源的盲目过度开发,不注重科学的规划和管理,世界上许多地方的旅游资源出现萎缩和枯竭现象,造成了一种"旅游破坏旅游"的局面。国际社会对旅游目的地的可持续发展也更加关注。具体原因包括以下方面。

1. 旅游业的经济地位日益提高

旅游业的经济地位日益提高,成为世界经济构成中的重要组成部分。主要表现为:旅游业是当今世界上发展速度最快、发展势头最强劲的新兴产业之一;在 21 世纪,旅游业将以更快的速度发展,在世界经济中的地位将进一步上升。

2. 旅游业是具有双重环境效益的产业

旅游业是具有双重环境效益的产业,而绝非单纯的无烟产业或绿色产业。主要表现为:破坏功能——旅游活动、旅游设施建设造成对环境的破坏;恢复功能——旅游管理、绿化、美化措施使土地利用方式从环境消耗型转为环境建设型。

3. 旅游业对地方经济发展的作用受到质疑

旅游目的地发展过程中出现的一系列经济问题使旅游业对地方经济发展的作用受到质疑。主要表现为:一些地方旅游投资效益不高,许多区域旅游业对外资形成强烈的依赖,当地社区在旅游资源开发利用方面处于从属地位等,而这些均与可持续旅游的社会目标背道而驰。

4. 旅游业引发的社会文化问题

旅游业在发展中引发了一系列社会文化问题。主要表现为:从前认为旅游业的发展有利于增进不同文化背景之间的人们的理解,加强世界文化的交流,但现实情况并不一定如此。一方面,文化传统被当作商品和经济资源加以利用导致社会道德意识下降,引发各种犯罪现象,从而造成不同文化之间的隔阂与冲突;另一方面,由于受强势文化的影响,旅游目的地的传统文化特征被削弱甚至丧失。

因此,人们对旅游业的作用和功能进行重新认识和思考,旅游目的地作为整个旅游活动的核心部分,其可持续发展相应地得到了更多的关注。

(二) 概念的深化

旅游目的地是一个为消费者提供完整体验的旅游产品综合体。雷珀(Leiper,1995)把旅游目的地解释为一个可以让旅行者待上一段时间,并体验富有当地特色吸引物的地方。作为可持续发展思想在旅游领域的具体运用,可持续旅游目的地目前尚无统一的权威定义。[①] 国外有代表性的旅游可持续发展定义,一是旅游可持续发展在保持和增强未

---

① Leiper N.Tourism management.Collingwood,Victoria:TAFE Publications,1995.

来发展机会的同时，可以满足目前游客和旅游地居民需要；二是世界旅游组织给出的定义：在维持文化和生态完整性的同时，满足人们对经济、社会和审美的需要，它既能为今天的东道主和游客提供生计，又能保护和增进后代人的利益并为其提供同样的机会。在世界旅游组织所给定义的基础上，可以对可持续旅游目的地进行如此描述：可持续旅游目的地在维持文化完整、保持生态环境的同时，满足人们对经济、社会和审美的要求；既能为今天的主人和客人们提供生计，又能保护和增进后代人的利益并为其提供同样的机会。

1995年4月，联合国教科文组织环境规划署和世界旅游组织在西班牙专门召开可持续发展会议，通过了《可持续旅游发展宪章》和《可持续旅游发展行动计划》两个重要文件。文件中明确指出：可持续发展的实质就是要求旅游与自然、文化和人类生存环境成为一个整体。因此，旅游目的地的可持续发展不是单纯的经济发展，而是生态、经济、社会的整体系统的可持续发展。

1990年在加拿大温哥华召开的全球可持续发展大会上，旅游行动委员会提出一个《旅游可持续发展行动战略》草案，推出了可持续旅游发展的目标，当然也是从生态、经济、社会三方面进行的。

1. 生态目标

生态目标主要包括：改进土地利用方式，从消耗型利用转为建设、再生型利用；改善生态环境，加强公众的环境和文化意识，促进对环境和文化的保护，保护未来旅游产品赖以生存的生态和文化环境质量。

2. 经济目标

经济目标主要包括：增加就业；扩大产品市场；增加经济收入；改善地方基础设施条件；提高地区居民的生活质量。

3. 社会目标

社会目标主要包括：保护地方文化遗产，增强当地人的文化自豪感；为不同地区和文化的人们提供理解和交流的机会；向旅游者提供高质量的旅游产品。

四、生态旅游

生态旅游的概念和内涵随着经济社会背景和生态旅游产业发展而不断演变，但都具有以下重要特征[①]：

（1）生态旅游以自然和伴生的人文生态系统为对象。生态旅游的对象是以原生的自然生态系统为主要对象，同时包括在自然区域中具有地域特色的人文生态系统。

（2）生态旅游是一种负责任的旅游方式。管理者、经营者、社区和旅游者都需要承担保护自然环境和维护旅游秩序的责任，使其对环境的不利影响最小。

（3）生态旅游具有经济和生态双重效益。生态旅游的可持续发展需要经济效益和生态效益的协同发展，生态效益是生态旅游可持续发展的基础和保障，经济效益是生态旅游可持续发展的内在动力。

---

① 朱春雨，曹建生．生态旅游研究进展与展望．中国生态农业学报（中英文），2022，30（10）：1698—1708．

五、低碳旅游

低碳旅游是在旅游发展过程中,通过运用低碳技术、推行碳汇机制和倡导低碳旅游消费方式,以获得更高的旅游体验质量和更大的旅游经济、社会、环境效益的一种可持续旅游发展新方式[①]。低碳旅游行为是为了减少碳足迹或抵消不能直接用于环境和遗产保护目的的排放行为,其核心和实现途径是减少二氧化碳排放,是一种生态环境"友好性"行为。[②]

第二节 旅游目的地可持续发展的原则

可持续发展有三大原则:公平性原则、持续性原则和共同性原则,旅游目的地的可持续发展同样要遵守这三大原则。

一、公平性原则

(一) 公平性原则的含义

公平性原则包括两层含义:第一,可持续发展必须建立人类整体内部的公平性。这既包括代际公平,也包括代内公平。代际公平,指的是当代人与其后代人在资源利用和生态环境状况方面对权利、义务和利益的合理确定和分配。对于后代,我们除了有责任传递物质文明和精神文明,也有责任为后代保持好的生态文明。代内公平,就是当代人与人之间的公平。代内资源分配不公,就会出现贫富两极分化,其结果只能是破坏了人与自然的协调关系。如果当代人之间不能实现资源分配的公平,那么,就难以想象他们会真正关心后代的利益。只有公平地处理各利益群体之间的关系,才能在当代人民心目中形成共识,才能真正调动起各方面的积极性,建设与维护人与自然、人与社会的协调关系。可以说,没有当代人与人之间的公平与和谐,就没有人与自然的公平与和谐。

1. 代内公平

旅游目的地居民和旅游客源地游客之间共享旅游资源的公平性。旅游目的地可持续发展要求满足游客的基本旅游需求和给当地居民机会以满足他们要求较好生活的权利。因此,要给涉及旅游目的地旅游活动的各个阶层以公平的分配和发展权,要把消除旅游资源在过度消耗方面的浪费和消除贫困相结合,作为旅游目的地可持续发展特别优先的问题来解决。不同的人对旅游资源的需求是不同的。占有(确切地说是生活于其间)但尚未开发利用旅游资源的旅游目的地居民,一般是经济相对贫困的,他们对旅游资源的需求主要集中在通过对外展示资源而获得经济收入来满足基本需求这一层次上;远离旅游资源但经济富有的客源地游客则对旅游目的地的资源有环境需求或发展需求。应该承认,这两类人的不同需求对旅游目的地的资源提出了不同的保护、开发或利用的要求。在以往的发展过程中这

① 蔡萌,汪宇明.低碳旅游:一种新的旅游发展方式.旅游学刊,2010,25(1):13-17.

② 黄雪丽,路正南,Yasong(Alex)WANG.基于 TPB 和 VBN 的低碳旅游生活行为影响因素研究模型构建初探.科技管理研究,2013,33(21):181-190.

两种需求常常是作为对立面出现的,很难协调,而且更多的时候是旅游目的地资源的"占有者"拥有地利之便,从而使基本需求占据上风,毁坏了旅游目的地的资源。

2. 代际公平

代际公平即世世代代之间的公平性。旅游目的地的人们必须认识到当地的旅游资源是有限的,绝大部分资源是非再生资源,过度的开发、不加限制的消耗,必定会对现有的旅游资源造成难以弥补的损伤,造成旅游环境的恶化,这就损害了子孙后代利用该旅游资源的权利,因而使后代的利益遭受损失。这里必须强调的是,世代之间的公平性原则在以往的社会科学理论中是被忽视的。这是旅游目的地可持续发展的公平性原则与传统社会发展观的根本区别之一。

(二) 公平性原则的困境

公平性原则面临的主要困境包括两个方面。

1. 消除贫困与寻求发展之间的矛盾

旅游目的地居民和旅游客源地游客之间的代内公平强调的首要原则是消除贫困,因为环境与生态破坏的根源主要来自贫困。但是,在经济欠发达而旅游资源较为丰富的国家和地区,为了消除贫困,就得有赖于大规模基础设施的建设和改造以及工业化水平的提高。由于这些国家或地区在劳动生产率、技术、管理、资本等方面的发展水平较落后,其基础设施的建设和改造以及工业化水平的提高常常是通过粗放型发展方式来实现的,这样,资源的永续利用和环境保护的可持续性就难以得到保障。发展中国家消除贫困可以通过发达国家向发展中国家经济援助来实现,但现实中由于存在国家利益和民族利益,发达国家对发展中国家的经济援助往往附加苛刻的政治条件,使其难以实现。

2. 文化入侵现象

旅游目的地,特别是以人文旅游资源作为旅游吸引物的旅游目的地,其当地文化可以为旅游业带来可观的经济收益,但传统的民族风情游,在开发、管理、旅游方式等方面,都对当地民族文化产生负面影响,特别是旅游者带来的外来文化,通常是强势文化,更加速了民族文化的变异。在急功近利思想的影响下,旅游开发过分注重经济目的,在资源开发上迎合游客的消费趣味或未真正认识本地民族文化精髓,脱离当地的社会生活而进行过多的文化场景模仿,使民族文化舞台化、商品化、庸俗化。一些民族文化旅游资源的规模性开发导致资源的文化价值逐渐消失,如能体现当地旅游特色和文化的旅游纪念品,特别是当地特有的艺术品和手工艺品,因进行大规模的开发和制作而丧失其中所蕴含的文化价值。作为旅游活动主体的旅游者对民族传统文化造成的消极影响主要表现为,在旅游者所带入的外来文化对民族地区传统文化的冲击下,当地居民的思想意识、价值观念发生转变,进而影响其行为习惯,最后导致某些文化特征被同化或消失。原来的文化封闭圈被旅游打破,外来文化影响了原生的文化环境而导致文化发生变迁。

二、持续性原则

(一) 持续性原则的含义

持续性原则是旅游目的地可持续发展的最基本的原则,它决定并影响其他基本原则,可以说,其他原则是为持续性原则服务的。持续性原则强调旅游目的地的资源与环境是当地居民生存与发展的首要条件,离开资源与环境就谈不上旅游目的地居民的生存与发展。旅游资源的永续利用和生态系统的可持续性的保持是旅游目的地可持续发展的首要条件。持续性原则的核心是旅游目的地的经济和社会发展不得超越资源与环境的承载能力。

大多数环境主义者理解的持续性指自然资源在发展过程中不发生储量下降和其他类型的损失,即意味着维持乃至增加人类福利的自然资源基础。而有相当一部分旅游资源,如旅游目的地的自然文化遗产资源,作为一种不可再生的资源,不能套用上述准则解释其可持续性,而应从经济学的角度阐释其持续性:使自然历史文化遗产资源基础保持在某一水平,使未来各代至少能够获得与当代同样的产出水平。对自然历史文化遗产资源的持续性的简单理解就是要求其在发展过程中不被毁灭,能够稳定地保存下来传给后代,这是静态的持续性;从动态发展的角度理解,则是把自然历史文化遗产资源当作可部分修复的资源,在发展过程中用适当的方式进行维护修理。

（二）困境

持续性原则面临的主要困境包括四个方面。

1. 旅游业发展与旅游资源消费水平零增长之间的矛盾

依据旅游目的地发展的持续性原则,旅游资源的永续利用强调的是旅游资源的存量保持相对不变。其中,对于不可再生的旅游资源,则应停止对其消耗;对于可再生的旅游资源,资源消耗的速度应等于或小于该种资源再生的速度。但现实情况恰恰相反。就不可再生的旅游资源而言,资源较贫乏的国家出于发展的需要,绝不会因为该种资源的占有存量在减少而停止使用或消耗;而对于资源占有国,同样出于发展的需要,也绝不会停止该种资源的开采。就可再生的旅游资源而言,人们会寄希望于新的资源出现,因而不会减少对现有资源的使用和消耗,而在宏观调控不力时,这种资源利用的速度很可能会超出其再生速度。因此,经济发展与资源消费水平零增长之间就成了一对不可调和的矛盾。

2. 环境极值设定与"公地悲剧"

旅游目的地发展的持续性原则的核心是经济社会发展不得超越旅游资源与环境的一定承载能力。如果按照自然的最大承载能力来设定一个环境极值,在环境极值以内,靠自然生态系统本身的净化能力,可以维持整个生态系统的循环。但如果环境污染程度超过这个极值,就会打破系统的循环,表现为环境恶化。在现实中,由于认识不到位和发展的需要,大部分国家和地区都没有设定这个极值,即使设定的也只是形式,没有真正执行。当前,在一些国家,对于水污染这样的问题,并没有一个污水排放总量的限制,当问题严重到危及本国人民生存时,可以通过政府行为来进行矫正(这种矫正行为付出的代价十分高昂);但当环境问题涉及的不只是一个国家时,"公地悲剧"就产生了,如海水污染问题、二氧化碳排放量问题、空气污染问题等。这些目前已经成为危及人类生存的最大问题了。

3. 人类欲望的无限性与资源有限性的矛盾

人类的欲望是无止境的,表现在对旅游的需求方面就是当人们满足了低层次的观光旅游需求时,又有了更高层次的度假、探险等旅游需求。而这些需求的满足在很大程度上依靠消耗更多资源来完成。

4. 人口的盲目增长与资源有限性的矛盾

旅游目的地可持续发展的一个不容忽视的隐含前提是旅游目的地的人口数量(包括游客和当地居民数量)基本处于静止状态,维持资源总量不减少才能确保未来世代人们的福利不下降。在人口增长的情况下,只有不断增加人类的资源基础才能做到这一点,而这一点是难以实现的。因此,在旅游目的地人口增长的情况下,旅游目的地的可持续发展是难以甚至是不可能实现的。世界人口从 1950 年的 25 亿猛增到 2023 年的 80 亿,预计 2050 年有望突破 100 亿。

三、共同性原则

(一) 共同性原则的含义

可持续发展需要广大人民的共同参与,这一点从客观上规定了人们的主体意识。首先,要辩证地看待人的发展与社会发展的关系问题。人的发展总是与社会的进程紧密相关,他们是同一个历史过程的两个方面,两者具有一致性和统一性。只有充分认识这种相依相存的辩证关系,才能有利于正确处理社会保护环境宏观目标与个人利益的冲突,才能帮助我们自觉牺牲局部利益以保全社会资源环境。其次,可持续发展的理论与实践需要每个人的社会实践主体性作用。这既需要人类认识到良好的资源环境是人类生存和发展的基本前提和条件,也需要人类认识到生活在地球上的人都有保护地球的共同责任,更需要每个人履行权利与义务和最广泛意义上的大众参与。

世界上各个国家、地区的不同旅游目的地,由于历史、经济、文化和发展水平不同,对旅游目的地可持续发展的具体目标、政策和实施步骤也各有差异。但是,旅游目的地可持续发展战略的总目标是一致的,是统一的,即各国、各地区的旅游目的地都要从实际情况出发,处理好保护环境与发展旅游的关系。整体性和国家、地区间的相互依存性决定了要实现旅游目的地可持续发展的总目标,必须争取全国甚至是全球范围内共同配合行动。

旅游目的地可持续发展作为旅游客源地的游客和旅游目的地的居民的共同目标,所体现的公平性和持续性原则是共同的,实现这一目标也必须采取共同的联合行动。世界各地独具魅力的自然和历史文化遗产是全人类的共同财富,保护它们不仅是某个地区、某个国家的职责,更是整个国际社会必须承担的共同义务。因此,联合国教科文组织及其他国际组织为保护世界遗产起草并通过了一系列重要的法律文件,以促进国际社会对人类文化遗产的保护。自 1840 年法国古建筑鉴定专家梅里美倡议提出《历史性建筑法案》起,世界各国对人类历史文化遗产保护的共同性原则逐步被认可,此后在雅典宪章、威尼斯宪章、马丘比宪章和华盛顿宪章中均对历史文化遗产保护有专门的条文规定,历史文化遗产保护的共同性原则得到确立。为此,联合国教科文组织根据《保护世界文化和自然遗产公约》编制了《世界遗产名录》,其宗旨在于使世界遗产得到全球的共同关注和保护。根据 2023 年 9 月的第 45 届世界遗产大会,《世界遗产名录》共有 1 199 项,中国的世界遗产总数为 57 项。

(二) 共同性原则的困境

共同性原则面临的主要困境在于两个方面。

1. 环境整体性与国家利益之间的矛盾

一方面,环境污染的扩散没有地区界限,甚至没有国界,表现出共同性、全球性,因此产生了地区间、国家间的相互依存性;另一方面,不同地区或国家的历史、经济、文化和发展水平不同,其可持续发展的具体目标、政策和实施步骤存在较大的差异,各地区、各国追求的利益目标是不同的,因此要将保护环境的行动统一起来很难。可持续发展的热情目前在很大程度上是被发达国家、发达地区对环境的关注刺激起来的,但是,即使在主要发达国家之间,由于国家利益也使得各国在行动上难以快速达成一致。

2. 旅游目的地拥有相对独立的权力与不同地区之间相互协调的矛盾

公平性原则强调,各国、各地区拥有按其本国、本地区的环境和发展政策开发本国、本地区旅游资源的权力。在维护旅游目的地利益的前提下,许多国家或地区,特别是欠发达国家或地区,在发展的压力大于环境压力的情况下,将更多地关注本国、本地区的经济增长以提高人们的收入水平。一方面要维护旅游目的地的权力,另一方面共同性原则又强调国家、地区之间在维护生态环境方面进行合作。现实中这二者之间存在一定的矛盾和冲突。

第三节　旅游目的地可持续发展的实现

虽然,旅游目的地可持续发展的各个原则都面临一定的困境,但是旅游目的地的可持续发展依然是我们努力的方向,要实现旅游目的地的可持续发展,既要着眼于理论研究又要着眼于现实实践。

一、旅游目的地生命周期理论的运用

产品生命周期(Product Life Cycle,简称PLC)原是市场营销学中的一个概念,早在20世纪二三十年代就出现了。它是一种产品从投入市场到被淘汰退出市场的过程。1966年,哈佛大学经济学教授雷蒙德·弗农在美国《经济学季刊》发表了一篇著名论文《产品生命周期中的国际投资和国际贸易》,第一次提到了产品生命周期理论。根据克拉维斯的"技术差距论",用市场营销学中的产品生命周期概念对国际贸易和国际投资形式做出新的解释。该理论认为,工业制成品的发展一般可分为三个阶段:新产品阶段、产品成熟阶段、产品标准化阶段。

产品生命周期理论问世以来,被应用于许多研究领域,为人们分析某些现象提供了有益的工具。该理论被引入旅游领域,产生了"旅游目的地生命周期理论"。

盖茨(1992)提出,周期理论产生的标志可以前推至1939年基尔伯特(Gilbert)的《英格兰岛屿与海滨疗养胜地的成长》一文。但一般认为,周期理论始于1963年克里斯托勒发表的论文《对欧洲旅游地的一些思考:外围地区——低开发的乡村——娱乐地》。在论文中,克里斯托勒阐述了他观察到旅游地都经历一个相对一致的演进过程:发现(Discovery)、成长(Growth)、衰落(Decline)。1980年,巴特勒对周期理论重新做了系统阐述,他把旅游地生命周期分为六个阶段:探索(Exploration)、起步(Involvement)、发展(Development)、巩固(Consolidation)、停滞(Stagnation)、衰落(Decline)或复兴(Rejuvenation),并且引入了使用广泛的S形曲线来加以表述。此外,还有把生命周期分为五个阶段的方法(如Plog,1973)。不过,国外学者在引述和研究周期理论时一般使用巴特勒的六阶段周期模型。

巴特勒认为旅游目的地像产品一样,也经历一个"从生到死"的过程,只是旅游者的数

量取代了产品的销量。目的地在不断地进化和改变,它改变的原因包括:旅游者偏好与需求的变化;设备与设施不断老化以及可能的更新;原生态自然和文化吸引物的改变(甚至消失),而这些正是该地区最初的吸引力。

巴特勒旅游目的地生命周期曲线如图 6-1 所示。

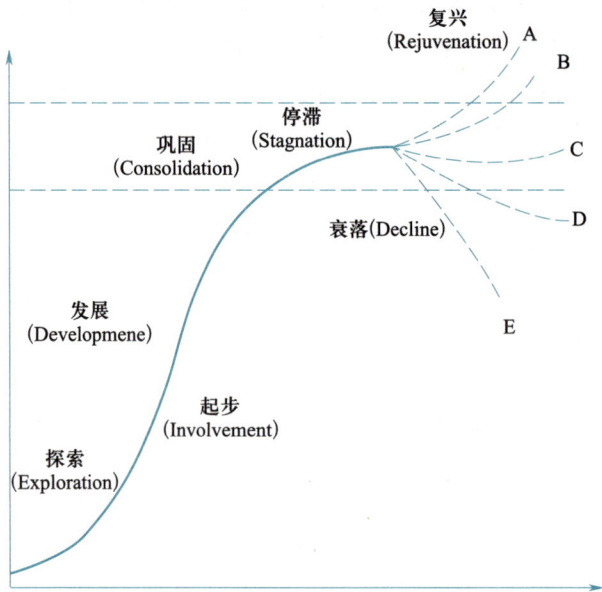

图 6-1 旅游目的地生命周期曲线

(资料来源:Butler R W.The concept of a tourist area cycle of evolution:implications for management of resources.Canadian Geographer,1980(24):5-12.)

1. 探索阶段

探索阶段的特点是旅游目的地只有探险型游客,且数量有限,分布零散,他们与当地居民接触频繁。旅游目的地的自然和社会经济环境未因旅游而有所改变。南极洲的部分地区,拉丁美洲和加拿大的北冰洋地区处于这一阶段。

2. 起步阶段

起步阶段的旅游者人数逐渐增多,吸引当地居民开始专为旅游者提供一些简易设施。旅游者依旧频繁与本地居民交往。旅游季节逐渐形成,广告也开始出现,旅游市场范围也已界定出来。太平洋和加勒比海的一些较小的、次发达的岛屿正处于这一阶段。

3. 发展阶段

发展阶段形成一个庞大而又完善的旅游市场,吸引了大量的外来投资。旅游者人数继续上涨,在高潮时期甚至超过当地常住居民人数。交通条件、当地设施等都得到了极大的改善,广告促销力度也大大增强,外来公司提供的大规模、现代化设施已经改变了旅游目的地的形象。旅游业发展之迅速使其部分依赖于外来劳动力和辅助设施。这一阶段应该防止对设施的过分滥用,因而国家或地区的规划方案尤为重要。墨西哥的部分地区、北非和西非海岸属于这一阶段。

4. 巩固阶段

巩固阶段旅游目的地经济发展与旅游业息息相关。游客增长率已经下降,但总游客量将继续增加并超过常住居民数量。为了扩大市场范围,延长旅游季节,吸引更多的远距离游客,广告促销的范围进一步扩大。当地居民对旅游者的到来已产生反感。以前的设施现在降为二级设施,已不再是人们向往的地方。

5. 停滞阶段

停滞阶段的旅游环境容量已达到或超过最大限度,许多经济、社会和环境问题产生。虽具有完善的旅游地形象,但是已经不受欢迎。旅游市场在很大程度上依赖于重游客、会议游客等。自然或文化吸引物被人造景观所取代,接待设施出现过剩,旅游地形象与地理环境脱离。

6. 衰落或复兴阶段

在衰落阶段旅游者被新的旅游目的地所吸引,该旅游目的地面临从空间上和数量上都缩小的旅游市场,只有一些周末度假游客或不留宿的游客。大批旅游设施被其他设施所取代,房地产转卖程度相当高。这一时期本地居民介入旅游业的程度又恢复增长,他们以相当低的价格去购买旅游设施。此时原来的旅游目的地或者成为"旅游贫民窟"或者完全与旅游脱节。另一种可能是旅游目的地在停滞阶段之后进入复兴期,有两种途径:一是创造一系列新的人造景观,但如果临近的地区或竞争对手模仿这种模式,这种策略的功效将大大降低。二是发挥未开发的自然旅游资源的优势,进行市场促销活动以吸引原有的和未来的游客。英国和北欧的许多旅游目的地都属于此类。但可以预见复兴的旅游目的地最终也会面临衰落。独一无二的旅游目的地也会因为旅游者需求与偏好的改变而不能永远具有吸引力。只有根据旅游者不断变化的旅游偏好更新旅游产品,才能使旅游目的地或产品具有长久的竞争力,人造景观迪士尼乐园便是一个成功的案例。

在衰落或复兴阶段有五种可能性:① 重新开发旅游目的地很有成效,游客数量继续上升,旅游目的地进入复兴阶段;② 限于小规模的调整和改造,游客量以较小幅度继续增长,复兴幅度缓慢,注重对资源的保护;③ 重点放在维持现有游客量上,避免其出现下滑;④ 过度使用资源,不注重环境保护,旅游目的地竞争力下降,游客量剧减;⑤ 战争、瘟疫或其他灾难性事件会导致游客量急剧下降,而且很难恢复到原有水平。

尽管旅游目的地持续不断发展是理想的概念,但是并不是每个旅游目的地都经历了生命周期的每个阶段,"即时胜地"的建立便是一个例子。墨西哥的坎昆(Cancun)在发展过程中,其探索阶段与参与阶段都非常短。在旅游规划中,旅游目的地永远是旅游目的地,永远对旅游者具有吸引力这种说法过于绝对。巴特勒指出,达到旅游目的地的最大容纳量后,会出现旅游总体质量和吸引力降低。与此同时,生命周期曲线形状可能会因不同旅游目的地所具有的不同特征而发生变化,如发展率、游客数量、可进入性、政府政策和相似的竞争地数量。对旅游目的地规划者、开发者、管理者来说,必须认识到旅游吸引物不是无限的,应视作有限的、不可再生的旅游资源。旅游目的地的开发应保持在一个可承受的范围内,其潜在竞争力才能持久。

二、功能分区

(一) 旅游目的地功能分区模式探讨

旅游目的地功能分区(Zoning)指对旅游目的地内开展旅游活动的各种土地分区制定特

定目标来进行使用和管理的过程。每个区都有明确的、可理解和实际操作中能够实现的目标(如水土保持、水源涵养、游览、度假、生产、实验、防火、生态保护等),整体结构追求景区内的生态环境、社会经济和旅游利用综合功能的最优化,保证旅游目的地的可持续发展。

1973 年,景观规划设计师理查德(Richard Forster)倡导同心圆式的利用模式,将国家公园从里到外分为核心保护区、游憩缓冲区和密集游憩区,如图 6-2 所示。这个分区模式得到了世界自然保护联盟(ICUN)的认可。[①]

其他国家的学者对旅游目的地也有自己的分区方式或理论,其中具有代表性的有以下这些。

1. 法国自然公园的功能分区方式

法国的自然公园一般被划分为中心保存地区、周边保全地区和完全保护区,这与理查德的同心圆模式类似。冈恩(1988)提出了国家公园旅游分区模式,将公园分成重点资源保护区、低利用荒野区、分散游憩区、密集游憩区和服务社区。[②]

2. 加拿大国家公园的功能分区方式

加拿大国家公园的功能分区系统包含以下 5 个区[③],如图 6-3 所示。

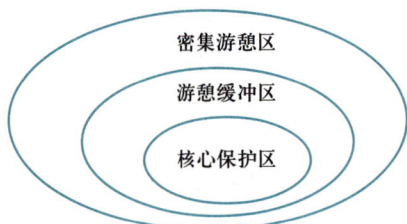

图 6-2　理查德的同心圆式功能分区示意图　　图 6-3　加拿大国家公园功能分区系统示意图

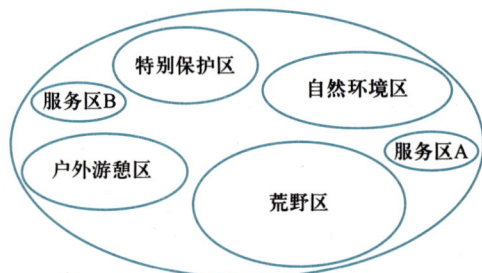

(1) 特别保护区:禁止任何公众进入,同时在保护区外提供适当的节目和展览使游客了解该区特点。

(2) 荒野区:能够代表该自然区域特征并始终被维持,通过提供在生态系统承载力范围内的适当的户外游憩活动和少量设施,使游客对公园的自然和文化遗产有亲身体验。

(3) 自然环境区:作为自然环境来管理,向游客提供户外娱乐活动和简朴自然的设施,控制机动车辆的通行,首选有助于遗产保护的公共交通。

(4) 户外游憩区:允许为游客提供相对多样的服务与设施,使游客有广泛的机会来欣赏和享受公园的景致,允许使用直达的机动交通工具。

(5) 服务区:是公园中游客服务和支持设施的集中分布区,公园的运行和管理中心就在此区。

3. 我国自然保护区的结构划分

在我国,《中华人民共和国自然保护区条例》(1994)以及一些主要自然保护著作均把自

① 刘家明,杨新军.生态旅游地可持续旅游发展规划初探.自然资源学报,1999(1).
② 钭晓东.生态旅游的可持续发展模式探讨.四川环境,2003(5).
③ 许学工,Paul F. J. Iagles,张茵.加拿大的自然保护区管理.北京:北京大学出版社,2000.

然保护区的结构划分为核心区、缓冲区和实验区。核心区实行严格保护,缓冲区可开展线状旅游。[1] 我国目前的一些旅游目的地在开发中由于注意到了生态保护,在规划时就已经进行了明确的功能分区,如昌黎黄金海岸自然保护区分成开发区、科研区、治理区和监测区。[2]

(二)同心圆式功能分区模式

虽然景区内资源、环境不同,功能分区的具体做法以及名称会有差别,但其核心内容大致相同。我们认为,理查德的同心圆式功能分区模式最能体现旅游目的地功能分区的精髓。以下针对此模式中的三个分区加以阐述。

1. 核心保护区

核心保护区是旅游目的地系统结构的核心,是受绝对保护的地区,是人为活动干扰最少、自然生态系统保存最完整、野生动植物资源最集中的地区,或者具有特殊保护意义的地段。核心保护区担负着有效保护目标的功能,其大小和形状应能满足保护目标的需要。根据实际情况,在一个旅游景区内,核心区可以是一个,也可以是几个。在自然保护区的核心区内,对人为活动要严加控制,通常情况下禁止任何单位和个人进入该区域,即使经特别批准者,也仅限于从事各种资源调查及生态系统和动植物资源动态监测等不破坏自然状态的活动。

2. 游憩缓冲区

游憩缓冲区处于核心区外围、与周边社区互相交错的地带,是核心保护区与密集游憩区之间的过渡区域。它既可以有明确的界线,又可以只确定一个范围,但为了便于管理,最好与自然村或相应的行政界线相一致。该区域处于决定整个旅游景区生态及环境特色和价值的地位。除了少量科研活动,必须进行严格的封闭式保护,即只允许有限的旅游活动(包括控制游客数量和旅游活动类型)以及只允许步行或不对环境造成伤害的简单交通工具进入等。游憩缓冲区的作用主要是减缓周边人为活动对核心区的干扰,并通过自然生态系统的保护与恢复以及必要的景观建设,逐步扩大保护区对周边地区的影响。

本区的主要任务有:① 积极进行生态建设,开展退化生态系统的恢复与治理,实现生态良性循环;② 协调周边区的社会经济活动,避免对核心区和缓冲区造成破坏;③ 充分利用保护区的物种和自然景观资源,将其作为旅游资源进行有效、合理的开发和利用,以大力促进周边区社会经济的发展;④ 有关自然保护区的植被演替,珍稀濒危动植物的保护,生物学、遗传学以及动植物开发的定位观测和研究任务。

通常情况下,在缓冲区内,不得建设任何生产设施,同时也禁止开展旅游和生产经营活动。因教学科研的目的,确需进入自然保护区的缓冲区从事非破坏性的科学研究、教学实习和标本采集活动的,应当事先向有关管理机构提交申请和活动计划,经批准后方可从事上述活动。

3. 密集游憩区

密集游憩区是游客在旅游景区内的主要活动场所。该区域内旅游活动相对比较集中,因而可以允许较大数量的游客和一定数量、类型的机动车辆进入,可以集中布局旅游接待设施,包括与旅游、娱乐、体育活动相关的各类永久性设施。本区内可能出于历史原因有数量不等的农田、村落或从事其他产业如林、牧、渔业的产区。但对于上述产业特别是影响和破坏该旅游景区整体景观的产业,应限制其发展,同时,区内的居民也应出而不进。

---

① 《中华人民共和国自然保护区条例》.

② 孙文昌. 现代旅游开发学. 青岛:青岛出版社,2001.

三、环境影响评估

《中华人民共和国环境影响评价法》是为了实施可持续发展战略,预防因规划和建设项目实施后对环境造成不良影响,促进经济、社会和环境的协调发展而制定的法律,自 2003 年 9 月 1 日起施行。现行版本为 2018 年 12 月 29 日第十三届全国人民代表大会常务委员会第七次会议第二次修正的。目前,国内旅游目的地进行规划时必须有环境影响评估报告,否则难以通过评审。2005 年"圆明园放渗地膜事件"让全国遗产地的管理部门对环境影响评估高度重视。环境影响评估(EIA)的关键步骤包括[1]:① 确定项目可能产生的旅游活动的性质;② 识别环境中受旅游影响较大的因素;③ 确定对环境的初始影响及后续影响;④ 制定控制旅游对环境产生的正负面影响的策略。

四、游客管理

旅游目的地的可持续发展也可以通过游客行为管理开展,包括编制旅游指南、设施引导、语言引导、集中引导、事前引导与示范引导。管理方法有直接管理与间接管理。直接管理包括实施规则、限制利用、限制活动;间接管理包括物理变更、宣传与适当要求等。

本章小结

旅游目的地的可持续发展包括环境、经济、社会三方面的内容,每一方面都有各自的目标。旅游目的地可持续发展遵循的原则有公平性原则、持续性原则和共同性原则,每个原则在现实面前都面临一定的困境。实现旅游目的地的可持续发展应通过旅游承载力的计算、功能区的划分、进行环境影响评估以及开展游客管理等途径。

思考题

1. 可持续发展涵盖哪些内容?
2. 旅游目的地可持续发展应遵循什么原则?
3. 如何实现旅游目的地的可持续发展?

 案例讨论

 即测即评

---

① Hunter C, Green C. Tourism and the environment: a sustainable relationship ? . London: Routledge, 1995.

第七章　旅游目的地节事活动管理

>> **本章学习目标**

1. 理解节事活动的概念、分类及其对旅游目的地的影响。
2. 分析节事活动对旅游目的地经济、社会和文化的影响。
3. 掌握节事活动的运作模式和组织原理。
4. 探讨节事活动策划设计的基本原则和实践应用。

>> **本章引文**

作为中国最具盛名的冰雪节之一,哈尔滨国际冰雪节是我国历史上第一个以冰雪活动为内容的国际性节日,节日活动为期一个月,已成为哈尔滨旅游的金字招牌。2024 年 1 月 5 日召开的第 40 届国际冰雪节更是点燃了全国的冰雪旅游热潮,让哈尔滨成为全国冬季旅游的"顶流"目的地之一。面对不断涌入的游客,哈尔滨用真诚和热情切实让冰天雪地成了金山银山。当前,我国的旅游产业正处于转型升级时期,哈尔滨冰雪节从一个地方性节事活动,通过政府、媒体、居民、游客等多方联动,发展为全球化的冰雪品牌,这不仅推动了旅游和经济发展,更向世界传递了中国独特的文化魅力。因此,节事活动的成功举办不仅会为举办地带来可观的经济收益,更是目的地旅游品牌建设的重要途径。

>> **本章关键概念词**

节事活动; 旅游目的地节事活动管理; 利益相关者; 节事活动组织; 节事活动策划设计

第一节 节事活动概要

人类具有社会属性，人们常常因为公众事务或私人原因聚集在一起。节事活动就是人们为了一定的目的，在时间与空间聚集的活动。

一、节事活动的定义

"节"意为"节日"，如春节、清明节、国庆节、重阳节等，人们一般在节日里庆祝、走亲访友或是纪念。"事"意为"事情"，事有大有小，大事则关注者多，参与者众，影响大。无论是"节"还是"事"总会引起社会的重视和人员的流动。

节事是节日（Festivals）与特殊事件（Special Events）的总称。盖茨（1990）给节事活动下了定义：一次特殊的节事确认了一个与众不同的瞬间，它是为满足某些具体需要，与典礼和仪式一起进行的。它是一次休闲、社交或文化体验的机会，这些活动在正常选择范围以外或超越了日常的体验。

盖茨把节事活动确定为特殊的、独特的、超越日常体验的活动，这样就立刻将这些活动与其他更为日常的活动分离开，并以此概念与其他活动区分。该定义把节事活动看作一个产品，是唯一的、特殊瞬间或体验的某一事物。把这些典礼、仪式、需求和体验融为一体，意味着节事活动既包含了实体元素又包含了心理元素。这点已经被学者们认同，即节事活动是被认可的、满足人们一种需求的场合，它创造了一个充分体验某种事物的机会。

国内学者蒋三庚（2002）指出，节事旅游指具有特定主题、规模不一、在特定时间和特定区域内定期或不定期举办的能吸引区域内外大量游客参与的集会活动。余青等（2004）认为，节事活动是以某一地区的地方特性、文脉和发展战略为基础举办的一系列活动或事件，形式包括节日、庆典、展览会、交易会、博览会、会议以及各种文化、体育等具有特色的活动。

总体来说，目前的学术界对节事活动的界定，可以归纳为借助当地历史、文化或经济资源而组织的一次性或重复举办的、主要目的在于加强外界对旅游目的地的认同、增加其吸引力、提高其经济收入的活动。其特征包括：① 经济性。通过节事活动提高举办地的知名度，增加旅游收入，增强基础建设。② 群众性。节事活动组织的全过程有当地居民的参加。③ 文化性。节事活动是当地群众参与的活动，是当地文脉展示的舞台，独特的文化资源是节事活动成功的基础。④ 独特性。即使每年重复举办的节事活动由于经济环境、举办者、特殊事件等因素的变化，每次节事活动都不会相同。⑤ 一次性。节事活动是必须完成的、临时的、一次性的、有始有终的一组任务。这是区别于其他常规活动和任务的关键特征。在节事活动结束后，节事活动的工作人员要回到原来的工作岗位，节事活动中所剩资产要用做他用。

二、节事活动的分类

为了深入认识节事活动，更有效地满足游客的需求，有必要对节事活动类型进行划分。

（一）根据节事活动的规模和影响分类

按规模和影响可以把节事活动分为 3 类。

（1）标志性节事活动。这类节事活动规模大、档次高，每年（或几年）举办一次。其主要以弘扬旅游目的地传统文化、促进地方经济建设、推动国际交流为目的，具有强烈的眼球效应，能够引起国内外媒体的广泛关注，可以迅速提高举办目的地的国际知名度。在运作上，这类节事活动以全世界为客源市场。如北京奥运会、上海世博会等就是此类标志性节事活动。

（2）大型节事活动。这类节事活动规模比较大，以高档、中档为主，兼顾低档。其可以促进旅游目的地经济文化建设，推动地区间交流，具有较强的眼球效应，能吸引国内外媒体的广泛关注，可以较快提高旅游目的地在国内外的知名度。在运作上，这类节事活动以全世界的特定游客和全国为客源市场。如南宁国际民歌艺术节、国际孔子文化节、潍坊国际风筝节等。

（3）小型节事活动。这类节事活动规模比较小，以中档为主，兼顾低档和大众。主要目的是丰富当地居民的生活，拓展旅游目的地的旅游内容。其客源市场是当地居民和国内特定游客。如北京大兴西瓜节、圆明园荷花节、香山红叶节等。

（二）根据节事活动的主体和目的分类

按节事活动主体和节事目的不同可以把节事活动分为 8 类。

（1）文化庆典类，包括节日、嘉年华、宗教活动、游行、文化遗产和庆祝。

（2）艺术、娱乐类，包括音乐会、其他表演、展览、颁奖礼等。

（3）商业贸易类，包括展销会、销售会、消费品和贸易展示会、博览会、公众活动等。

（4）体育竞技类，包括专业竞技和业余竞技。

（5）教育和科学类，包括讲座、研讨会、科技说明会等。

（6）娱乐类，包括游戏和体育。

（7）政治/国家类，包括就职典礼、授职仪式、VIP 访问等。

（8）私人活动类，包括庆祝人生新阶段的活动、纪念日等。

（三）根据节事活动的吸引物分类

根据节事活动的吸引物分类，节事活动可分为 8 类，如表 7-1 所示。

表 7-1 按吸引物分类的节事活动的类型

节事活动类型	典型节事活动主要特征	典型节事活动
自然景观型	以当地自然地理景观（独特气象、地质地貌、植被、特殊地理风貌、典型地理标志地、地理位置）为依托，综合展示城市旅游资源、风土人情、社会风貌等的节事活动	哈尔滨国际冰雪节、张家界国际森林节、吉林雾凇冰雪节
历史文化型	依托当地文脉和历史传承的景观、独特的地域文化、宗教活动等而开展的节事活动	杭州运河文化节、天水伏羲文化节、曲阜国际孔子文化节
民俗风情型	以各民族独特的民俗风情和生活方式为主题（民族艺术、风情习俗、康体运动等）的节事活动	傣族泼水节、南宁国际民歌艺术节、中国潍坊国际风筝节

节事活动类型	典型节事活动主要特征	典型节事活动
物产餐饮型	以地方特产、特色商品及本地餐饮文化为主题,辅以其他参观、表演等的节事活动	大连国际服装节、菏泽国际牡丹节、中国青岛国际啤酒节
博览会展型	依托城市优越的经济地理条件,以博(展)览会、交易会为主,辅以其他参观、研讨和表演等的节事活动	昆明世界园艺博览会、杭州西湖博览会、中国国内旅游交易会
运动休闲型	以各种大型的体育赛事、竞技活动为主,辅以其他参观、表演等的节事活动	奥运会、亚运会、全运会、中国银川国际摩托旅游节
娱乐游憩型	以现代娱乐文化和休闲游憩活动为主,辅以其他参观、表演等的节事活动	上海环球嘉年华、上海欢乐节、广东欢乐节
综合型	多种主题组合,一般节期较长,内容综合,规模较大,投入较多,效益较好的节事活动	上海旅游节、北京国际旅游文化节、中国昆明国际旅游节

三、节事活动的特征

举办成功的节事活动,必须了解节事活动的特点。

(一) 整体性

一个节事活动可以分解为若干具体的任务。节事活动是为了实现一定的目标而展开的任务的集合,它不是一项项孤立的活动,而是一系列活动的有机组合,从而形成一个完整的过程。强调节事活动的整体性,也就是强调节事活动的过程性和系统性。节事活动是有组织地进行的,但它不是组织本身,节事活动的顺利举办取决于对节事活动整体的管理过程。如青岛国际啤酒节在举办期间,在啤酒城内有来自美国、德国、丹麦、法国、韩国等十余个国家和地区的啤酒品牌。同时围绕啤酒主题曾先后举办了国际啤酒饮料博览会、啤酒生产设备技术交易会、品酒饮酒会等。在举办国际啤酒饮料博览会的同时还引进了原汁原味的德国、韩国啤酒及与酒文化相关的艺术表演活动。此外,借啤酒节的人气,还开展了侏罗纪公园恐龙展、“情系奥运”少儿绘画展、国际美术邀请展、汽车文化推广活动等。每一项活动都可以分解为更小的子活动,正是各个活动和子活动的顺利举办,保证了青岛国际啤酒节的成功。

(二) 一次性

节事活动的一次性特征是区别于其他常规活动和任务的关键特征。节事活动的一次性并不意味着项目历时短,有时可长达几年甚至更长。比如第 29 届奥林匹克运动会组织委员会(简称北京奥组委)成立于 2001 年 12 月 13 日,它承担着北京奥运会和北京残奥会各项筹办任务的组织工作。2009 年 8 月 22 日北京奥组委完成了它的历史使命,正式宣布依法解散。北京奥组委的工作人员去其他部门工作,北京对奥运的"遗产"做了资产处理。

（三）独特性

节事活动都有一个特定的、明确的目标,有些旅游目的地的节事活动可能是为了打造知名度,有些可能是为了吸引游客。这一特定的节事活动目标通常在项目初期设计出来,并在节事活动中一步一步地实现,让节事活动的参与者能够明显感受到不同节事活动的特色。即使是常规举办的节事活动,如奥运会,由于节事活动组织者的变化,不同的组织者所拥有的资源不同,在不同年份举办时的外部环境不同,其运作、管理和效果也不尽相同。不同的节事活动之间,由于地域文化的差异,其独特性就更加突出。这也是节事活动的魅力所在,可以给游客不同的体验。

（四）生命期属性

任何节事活动都会经历启动、计划、实施、收尾这样 4 个阶段,人们常把这 4 个阶段连在一起称为生命期。由于项目是一次性的,而生命周期有周而复始的重复性的意思在里面,所以我们用生命期而不用生命周期来表征节事活动的属性。

（五）约束性

任何节事活动都有时间、费用、资源、技术等许多约束条件,节事活动只能在一定的约束条件下进行。这些约束条件既是完成节事活动的制约条件,又是节事活动管理的前提条件。西班牙奔牛节在每年 7 月 8—14 日举办。在为期 7 天的节日中,一共要举办 156 项活动。在筹备节事活动时,明确节事活动的约束资源,在资源一定的条件下策划出良好的节事活动至关重要。

（六）参与性

节事活动是参与性更强的活动。旅游目的地的节事活动涉及众多利益相关者。以旅游景区举办大型嘉年华为例,有嘉年华组织者、嘉年华参与者、普通游客、景区附近的居民、媒体等。举办节事活动把不同利益相关者联系在一起,不同的主体有不同的利益诉求,这要求节事活动的组织者能协调好各方利益。节事活动的参与性不仅要求游客能参与,更重要的是举办地的居民也能参与节事活动。只有举办地的居民积极参与才能营造节事活动的气氛,从而给游客以畅爽的体验。

（七）不确定性

节事活动的正式运营时间相对而言比较短,但是筹备时间相对而言比较长。节事活动的组织筹备过程,都是基于将来情况的预期进行的。这种预期随着时间的推移会存在许多变数,需要不断调整。北京奥运会正式赛事就只有 2008 年 8 月 8—24 日短短的 16 天时间,但是北京奥组委在 2001 年 12 月 13 日就成立了,在长达 7 年的筹备中,部门设置从原来的22 个增加到 30 个,经费预算从 16 亿美元增加到 20 亿美元。节事活动的不确定性还表现在不可抗逆的、突发的天气因素,政治环境、经济环境等因素的变化。节事活动的组织者要充分认识到节事活动的不确定性,未雨绸缪,做到节事活动的可控性和灵活性的统一。

（八）主题鲜明性

节事活动都有一个鲜明的主题,一般体现在节事活动名称中。主题可能是关于某一事物,也可能关于某段历史,但都和旅游目的地有特别的关系,这种关系是节事活动的文化内涵所在。主题是节事活动的核心和灵魂,大部分活动项目都会围绕主题展开,节事活动参与者可以因此了解到与主题有关的各方面的知识以及参加和主题有关的各项活动。主题对客源市场来说是一种市场定位,某个主题将吸引对其有特殊兴趣的游客和休闲者。

四、国际著名节事活动

在世界范围内,目前具有国际影响力的节事活动繁多,这些丰富的节事活动成为展示地方文化、推动地方经济的舞台(见表7-2)。

(一) 狂欢节类

国际范围内以娱乐狂欢为主要内容的节事活动众多,有一些节事活动已经享有盛名,如巴西狂欢节、威尼斯狂欢节、西班牙奔牛节、法国尼斯狂欢节等。这些活动彰显着强烈的地域风情,已经成为当地重要的旅游吸引物。以西班牙西红柿节为例,每年"参战"和"观战"的人数达到4万之多。一年一度的慕尼黑啤酒节,被称为最大的民间狂欢节,每年都有600万多游客参与庆祝,在狂欢节举办的两周内,大量的慕尼黑农产品被就地消耗,平均每年游客消费超过500万升啤酒。近几年,平均每年吸纳1万多人为啤酒节工作。

(二) 大型体育赛事

世界级大型体育赛事主要有奥运会、世界杯足球赛、F1(一级方程式赛车)等,具有地区影响力的有亚运会、欧洲杯等。大型体育赛事举办会吸引大量观看比赛的游客和媒体,对举办地的旅游产品、旅游形象有深远的影响。韩国借助1988年汉城奥运会获得了良好的国际声誉。2016年里约奥运会的举办大力推动了巴西当地的旅游发展。2022年世界杯足球赛期间,卡塔尔吸引了大量的国际游客前来观赛和旅游。但是,借助大型体育赛事开展节事活动存在一定的不确定性,球赛票价格、参赛队的表现等都会影响观赛游客的决策。此外,在比赛期间,通常还会对一般休闲客源有一定量的"挤出"。

(三) 文化艺术节

欧洲、亚洲的一些国家具有悠久的历史和深厚的文化积淀,各类文化艺术节众多,如英国爱丁堡艺术节、法国巴黎秋季艺术节、法国阿维尼翁艺术节、意大利维罗纳歌剧节、奥地利萨尔斯堡音乐节、德国拜罗伊特艺术节、马来西亚国际伊斯兰文化节等。享有国际盛誉的爱丁堡艺术节已经举办了70年,是世界大型综合性艺术节之一,旨在促进欧洲国家间的文化交流,现在已经演变为一个雅俗共赏的艺术盛会。据艺术节主办方初步统计,2023年艺术节期间,来自50个国家和地区的数千名艺术家进行了包括音乐、戏剧、歌剧、舞蹈演出及电影展映和图书推介等在内的300多场活动。如今,爱丁堡艺术节已成为苏格兰地区重要的旅游资源和经济支柱。

(四) 休闲运动类节事

随着大众健身和极限运动的兴起,一些休闲运动类节事活动也备受青睐。以热气球为例,比较著名的有日本佐贺热气球节、韩国大田国际热气球节、俄罗斯气球节、英国布里斯托尔热气球节、美国新泽西热气球节、斯里兰卡热气球节、美国阿尔伯克基热气球节等。此外还有各类登山节、赛马节等。

(五) 会议展览类节事

世博会、达沃斯世界经济论坛、博鳌亚洲论坛等都是国际级别的博览、会议品牌。2010年上海世博会的举办带来了超过800亿元人民币的直接旅游收入,同时带动了交通业、住宿业和餐饮业等旅游相关产业的增长。而世界经济论坛更是让小城达沃斯成为滑雪旅游胜地。此外，中国香港的钟表展、德国科隆的五金展、法国巴黎的航展都是著名的展会品牌。

（六）宗教庆典和地方性节事

随着西方文化的传播，圣诞节几乎成为最被广泛接受的宗教性节日，并引发了庞大的休闲和旅游消费。一些宗教节庆如伊斯兰教的古尔邦节、印度教的昆梅拉节、泰国的万佛节也在一定区域和其宗教信徒中产生巨大的宗教旅游效应。此外，在多民族聚居的地区和国家，民族文化各具特色，地方性节事活动异彩纷呈。节事活动成为地方文化最佳的表现形式，也是传承本民族文化的载体（见表7-2）。

表7-2 著名节事活动

节事名称	简介	综合效益
西班牙奔牛节	该节是由宗教圣费尔明节演变过来的，活动内容包括奔牛、斗牛、烟花等。首届活动1591年在西班牙潘普洛纳城举办，以后活动每年安排在7月6日—14日举行	奔牛节每年为西班牙带来77亿比塞塔的旅馆业收入，而政府只需为此出资3亿比塞塔
美国玫瑰花节	首届美国玫瑰花节是1890年1月1日在洛杉矶帕萨迪纳市举行的，活动主要包括花车巡游和大学生足球联赛两大项目，迄今为止，该节已成功举办了100多届	每年仅玫瑰联赛就能给南加利福尼亚地区带来1.5亿美元的经济收益。仅玫瑰联赛一项每年就可为美国"PAC-10锦标赛"和"Big Ten"出资2500万美元，并为21所大学的运动员提供奖助学金，每年为地方政府提供90万美元的活动举办和筹划经费。（Big Ten是美国十大大学联盟，包括伊利诺伊大学、普渡大学、密歇根大学、明尼苏达大学、密歇根州立大学、艾奥瓦大学、西北大学、宾夕法尼亚大学、俄亥俄州立大学和印第安纳大学）
日本御堂筋节	该节1983年首次举行，活动安排在每年10月的第二个星期日，主要包括花车列队游行，活动组委会由主办者和政府共同组成	活动每年可为日本带来50亿日元的直接经济效应和100亿日元的间接经济效应
巴西狂欢节	狂欢节最早起源于中世纪，巴西狂欢节是巴西最大的民间文化展示活动之一，活动以桑巴舞表演为主，20世纪初开始在巴西盛行起来	据统计，2023年，狂欢节吸引了国内外约4600万人次参加，带来约15亿美元的收入

第二节　节事活动与旅游目的地

近年来,节事活动发展非常迅速,给举办地带来巨大的经济效益和社会效益,成为经济发展和社会发展的催化剂和助推器。对一个旅游目的地来说,从时间上需找到文化内涵的具体表现,从空间上需彰显横向比较之后的鲜明个性。因此,节事活动就成为体现旅游目的地历史、彰显鲜明个性、提供娱乐舞台的一个欢乐的"宣泄口"。盖茨认为旅游节事对旅游目的地的影响有四个:作为旅游吸引物,构成旅游产品体系的有机组成部分;作为旅游形象和地方形象的塑造者,提升城市和地方的盛誉;成为促进旅游业和地方发展的动力,强化旅游和地方的意识;作为提升旅游吸引物和旅游目的地地位的催化剂,拉动地方基础建设。

节事活动对举办地有直接的短期影响,也有间接的长期影响。总体说来,一个成功的节事活动会为旅游目的地带来丰厚的经济收入和良好的社会声誉。节事活动已经和一个地方、城市的形象紧密地联系在一起。

一、节事活动对旅游目的地的直接影响

(一) 节事活动作为一种特殊的旅游产品直接吸引大量游客

在中国,旅游节事是一种较新的旅游形式,发展历史较短,却受到很多旅游者的青睐。节事活动的举办可以增加举办地的旅游吸引力,增加旅游收入。如青岛国际啤酒节、南宁国际民歌艺术节、哈尔滨冰雪节、大连服装节等,在其举办期间无不吸引了世界各地大批商贾和旅游观光游客参与,宾馆酒店都被挤满,餐馆人头攒动,市场一派兴旺,其带来的经济效益不言而喻。以 2023 年第 33 届青岛国际啤酒节为例,在 24 天的节庆时间内,共有 379 个商家、617 万名游客参与了这场啤酒盛宴,共消费啤酒 2 700 吨,是近年来人气最为火爆的一届啤酒节。再如,被国际风筝协会推选为"世界风筝之都"的山东潍坊,在 1980 年以前还是一个手工业小城,但是自从 1984 年举办了第一届国际风筝节后,声名鹊起。近年来潍坊旅游业伴随着风筝节的影响力保持较快增长。2023 年,中秋国庆双节巧遇了潍坊国际风筝嘉年华,据统计,中秋国庆节假期潍坊滨海区累计接待游客 22.69 万人次,实现营业收入 503.14 万元,较 2022 年同期分别增长 171.79%、83.63%。通过风筝节,展现了潍坊的风筝文化,传播了良好形象,吸引了大量游客前来体验。

节事活动对旅游城市的季节性作用也是非常明显的。节事活动可以调整旅游资源结构,使得旅游产品结构更加完善、更加丰富,使旅游资源实现动、静完美组合,从而增强城市的旅游吸引力,或者延长旅游高峰季节,或者在淡季营造出新项目,从而使得"淡季不淡"。如哈尔滨国际冰雪节,既充分利用了当地的旅游资源,又模糊了旅游市场的淡旺季。

(二) 节事活动可以提高旅游目的地硬件水平

节事活动的举办要求举办地具备一定的经济、政治、文化、制度等多方面的条件,对基础设施依赖性强。如果没有较为完整的基础设施条件,如住宿、餐饮、交通及通信设施等条件与节事不相匹配,一些大型节事活动根本不可能举办。

许多旅游目的地以举办节事活动为契机,加强目的地基础设施建设,如完善旅游城市导向系统,改善住宿、餐饮设施,提高城市绿化水平等,从而增强旅游目的地的接待能力,改善

整体环境。1999年,昆明为主办世界园艺博览会,对218公顷的世博园区及相关设施的投资总计超过216亿元,并相继建成近20家星级饭店,这使昆明及周边区域的建设至少加快了10年。南宁市为举办民歌艺术节,打造"中国绿城"品牌,共投入城市建设资金115.76亿元,完成建设项目524项。2002年,南宁市实施"一年小变化,三年中变化,六年大变化"的城市建设"136"工程,100多个重点工程纷纷开工,一批道路、广场、旧城改造和美化亮化工程按时、按质、按量完工。经过几年的努力,南宁市连续获得"国家卫生城市""全国综合治理优秀城市""国家园林城市""全国优秀旅游城市""中国人居环境奖""全国精神文明建设先进城市"等殊荣。2018年,南宁获得第12届中国国际园林花卉博览会举办权、2019年苏迪曼杯举办权,并继续保留全国文明城市荣誉称号。如今,绿城南宁变得更加瑰丽,作为大西南出海通道枢纽城市的复合功能更加强大,其自然环境、人文环境、居住环境、投资环境也得到了较好的改善。

(三)节事活动可以提升旅游目的地的软实力

节事活动参与者来自世界各国,背景各异,如个人地位、政治制度、法律法规体系、经济水平、宗教信仰、哲学观念、文化背景等各不相同,要做好会务管理、接待服务、安全保障等工作,需要管理人才、接待服务人才,包括翻译、导游等高级人才以及高素质的工作人员。他们在节事活动中将起到相当重要的作用,他们的工作质量会影响整个节事活动的质量。节事活动的举办,必然会促进社会对相关从业人才的培养以及部分优秀人才自动自发地提高自己在语言、国际知识等方面的素养,成为节事活动的专门人才。通过节事活动锻炼出熟练的业务能力必将给游客更好的旅游体验。

此外,节事活动还要求旅游目的地多部门协作。现代节事活动的举办涉及人力资源调配、安全保障、项目推广经营、资金的筹措与使用等经济、文化、社会发展的多方面。节事活动规模大、会期短的特点对人力资源的调配提出了非常高的要求:节事活动前迅速聚集众多工作人员,节事活动中高负荷工作,节事活动后及时遣散。无论节事活动的举办者是政府还是公司,都需要节事活动的参与各方在短时间内高度协同,相互配合。配合及协调的效率对节事活动能否成功举办具有决定性的影响。通过节事活动可以锻炼旅游目的地众多部门(交通、住宿、餐饮、通信等)的协作能力,从而提高节事活动举办地的软实力。

二、节事活动对旅游目的地的间接影响

(一)通过节事活动可以提高旅游目的地的知名度

由于节事活动特别是重大的节事活动期间高强度、多方位、大规模的宣传,节事活动可以吸引大量媒体的注意,形成巨大的轰动效应,能够使更多、更广的人通过各种媒介对举办节事活动的城市留下深刻印象,从而在短期内提高旅游目的地知名度。

(二)通过节事活动可以增强旅游目的地的美誉度

旅游目的地形象是一个综合的形象塑造系统,需要花费大量精力和进行很长时间的宣传。旅游目的地整体形象是通过对各种形象要素的整合实现的,其宣传工作难度很大。而节事活动的开展,往往能够对旅游目的地主题形象起到很重要的宣传功效。即使在举办节事活动的特定空间内,参加者亦可以通过节事活动的各项内容,全面了解旅游目的地的自然景观、历史背景、人文景观、建设成就等内容,从而对旅游目的地形象有感性认识。

(三) 通过节事活动体现旅游目的地的文化内涵

现代城市节事活动以传统文化项目为内涵,体现了文化的传承和延续。它以推动城市之间文化交流、促进文化艺术水平的提高作为起点,培育了富有生命力的文化活动、特色项目和文化品牌,为区域文化特色的打造创造了优越的条件,奠定了坚实的基础。如山东曲阜利用几千年的文化积淀,创办了国际孔子文化节,将当地已沉睡了几千年的历史遗迹活生生地再现出来,使传统文化焕发了活力。而南宁国际民歌节,不仅把潜藏在民间的艺术活力借助现代传媒展现在人们面前,而且从民歌的优美旋律中,使人们感受到团结、祥和、繁荣、发展的时代脉搏和健康向上的美好气息。同时,通过充分挖掘民歌文化中的审美精神,从中提炼出有益于现代社会和现代人的文化理想和生活理念,营造现代生活的艺术氛围。

三、节事活动对旅游目的地的负面影响

节事活动可能带来挤出效应。如果节事活动的举办恰逢旅游高峰期,则对举办地来说可能产生适得其反的效果,由此而加剧的过度拥挤等一系列问题,或许会影响到举办地的整体旅游形象。紧张的住宿、不便的交通、过高的物价等因素可能让部分对价格敏感的旅游者在节事活动举办期间回避这些旅游目的地。

节事活动可能带来文化传统真实性的丧失。当节日和其他特殊事件被作为旅游吸引物进行有意识的开发和促销时,往往会出现一种后果:那就是节事活动本身会被过度的商业化所破坏,娱乐或壮观的场面会取代节事活动的内涵。过分商业化和对当地文化的漠视,在短期可能聚集人气,但长期看,可能导致旅游目的地文化传统真实性的丧失,从而给旅游目的地带来损害。

节事活动期间可能给本地居民带来生活的不便。节事活动期间游客增多,从而带来举办地物价上涨、交通紧张,在一定程度上引起旅游目的地居民生活成本上升。

【阅读案例】

北京奥运会、冬奥会对北京旅游的影响

奥运会的成功举办,能够促进举办国的经济、社会、环境、旅游业的发展,称为"奥运效应"。我国是世界上人口最多的国家,国内奥运旅游市场具有不可估量的潜力。2008年北京奥运会的成功举办为我国提升主办国的国际旅游形象,完善我国的旅游服务层次和结构,进而对整个中国的旅游业都具有积极而深远的意义和影响。随着2022年冬奥会的举办,首都成了"双奥之城",不仅极大地激起了全国人民对北京旅游、冰雪旅游的热情,更进一步带动了国内外旅游市场的进一步开发与发展。

一、举办奥运会、冬奥会对旅游业的直接影响

奥运会在中国的举办,无疑为中国旅游业的快速发展提供了一个绝好的机会。除了促进旅游经济发展这一突出效应,它还促进了中国旅游业体制的创新,营造出了一个良好的奥运旅游发展环境。

1. 吸引大量游客,增加旅游收入

中国自申奥成功以来,2008年奥运会对北京市旅游业的前期带动作用日益明显,接待

规模不断扩大,旅游市场呈现持续活跃的良好局面。据官方数据统计,2008 年 8 月 8 日—24 日,北京市累计接待国内外游客 652 万人次(包括观看奥运的国内人员)。其中,接待入境游客 38.2 万人次,是悉尼奥运会时的 3 倍,创历届奥运会入境人数之最。北京市旅游景区实现营业收入 16 270.3 万元。

2022 年冬奥会恰逢中国的传统佳节——中国农历新年,北京城区 60 个冰雪旅游"打卡点"及旅游景点,吸引了大批市民参与,年味和冬奥氛围浓厚。北京各大景区、公园和雪场纷纷推出"冰雪"主题活动,奥运与春节成为旅游消费的主题。据统计,2022 年 1 月 31日—2 月 6 日,全市重点监测的 147 家旅游景区(地区)累计接待游客 758.3 万人次(不包括环球影城人数),比 2020 年增长 3.6 倍,恢复 2019 年同期的 81.4%;营业收入 58 159 万元(不包括环球影城收入),比 2020 年增长 8.5 倍,比 2019 年增长 1.8 倍。此外,春节期间,北京冰雪场所开放 54 家,接待 74 万人次,同比增长 253%,市民和游客的滑雪热情高涨。2022年冬奥会在北京的成功举办进一步丰富了北京文旅市场的旅游资源。

2. 形成奥运遗产,拓展旅游资源

奥运会比赛设施、文化设施和配套的景观设施与原有的历史文化资源结合,为北京增添了新的具有较强吸引力的旅游资源。2008 年北京奥运会后,鸟巢、水立方等奥运场馆成为开展体育旅游的重要资源,打开了"后奥运"北京的知名度。2022 年冬奥会场馆的多元化利用,则进一步促进了奥林匹克文化遗产向公众开放,带动了当地的旅游业与经济发展。例如,北京冬奥会中国队的"双金福地"滑雪大跳台在冬奥会后开发了雪地平衡车、单板滑雪体验等 19 个体验项目,游客们在此能充分感受冬奥文化,享受冰雪乐趣。

3. 旅游业的软、硬件设施水平得以提升

以北京冬季奥运会为例。在交通方面,打通了北京市至张家口赛区的高速快速通道,为赛会出行提供安全、便捷的交通保障,实现了跨赛区主要通道规划建设目标;在东奥村附近建设了 5 处临时交通场站,以满足赛事车辆停放需要。为进一步缓解冬奥会和冬残奥会期间交通问题,北京市交通运输部门提倡居家办公、错时上下班等灵活上下班方式,并引导绿色出行,遵守奥林匹克专用车道管理规定、礼让奥运保障车辆等措施。可见,在奥运期间,北京无论是城市交通、城市市容,还是城市管理体系都有了实质性的改善。与此同时,北京承办奥运会和冬奥会,促进了东西方旅游文化的交流与融合,丰富了奥林匹克精神的内涵,推动了中国文化事业和产业的发展,提高了国民思想道德素质和科学文化素质。目的地旅游从业者挖掘了原有旅游产品的奥运内涵和文化内涵,整合和吸收了历史和自然资源,开发出一系列全新的旅游线路和旅游产品,增加了吸引力,更好地满足了国内外游客的需求。

4. 奥运会挤出效应及目的地公共关系隐忧

奥运会挤出效应可以从三个方面来看:一是国有旅游企业对民营资本的挤出。由于民营旅游资本很难得到与国有企业同样的奥运接待机会,因此面对奥运旅游市场只能望而兴叹。二是奥运因素导致旅游相关产品,如航空、住宿紧张和价格上涨,高规格的安保及交管措施也对一些常规游客形成了排斥力,一些纯观光的游客避开了奥运月份出行或向非奥运举办地分流,这样导致了奥运预期旅游收入有所减少。三是对会展业的挤出效应。会展业是旅游业中一块相当大的市场。由于北京在奥运会之前加大了对外国人入境签证的限制,很多外国公司不得不取消原定在北京举行的商务会议。一些外国游客不得不更改来中国旅游的行程。此外，出于对奥运会组织运作的安全性考虑，组委会不得不采用危机防范及管理机制来规避风险，从而给人们的正常生活带来不便，因此人们在支持奥运会的同时也会对奥运会产生一些抵触。据不完全统计，北京市民对奥运会的支持率出现了一定程度的下降。引起支持率下降的主要因素有各种交通管制、安全检查、社区外居民（其他城市居民及边缘人群）的嫉妒、物价上涨给居民生活带来的不便等。

二、北京奥运会、冬奥会对中国旅游经济的长期影响

1. 产生巨大的国家和社会效应，提升举办国旅游品牌形象

在奥运会筹备及举办期间，北京已经成为全世界瞩目的焦点，这在一定时期内形成了一种强大的聚焦效应。在奥运会申办、筹办和举办期间，高强度、多方位、大规模的宣传引起了世界广泛的关注，巨大的轰动效应使更多的人通过各种媒介对北京和中国留下了深刻的印象，从而强化了北京和中国在全世界人民心目中的形象，让全世界重新认识了中国，提升了我国的旅游地位和声誉。例如，2022年北京冬奥会让全世界看到了我国冰雪经济发展的重大变化，不仅对中国冰上和雪上体育项目起到巨大的促进作用，而且提升了中国冰雪运动、冰雪旅游、冰雪文化等相关冰雪产业在国际上的影响力。因此，成功地举办奥运会本身就是对中国旅游品牌的良性建设，是对中国旅游接待能力的最好宣传。

2. 增加中国成为旅游目的地内涵

以往国外游客到中国旅游以观光旅游和商务旅游为主。历史遗迹、自然风光和商业机会成为主要旅游吸引物。无论是奥运三大主题"人文、科技、绿色"，还是冬奥主题"一起向未来"，其不只是展示奥运理念，更体现的是中国作为旅游目的地的文化内涵。在各地改善城市的社会环境、人文环境和生态环境以增加城市吸引力的大环境下，各地旅游从业者挖掘了原有旅游产品的奥运内涵，整合并吸收了历史和自然资源，开发出一系列全新的旅游线路和旅游产品，增加了文化内涵和吸引力，更好地满足了国内外游客的需求。这种对旅游目的地认知的发展，将增加中国作为旅游目的地的吸引力。

3. 提升旅游服务质量，促进旅游产业升级

借助奥运会、冬奥会这类国际化的接待任务，酒店、景区、购物场所在国际化水平服务上迈进了一大步。以冬残奥会为例，北京文化和旅游局指导推动254家宾馆酒店进行了改造提升，在赛前督导各相关区完成了60家签约酒店的370个无障碍环境元素改造任务，完成了7家签约饭店的57间无障碍客房改造任务。同时，对签约酒店服务人员进行无障碍服务培训。此外，有关部门还对赛区签约饭店、集中驻地、竞赛场馆的住宿餐饮服务主管开展线上线下培训，在确保安全的前提下努力提升服务质量，无论是内部管理还是服务质量都比以前更加规范与优质。这些经营单位的奥运经历在"后奥运时代"会进一步推动全行业服务质量的提高。

第三节 旅游目的地节事活动管理

节事活动是一个新生事物，其发展必定是一个曲折、进步的过程，必定是一个边探索、边完善、边创新的过程。因此，在节事活动的发展过程中，管理中出现问题在所难免。但是，对于节事活动发展过程中出现的问题和不足，不能仅靠其自身的摸索和总结，需从实践和理论上做出客观分析和理性透视。唯有这样，才能使节事活动在不断解决问题、克服困难中谋求新的发展。

一、节事活动的管理运作模式

管理运作模式是节事活动所有筹办工作的体制和机制保障。管理运作模式是否科学合理、运转高效、体系规范，直接决定着节事活动管理的质量和成效。目前，国内大型节事活动的管理运作模式虽不尽相同，但总体上不外乎以下几种模式。

(一) 政府主办模式

从国内节事活动的发展历程来看，政府主办模式是我国节事活动普遍采用的运作模式。在这种运作模式下，作为主办方的政府在节事活动管理中扮演着主要角色，不仅节事活动的主要内容由政府来策划和决定，而且活动场地、时间、参加单位等皆由政府选择。这种模式经常适用于两种情况：一是节事活动处于初创期，正在培育长期的知名品牌，需要政府出面进行协调和支撑。我国现在知名的节事活动如青岛国际啤酒节、南宁国际民歌节在初创期都是由政府主办的。二是旅游节事活动作为公共营销手段或是塑造旅游目的地整体形象的举措，具有"公共品"的性质，具体的企业有"搭便车"动机，故需要政府来主办这类节事活动。

这种运作模式的优点是能够充分发挥政府的主导作用，调动和集聚各种优势资源和优惠政策。但是缺点也十分突出，特别是由于节事活动所需资金绝大部分依靠政府解决或政府指派某家企业赞助，时间一久，便给政府或企业带来较大的资金负担，从而使节事活动的经济效益和社会效益受到影响。

(二) 部门主办模式

这种模式也是我国节事活动普遍采用的模式。在实践中存在两种形式：一种是在一些大型节事活动举办过程中，通过对节事活动的分解，由具体相关政府部门承办子活动。另一种是一些影响力较小，内容相对单一的节事活动由政府某个部门主办。例如大连市旅游局主办"大连赏槐节"。

从具体运作来讲，主办部门因为只是政府中的一个职能部门，协调能力有限，通常要建立地方各职能部门参加的组委会，在组委会的统一协调下，相关部门负责节事活动的策划、组织和运作。从效果看，这种组织方式的优点在于主管部门推动，分工明确、目标清晰。这种模式的缺点在于各个子活动之间缺乏连贯性和一致性，从而影响了节事活动的举办效果。

(三) 政府引导、社会参与、市场化运作相结合的模式

政府引导、社会参与、市场化运作相结合是目前国内正在积极探索的一种运作模式。虽然前两种模式还是我国组织节事活动的主流，但政府引导、社会参与、市场化运作的组织方式已经在我国许多地方开始实践。此种模式不仅可以节省大量的财政开支，而且可以扩大参节厂商的知名度，提高公众参与度，扩大社会影响，成效十分明显。

这种运作模式的突出特点在于专业、高效。政府是节事活动中最重要的主体，把握着节事活动的发展方向和定位，其主导作用具体体现在制定活动方案、组织重要活动、设计主要会场、开展对外宣传、提供各种必要服务和保障工作等方面。社会参与就是以节事活动本身

为平台,充分调动社会各方面的力量参与办节,比如征求意见和建议、寻求参节厂商、营造节事氛围、鼓励社会各界参与各项活动等。市场化运作则是按照市场经济的规律来运作节事活动,诸如节事活动的冠名权、经费、广告等,一般都采用招商或赞助方式,目的是吸引更多的厂商参加。

(四) 市场化运作模式

这类节事活动的运作模式是在政府推动节事活动发展的过程中发展起来的。它可以分为两种情况:一是企业立足自身需要,举办节事推介产品和树立企业品牌,如餐饮企业的"美食节",香山景区的"红叶节"等。二是旅游企业把节事活动当作文化旅游产品进行包装和开发,如圆明园的"荷花节"、主题公园的各类"狂欢节"等。

从具体运作来看,企业自己办节事活动,是企业自己的经营行为,产权清晰、责权明确。在没有对外部造成负面影响时,应该积极鼓励。

由于我国各地节事活动的运作还处于摸索期,节事活动还带有一定的社会公益性质。新闻宣传、安全保卫、交通等一系列筹备工作涉及举办地的政府职能部门,在一定时期内难以脱离政府的支持,这就决定着完全走市场化运作模式必定存在暂时难以解决的体制性障碍。通常在实践中这四类模式往往混合使用。各地政府如大连、青岛等地成立会展办公室或大型活动办公室对本地节事活动起到总体策划、总体协调、总体监督的作用。每一个具体活动由政府职能部门或企业分别承担。

二、节事活动的利益相关者

节事活动能否持久运作下去,取决于节事活动能否协调好其利益相关者之间的关系。节事活动不同的参与客体有不同的利益诉求和利益期望,只有在分析相关者利益的基础上,才能建立起新型合理的平衡机制,确保所有相关者的需求得以满足,实现各个维度的可持续发展。

节事活动的利益相关者包括当地政府、职能部门、运作企业、赞助企业、当地社区、媒体、旅游者等。众多利益相关者在节事活动中存在多元化的利益定位和利益预期,如表7-3所示。

表7-3 各利益相关者的利益预期

利益相关者	利益定位	利益细分
当地政府	地区经济、社会、文化全面发展,政府政绩	提升当地形象,提高政府声誉,促进产业发展、地区就业,加强基础设施建设等
职能部门	地区及部门发展	工作部门业绩
运作企业	企业自身发展	企业的利益诉求,维系与政府的关系
当地社区	社区的全面发展	文化传统、人际交往、休闲娱乐、增加就业
旅游者	旅游体验	真实性、参与性、独特性
媒体	自身发展	市场影响、政府关系
赞助企业	企业发展	销售增加、形象提升

（一）当地政府利益预期

在旅游节事中，当地政府以其作为平台，希望提升形象，促进经济发展。改革开放以来，当地政府利益同当地经济发展更紧密地结合在一起。科学发展观提出之后，摒弃了唯GDP为标准的做法，当地政府利益同经济、社区、文化的全面发展结合起来，但也不排除政府在约束监督不强的情况下有谋求私利的做法。一般而言，在节事活动中，地方政府的私利追求主要集中在四个方面：追求政绩，具体来说追求名次（综合经济实力排名、经济增长速度排名、地方财政收入排名等）；追求数字（引进外资金额、年接待旅游者人次等）；追求声誉（中国优秀旅游城市、国家卫生城市等）；追求影响（举办国际会议、重大节事等）。

（二）旅游者利益预期

盖茨曾把节事旅游者的基本需求归纳为物质需要、社会或人际关系需要以及个人需要。物质需要是期望通过参加节事活动，获得一定的物质利益；社会或人际关系需要是社会属性的需要，为达到个人的社会满足以及融洽的人际关系等目的而参与节事活动；个人需要是一种最本质的、最原始的需要，来源于内心深处对节事的渴求。无论是哪种需要，节事旅游者作为节事活动构成要素中能动性最强的一个要素，他们的旅游偏好和选择制约着节事活动的发展方向。

（三）当地社区利益预期

在旅游节事中，旅游节事通常依赖当地文化传统和文化特色而展开。一方面，当地社区视节事为群众活动，追求文化传统的保留和期望增进社区人际交往，增强内部凝聚力。另一方面，又视其为经济活动，希望通过在当地企业就业，从旅游节事的经济影响中获益。当地社区往往在文化真实性和商业利益之间徘徊。

（四）赞助企业利益预期

在旅游节事中，赞助企业目的在于促进企业发展、塑造品牌、产品推介、开拓市场从而获得经济收益的增加。即便是增进与政府的关系也是立足于经济利益的考虑。

通过对旅游节事多个利益相关主体的分析，可以看出，旅游节事承载了当地政府、社区、旅游者以及赞助企业等多个利益相关者的不同预期。政府看重节事对当地经济文化发展的带动，社区追求文化的传承和分享，旅游者则追求体验的真实性，赞助企业当然更希望获得树立品牌和拓展市场的机会。这些多元化的利益预期导致了政府在举办节事的时候，倾向于对节事进行多元化的定位，既有文化保护的目标，又有经济受益的期望，也形成了目前中国"节中有会，会中有节""节、会、展、演、赛"相互嵌套的节事策划风格。但是，这些多元化的利益预期之间，会存在一些天然的冲突和矛盾，需要兼顾。政府策划节事时试图满足各方利益的初衷却使得自己面临一个困境。政府对节事利益的多元化期待，使得节事既不可能是一个完全满足旅游者"真实性体验"的特色旅游产品，也很难具有可以提升赞助企业品牌的强大市场影响力，更难以满足社区对文化传统和经济利益的双重期待。在多方利益期待都没有得到充分满足的情况下，政府推动的旅游节事，要承担来自社区、旅游者、赞助企业等多方面的舆论压力，也面临社会公众的质疑和指责。政府如何从困境中解脱，不仅需要政府在地区重大节事中有所作为，也需要政府从一般性节事中积极退出；不仅需要政府对地区节事发展做出全面、长远的规划，也需要引入专业化的管理队伍，对节事进行分门别类管理，在发挥会议、展览类活动的经济效益的同时，让节日、庆典回归其应有的文化的内涵和欢乐的本质。

三、节事活动组织的基本原理

(一) 整体性原理

整体性原理,就是节事活动各要素之间的相互关系以及各要素与节事活动本身之间的关系,要以节事活动的整体需要为主进行协调,局部服从整体,使节事活动的整体效果达到最优。也就是说,节事管理必须从节事活动的整体着眼,部分着手,统筹考虑,各方协调,达到整体的最优化。从节事活动的整体来看,各项单体活动、筹备工作与活动本身存在着复杂的联系和交叉,大多数情况下相互之间是一致的,但有时候也存在着冲突。在现实情形中经常可以看到,有些节事活动为了片面追求内容的丰富,组织策划了一些背离节事主题和特色要求的活动,影响了整个节事活动的效果。为此,节事活动管理必须促使各项单体活动和筹备工作符合节事活动的整体要求,这样才有利于实现节事活动的整体效果。

(二) 动态性原理

从节事活动自身发展看,它始终是动态变化的,需要不断完善和创新,节事活动所包括的各项单体活动和具体工作也要不断改进。可以说,节事活动一直是在不断变化的动态过程中生存和发展。因此,节事管理必须充分考虑节事活动的总体目标、活动内容、管理过程、办节机构、营销方式、政策规章等方面的时限性,在情况发生变化时适时做出相应的调整。只有这样,才能使节事管理树立超前观念,减少错误和片面行为,掌握主动,保证节事活动向预期的目标顺利发展。

(三) 开放性原理

对外开放是节事活动发展的重要力量。这是因为每一个节事活动不仅汲取着举办地的文化传统和经济营养,同时也以开放的姿态不断吸收国内外文化的精华。正是这种海纳百川、兼容并蓄的开放特征,为众多节事活动创造了良好的生长条件和发展动力。同时,节事活动在开放条件下不断变革演化,要求节事管理必须充分考虑外部环境因素所产生的种种影响,不断引进新的节事文化、办节理念、市场信息、现代科技等要素,提高节事活动的国际化水平。

(四) 环境适应性原理

任何一个节事活动都不是孤立存在的,而是与当地的经济、社会、文化息息相关,与人们的需求紧密相连。如果适应这些外部因素的要求,则说明这个节事活动是具有生机和活力的;相反,不适应发展环境的节事活动,则是缺乏生命力的。同时需要说明,节事活动在受外部环境影响的同时,也通过自身的文化、经济等效应施加作用和影响外部环境。因此,作为节事活动的管理者,既应清楚节事活动与外部环境之间的关系,又应冷静地看到自己的局限,实事求是地做出科学决策,为节事活动的发展创造更好的外部环境。

(五) 空间辐射性原理

节事活动是多种要素的高度集聚,带动辐射效益显著,对举办地具有相当的影响力。通常情况下,节事活动的影响范围不仅受其性质、规模、知名度等多种因素的影响,而且受到举办地与参节厂商、游客之间的距离制约。需要指出一点,节事活动的档次、规模对其影响力起着决定性作用。一般而言,国际性节事活动的影响力明显强于区域性节事活动的影响力,综合性节事活动的影响力明显强于专项节事活动的影响力。

(六) 时效性原理

一般而言,节事活动举办的历史越长,其知名度就越大;某些单体项目越固定,人们的认同感就越强。例如,1991 年首届青岛国际啤酒节仅吸引游客 30 多万人,历经 15 年发展,其知名度和影响力越来越大,2018 年第 28 届青岛国际啤酒节吸引游客已突破 620 万人次。其中每年一次的传统项目饮酒大赛更为游客所接受,成为节日期间的"金牌项目"。但是,节事活动的影响效果并不是随着举办历史的延长而均匀增加,而是符合指数函数规律的,即前几届效果增长速度较快,后来呈缓慢增长趋势。出于以上考虑,在节事活动管理过程中,必须始终对每一届节事活动都进行高质量的策划和设计,尽可能地保留和固定一些为参与者所喜爱的传统项目,同时不断创新内容和形式,使节事活动越来越有吸引力。

四、节事活动策划设计的基本原则

节事活动的策划设计是节事管理的重要方面,必须遵循其自身发展所体现和要求的基本原则。只有这样,节事管理才具针对性、目标性、实效性,才能体现出高质量、高水平。分析国内大型节事活动,概括起来,其策划设计应当坚持以下几条原则。

(一) 特色化原则

特色是节事活动在策划设计时必须充分考虑和体现的关键要素,这是增强节事活动吸引力和影响力的一个前提性原则。一般而言,节事活动应注意挖掘和突出民族特色、地域特色、文化特色、时代特色。这四个特色之间的关系不是非彼即此,而是交融互补,许多情况下同时体现在一个节事活动中。强调一点,特色化原则应当贯穿到节事活动的实质性内容之中,节事主题、活动内容、服务质量等方面都需有特色,使人耳目一新,这样才能形成自己的独特品牌。

(二) 主题化原则

主题是节事活动的主旋律。任何类型的节事活动,都必须营造一个鲜明的主题,以主题贯穿始终。只有主题明确,才能使节事活动的策划设计做到提纲挈领,形散而神不散。节事主题确定后,主办方应当紧紧围绕主题策划和设计具体方案。所有单体活动和具体内容一定要紧扣主题、突出主题、表现主题,使节事活动的每一个内容、每一项活动、每一个环节都为主题服务。

(三) 大众化原则

正如西班牙潘普洛纳市原市长所述,"节事的魅力不在于政府为奔牛节所安排的各项活动,而在于亲临其境感受满街的人文气氛,在于与众多的能够参与并陶醉于节事的人群为一体的机会之中"。国际上著名节事最为普通的形式是彩车加表演方队的大游行。盛大的游行队伍经过大街两侧,或搭建长长的观礼台,或设简单座位。成千上万人扶老携幼、结伴前往,人们把这种节事活动看作自己真正的节日。旅游节事要的就是这种普天同庆、万民同乐的节日气氛。旅游节事之所以是动态的旅游吸引物,就在于人们希望看到美丽的玫瑰花车游行,看到西班牙狂奔的牛群,观赏璀璨夺目的烟火,同时也希望感受引以为豪、如痴如狂的当地人文气氛,并深深融入其中。

(四) 市场化原则

节事活动作为一种经济活动,其重要目的之一就是要获得良好的经济效益和市场效果。

因此,节事活动的策划设计必须遵循一定的市场规律,纳入市场经济的轨道进行市场化运作。尤其是节事活动的发展和运作机制更应当在市场经济规律的框架下,强化成本与利润、投资与回报、效率与效益的意识,建立和完善市场化的运作机制。这是节事活动经久不衰的内在动力,也是节事活动成长发展的重要保证。近年来,国内许多地方都在探索节事活动市场化运作的发展模式。青岛国际啤酒节"政府主导、社会参与、市场运作"的"以节养节"模式,就是节事活动与市场化运作有机融合的较为成功的案例之一。从第10届青岛国际啤酒节开始,政府已经不再投入专项资金,所有办节经费全部来自活动冠名权、广告赞助、啤酒摊位租赁等方面的收益,步入了自给自足、循环发展的良性轨道。

（五）产业化原则

节事活动之所以被上升到产业的高度,是因为它能通过辐射拉动的效应,创造巨大的有形资产和无形资产。因此,节事活动的策划设计,要围绕着对节事活动的有形资产和无形资产的开发来进行,结合拉长节事活动的产业链来推进。以青岛国际啤酒节为例,目前已逐步形成以啤酒节为带动的项目策划、招商、广告、会务、展览、纪念品制作以及餐饮业、住宿业、旅游业、交通业等多个产业联动发展的节事经济产业链。

（六）效益化原则

任何节事活动,都必须注重效益。衡量一个节事活动水平的标准和尺度,关键是看其所产生的效益。首先,要使节事活动达到经济效益和社会效益有机结合的目的。比如,青岛国际啤酒节,近年来在活动内容的策划设计上一直注重培育城市精神、提高居民素质、推动旅游业高质量发展、活跃地方经济等方面的要求。其次,要体现出近期效益和远期效益的有机结合,既要保证节事活动对旅游业、商贸业、酒店业等方面的近期的显性效益,又要实现节事活动对优化城市环境、提升区域形象、提高人的素质等方面的长期的隐性效益。再次,要体现出单体效益和综合效益的有机结合。诸如节事活动宣传、接待等单项工作,就某一个方面来讲,经济效益可能不甚明显,但是从总体上看,它为节事活动的效益提升创造了必备的基础条件。因此,在评估节事活动的整体效益时,不能忽视单体效益对综合效益的贡献。

（七）固定化原则

节事活动的形式和内容是在动态发展中逐渐确定、规范下来的,比如举办时间、举办场所、举办形式、主要活动内容等。这些形式和内容的固定使得人们参与节事活动成为一种惯性,不仅提高了人们对节事活动的认同感和接受度,而且成为打造节事主题的关键管理因素和节事活动产业化的基本条件。西班牙奔牛节是在每年7月8日至7月14日,100多项活动分布在潘普洛纳市各个固定的空间和时间里,从早晨至深夜,年复一年,持续多个世纪。这些活动早已家喻户晓,深入人心。市政府为此印制大量的日程表和节目单,为的是使远道而来的各国游客凭着这些《节目指南》选择自己最喜爱的项目参加。同样,每年新年来临之际,在美国洛杉矶帕萨迪纳市科罗拉多大道上能观赏到盛大的花车游行,百年不变。这种确定性是吸引和招徕四方游客的先决条件,也是著名节事活动获得巨大效益的成功秘诀。

（八）系列化与品牌化原则

节事活动的系列化运作要依据传统性、文化性、综合性和动态性特点,以形成不同时间长度、不同规模等级的系列节事活动。系列化运作包括节事活动类型的多样化和活动时间的系列化两个方面。活动类型多样化指一个城市的节事活动应该形成大型节事、特殊节事、标志性节事、社区节事等相互协调、互为补充的不同类型;活动时间系列化指在考虑宜出游时间、活动内容、季节性的前提下,使各种节事活动在一年中形成系列分布。节事活动品牌化运作包括产品化、制度化、产权化三个方面。产品化即把节事活动作为一个产品,打造成为城市营销的品牌;制度化即建立和完善节事产品开发与创新体系;产权化则特别注重节事活动品牌的注册与知识产权保护,建立专业的节事活动策划与运作公司。

实践环节

城市的节事活动

背景知识:

目前,各城市每年都举办影响大小不一的各类节事活动,如北京国际音乐节、上海旅游节、广交会、南京国际梅花节、南宁民歌节、武汉渡江节等。为了了解节事活动的举办对旅游目的地的影响,有必要对这些节事活动做深入的分析。

主题:深入调查和分析节事活动的运营和影响

通过深入调研,希望学生了解该节事的历史和其演变的过程,目前节事中包含的小活动有哪些,节事活动如何组织,政府、企业、社区、游客在节事活动中扮演何种角色。

形式:

(1)调查。自行选择当地有影响力的一项节事活动作为分析对象。全班学生分为5个小组,每个小组5~6名学生。其中一个小组调研节事活动的组织方,了解整个活动组织的过程。其他小组分别调研该节事活动的一个利益相关者,了解其对节事活动的利益诉求和感知。调研的方式可以根据情况,采用访谈或调查问卷的方式。

(2)展示和讨论。每个小组从不同角度展示自己的调研结果,教师点评。

注意事项:

节事活动涉及面广,在讨论中教师要引导学生从多个角度启发学生思考该节事活动对旅游目的地的具体影响有哪些,节事活动组织中有哪些长处和不足。讨论时不要立刻下确定的答案,以引导和启发为目的。讨论结束后,留下一道思考题,如何借助本市的资源禀赋,通过节事活动营销城市。

本章小结

节事活动是借助当地历史、文化或经济资源组织的一次性或重复举办的,主要目的在于加强外界对旅游目的地的认同、增加其吸引力、提高其经济收入的活动。节事活动对旅游目的地而言,既可以成为旅游目的地的动态旅游吸引物,丰富旅游目的地的旅游资源;又可以成为旅游目的地的营销手段,树立旅游目的地的知名度和美誉度;还可以成为推进旅游目的地软硬件建设的"催化剂"。做好旅游目的地的节事活动要在明确该节事活动目的的基础上,兼顾节事活动利益相关者的不同利益诉求,注意节事活动的特色、主题和市场化运营等问题。

思考题

1. 节事活动对旅游目的地的影响有哪些？

2. 节事活动的利益相关者有哪些？各有何利益诉求？

3. 如何组织好一项节事活动？要注意哪些问题？

4. 在营销旅游目的地时，如何融合节事营销和其他营销方式？

案例讨论

即测即评

第八章　旅游开发对目的地的影响

》》 本章学习目标

1. 理解旅游活动对旅游目的地经济、社会文化和环境的综合影响。
2. 分析旅游乘数效应及其对旅游目的地经济的贡献。
3. 探讨旅游卫星账户在旅游经济分析中的应用。
4. 学习旅游对目的地社会文化影响的主要理论和研究。

》》 本章引文

　　阳朔是桂林大旅游圈中的重要组成部分，也是国内首个突破 2 000 万旅游人次的旅游强县，被誉为"中国旅游第一县"。1985 年之前，阳朔的旅游开发还处于萌芽阶段，海外游客占比较高。1985 年之后，本地居民在市场带动下开始参与到旅游接待中，为游客提供一些简便的设施，并逐渐形成了以西街、漓江为代表的旅游产品。2000 年后，随着阳朔西街改造，印象刘三姐、世外桃源、愚自乐园、乡村旅游休闲带等旅游项目顺利实施，阳朔进入旅游高速发展期，游客规模快速扩张。2002 年阳朔县接待游客总量仅有 200 多万人次；到 2011 年底，阳朔县接待游客达到 935.63 万人次，实现旅游总消费 38.6 亿元。2015 年 7 月，从阳朔至平乐漓江水上旅游航线正式开通，游客游览选择更加丰富。2016 年全县接待旅游人数达到 1 439.76 万人次，实现旅游总消费 117.84 亿元。

　　阳朔旅游业的发展还带动了餐饮住宿、商流物流、金融保险、邮政通信、房地产等服务业的健康发展，如今旅游业已经成为阳朔县域经济的支柱产业，形成了"旅游 + 文化""旅游 + 农业""旅游 + 体育"等多种新业态。2019 年阳朔获"国家全域旅游示范区"和遇龙河国家级旅游度假区等称号，2021 年末以评分第一档的成绩通过广西特色旅游名县复核。2019 年全县接待游客总数 2 018.82 万人次，旅游总消费达 289.46 亿元；2023 年，阳朔文旅强劲复苏，全年接待游客 2 111.43 万人次，旅游总消费高达 300.29 亿元。

　　但旅游业给阳朔带来了空前繁荣的同时，也带来了一些负面影响，例如，由于村民对资源和环境的保护意识薄弱，为了追求短期利益而对阳朔生态环境造成了一些污染和破坏。事实上，旅游开发对目的地的影响十分复杂、深远，可能会对旅游目的地区域的政治、经济、社会、文化、环境等方面都产生影响。

》》 本章关键概念词

　　旅游影响；旅游乘数效应；旅游卫星账户；旅游环境承载力；旅游环境容量

第一节　关于旅游影响的研究

一、旅游影响概述

(一) 旅游影响的来源

随着旅游活动和旅游业的发展，人们开始深入了解旅游活动在环境、文化等方面产生的复杂的影响，旅游影响研究逐渐成为旅游研究的重要分支。

对"影响"一词，一般使用的是 Impact，现在也常用 Consequences（中文含义更接近于"结果"）来表达。还有两个常见的词"作用"和"效应"也被用来讨论相关的问题。从广义上讲，旅游影响即旅游活动和旅游业所带来的各种变化；从狭义上讲，旅游影响即旅游活动和旅游业对旅游目的地的经济、环境和社会文化方面带来的各种正面和负面的影响。我国学者张文将旅游影响定义为：因旅游而形成的具有关系的事物间发生的相互作用及结果。

旅游现象产生的历史十分久远，但人们对旅游影响问题的关注主要是 20 世纪以来特别是第二次世界大战结束后的事情，这与旅游业的发展历程相关。随着经济的发展和交通条件的改善，直到 20 世纪，旅游业才真正成为具有产业意义的现象，特别是第二次世界大战结束后西方经济的飞速发展以及交通领域大型宽体喷气式客机和高速公路的发展，使得旅游业真正进入大众时代。旅游活动在规模上空前增加了，其带来的收益和负面影响也使得各国都不得不认真研究和应对。

为什么会产生影响呢？这要由旅游活动的来源及其过程来探讨。旅游者为什么要旅游，也就是旅游的动机，决定了旅游者在旅游活动过程中的行为特征。旅游者以什么样的方式旅游，决定了旅游者的这些特征以怎样的方式作用于相关要素。

旅游活动在规模化、大众化的时代，单个旅游者的特征以旅游流的方式表现出来，构成了若干连接客源市场到旅游目的地的旅游流。这些"流"带着特定的物质、能量和信息，不断地由客源市场输向旅游目的地，影响着旅游目的地系统。同时，旅游目的地系统也影响着旅游者，又由旅游者将这种影响带回客源市场。因而，旅游影响也是一种由旅游流传导的、客源市场与旅游目的地之间的物质、能量和信息的相互交换，是旅游流双向运行产生这些交换所引起的变化及其过程。

(二) 旅游影响的基本特征

旅游影响的基本特征包括以下几方面内容。

1. 三个基本方面

威廉姆斯将旅游影响分为经济影响、社会影响和环境影响。这种分类方法被广泛地采用。也有学者将社会影响拆分成社会影响和文化影响两个方面。墨菲（Murphy）指出：社会影响包括对社区的社会结构所产生的更直接影响和对目的地经济和产业的调整等方面；文化影响是对社会准则和标准更长期的改变，这种改变会逐渐体现在社区的社会关系和人造物品之上。主流的意见仍然认为社会影响和文化影响不应该分开，还是应当结合起来。如麦瑟尔森（Mathieson）和华尔（Wall）1982 年在《旅游：经济、环境和社会影响》（Tourism: Economic, Physical and Social Impact）一书中指出：社会影响和文化影响之间没有清晰的界限。本书也按照经济影响、社会文化影响和环境影响三个方面来分类。

2. 正、负影响

旅游影响有正面的影响,也有负面的影响,这是今天人们的基本共识。但是早期的研究相对忽视负面影响,主要关注的是旅游业带来的经济收益问题。第二次世界大战结束后的旅游研究集中关注了旅游业带来的社会文化和环境方面的负面影响。关于负面影响的研究一度成为研究的主流,这是一种集体反思和危机意识的表现。甚至在经济领域,研究者也普遍认识到旅游业对旅游目的地的经济和产业所产生的不利影响。现在,对旅游影响的研究已经进入一个较为全面、平衡和客观的状态,但对负面影响的研究仍然是关注的重点,这是十分自然和必要的。

一般认为,旅游活动对旅游目的地经济、社会文化和环境方面的影响如表 8-1 所示。

表 8-1 旅游活动对旅游目的地经济、社会文化和环境的主要影响

	正面影响	负面影响
经济方面	增加外汇收入,平衡国际收支	有可能引起物价上涨
	增加就业机会,增加旅游目的地居民经济收入	有可能影响产业结构发生不利变化
	带动相关行业的发展,增加政府税收	过分依赖旅游业会影响国民经济的稳定
	平衡地区经济发展,缩小地区差别	——————
	改善基础设施和公共服务设施,提高居民生活水平和发展条件	——————
社会文化方面	有助于提高居民素质	打扰旅游目的地居民的生活
	有助于增进区域和国际文化交流	旅游目的地文化被过度商品化
	有助于促进地方文化的保护和发展	原有社区结构和文化传统遭到破坏
	使遗产的维护、恢复和修整得到重视,并通过旅游业获得资金支持	常带来更多盗窃、赌博等社会问题,并对旅游目的地居民有不良的示范效应
	增加文化设施,提高居民文化生活水平	使旅游目的地自然景观遭到破坏
环境方面	使旅游接待区的环境卫生得以重视和维护	旅游目的地生态环境受到旅游活动的干扰和破坏
	使生态环境保护得到重视,并通过旅游业得到资金支持	使旅游目的地水和空气的质量下降并使噪声增加
		使旅游目的地生态环境系统失去平衡

3. 双向影响与衡量标准的不确定性

旅游活动不仅对旅游目的地会产生影响,同时也会对旅游者本身甚至对旅游客源地产生反作用。旅游影响的这种双向性容易受到忽视。同时,对旅游影响的认识和研究还应注意到一些衡量标准的不确定性,例如旅游目的地的社会文化影响常常难以量化评价,一些影响从不同利益主体、不同文化背景和不同思维模式的人的角度来看也会有所不同。

二、旅游影响研究的历程

早期对旅游影响的研究主要在经济方面,侧重于对经济影响的评估和测量。1923年的《外国人在意大利的流动》、1926年的《关于游客流动计算方法的改良》和1935年柏林大学的《旅游总论》是这方面的代表性成果。

第二次世界大战结束后,特别是从20世纪60年代开始,旅游影响研究正式成为旅游研究的一个主要内容。其时代背景是大众旅游时代的真正到来——随着第二次世界大战的结束,世界重归和平,这为国际旅游的发展提供了必要的环境。欧洲出于经济复苏的需求,将旅游业作为鼓励发展的产业之一。同时,第二次世界大战结束后出现的大型宽体式喷气飞机以及后来在欧美发达国家兴起的高速公路网络,都为大众旅游的真正开展奠定了物质基础。随着旅游规模的扩大,旅游业的影响真正展露出来,从20世纪60年代开始,旅游影响研究也在欧美发展起来。这一时期,学者们开始将旅游影响分为经济影响、社会影响和环境影响三方面进行研究,但仍然主要针对经济影响做研究,这也是由当时的时代背景决定的。

从20世纪70年代开始,旅游影响研究进入一个新的阶段。这个时期,随着全球经济的繁荣,旅游业在世界范围内获得了进一步发展。在前一阶段研究的基础上,研究者开始反思旅游活动带来的负面影响。同时,人类学家、社会学家、心理学家和环境学家也开始介入旅游研究,带来了旅游主客体关系研究、涵化理论、旅游环境承载力理论、旅游生态足迹理论等新的思想、理论和方法。

20世纪80年代以后,旅游影响研究进入一个较为综合、全面和客观的研究阶段。基于更多的方法和理论,研究者们进行了更加广泛和深入的探讨,获得了丰富的研究成果。学术界和大众对旅游业的看法也发生了更加多元、更加全面的变化。例如,一些基本思想——旅游业有积极作用也有消极作用,旅游业的地位不应当被高估,有些问题不是或不主要是由旅游业带来的,应当接受从心理、社会、生态乃至哲学层面对旅游进行的多角度多层面的重新审视等认知逐步成为大家的共识。

第二节　旅游活动对旅游目的地的经济影响

一、旅游业的经济影响概述

(一) 旅游业的经济价值和地位

旅游业是一个综合性、关联性很强的产业,对旅游目的地经济具有巨大的推动和促进作用。旅游业在很多国家都是国民经济的支柱性行业,在 GDP 中的份额超过了传统的汽车、钢铁等行业。

经济合作与发展组织(OECD)的最新数据显示,2019 年墨西哥旅游产值占全国 GDP 的 8%,从业人数占就业总人数的 5.8%。马来西亚旅游是国家第三大经济支柱,第二大外汇收入来源。西班牙的旅游业是重要支柱产业和创汇来源,2019 年旅游产值占 GDP 的 12.4%,从业人数占就业总人数的 13.5%。

2023 年 4 月,世界旅游城市联合会与中国社会科学院旅游研究中心联合发布了《世界旅游经济趋势报告(2024)》。报告预测,从基准情形来看,2024 年全球旅游总人次将达到 135.79 亿人次,全球旅游总收入将达到 5.80 万亿美元,旅游产业规模将达到历史上的最高水平。报告还显示,自 2010 年至 2019 年,全球旅游总收入相当于 GDP 的比例均在 6% 以上,且呈逐年增长趋势,2019 年达到 6.8%。可见,旅游经济在全球经济中的比重正在增加。

(二)积极的经济影响

1. 扩大旅游目的地就业

旅游业是第三产业中关联性很强的产业,涉及多个产业部门,同时又与第一产业和第二产业联系紧密。旅游就业是公认的就业门槛较低、吸纳能力较强的产业。国外研究者概括的旅游业五个主要就业部门情况如表 8-2 所示。

在美国,旅游就业的门类包括(旅游业教程):航空公司、公共汽车公司、巡游公司、铁路部门、汽车租赁公司、饭店、汽车旅馆、风景区、旅行社、观光公司、餐饮服务、旅游教育、旅游研究、旅游媒体、节日活动部门、体育旅游机构、旅游办事处与信息中心、会议机构、旅游管理部门、博彩业、旅游设备生产销售企业等。

加拿大旅游产业部门的构成及在旅游产业总值中所占的份额如图 8-1 所示。

表 8-2　旅游业五个主要就业部门

住宿接待部门	游览场所经营部门	旅行业务组织部门	交通运输部门	目的地旅游组织部门
饭店、宾馆 出租住房 出租公寓/别墅 由个人分时占有的公寓套间 度假村 会议/展览中心(供住宿) 野营营地/旅行拖车度假营地 提供住宿设施的船坞	主题公园 博物馆 国家公园 野生动物园花园 自然历史遗产游览点	旅游经营商 旅游批发商/经纪人 旅游零售代理商 会议安排组织商 预订服务代理商 奖励旅游安排代理商	航空公司 海运公司 铁路公司 公共汽车/长途汽车公司	国家旅游组织 地区/州旅游组织 地方旅游组织 旅游协会

(资料来源:Middleton V T C.Marketing in travel and tourism. London:Butterworth Heinemann Ltd.,1998.)

加拿大旅游产业总值：436亿美元

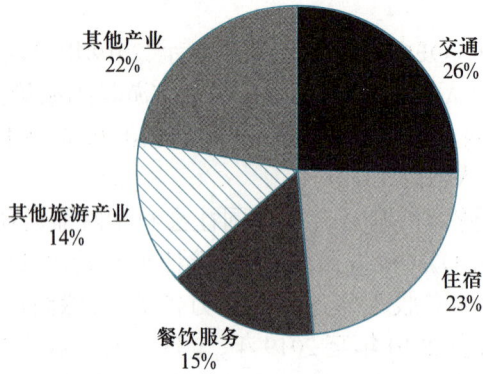

图 8-1　加拿大旅游产业主要构成及在旅游产业总值中所占份额
（资料来源：Travel and tourism statistics.Statistique Canada, 2019.）

旅游业的就业还具有突出的特点，即就业的层次特别多。从乡村青年到家庭妇女，再到专业需求极高的技术人员和高级职业经理人，旅游业提供了各个层面的就业机会。这对发展中国家和落后地区的发展具有特殊的意义。

2. 刺激投资，带动相关行业发展，增加税收

旅游业的产业结构和业态都十分特殊，它实际由许多较小的部门和业态组成，特别是类型多样的生活服务部门，如餐饮业、零售业、酒吧、旅馆、照相洗印、通信和商务服务、纪念品商店、洗衣店、休闲娱乐业等，在一个旅游目的地内，往往数量较多、单体规模和投资量相对较小，经营的专业性不强，与本地居民的日常生活联系较多，因而能够刺激社会投资，促成很多小型企业的成立和发展。

世界旅游组织（UN Tourism）与《金融时报》旗下的 fDi Intelligence 联合发布的《全球旅游业投资报告（2020）》显示，近年来，旅游业外国直接投资一直呈上升趋势。2019 年，旅游业动员了 618 亿美元的全球外国直接投资，并创造了超过 13.5 万个就业机会。这一趋势在拉丁美洲和加勒比地区尤为一致，外国直接投资达到了创纪录的水平。例如，从 2015 年到 2019 年，旅游业投资为墨西哥创造了超过 5.6 万个工作岗位。

游客的消费一方面通过缴纳机场税费、签证税费等方式直接为旅游目的地所在国家缴税，同时也通过旅游接待企业的消费经由旅游企业间接缴税。但在旅游业发展的初期，旅游企业因为规模较小，规范管理十分困难，因而税收逃漏是常见的现象。在中国一些地方，旅游业被政府看作"富民产业"，其对地方财政收入的贡献远不如制造业那样直接和快速。

3. 发展经济平衡区域发展

旅游客源地通常经济发展水平较高，人民生活比较富裕，从旅游客源地到旅游目的地的旅游消费在一定程度上起着财富转移和再分配的作用。通过旅游消费，旅游目的地能够获得从客源地带来的资金，也间接获得了更多的投资、信息和文化资源，对促进旅游目的地的经济社会发展起到积极作用。国内很多地区，将旅游扶贫作为落后地区发展的主要方式之一。在北京特别是密云、平谷、延庆等区县，就在旅游发展的过程中获得了综合的收益，一些乡村的居民收入结构也由此发生根本性的变化。

旅游发展还促进了客源地与旅游目的地的经济文化交流,为旅游目的地带来了新的观念、信息、技术和发展渠道,对旅游目的地的发展起到了积极的作用。但是,近年来也有不少研究注意到,某些旅游开发模式造成了旅游目的地产业结构的失衡,区域发展的不平衡性非但没有缩小,还进一步加大了。

4. 增加外汇收入

旅游出口帮助一些国家实现了国际收支平衡,减少了对一些国家的外汇短缺,也可以替代一些面临危机的传统出口产业。

在许多发展中国家,旅游业都是创取外汇的最大来源。一些国家的国际旅游收入占出口总额很大的比例,例如,2019年肯尼亚为15.4%、坦桑尼亚为27.2%、塞浦路斯为16.4%、希腊为28.3%。

从经济收益上来看,旅游者在旅游目的地的消费与旅游目的地向客源地的其他商品出口具有同样的意义,即让资金由客源地流向了旅游目的地。

许多国家都存在国际收支的巨大赤字,都在寻找缓解问题的办法。旅游收入的贡献,使许多发展中国家和新兴工业化国家减少了国际收支赤字。例如泰国、印度尼西亚、西班牙和肯尼亚等,旅游业所获得的资金收入为其制造业和其他产业的发展提供了所需的资金。

但是,客源地国家的游客到国外的旅游消费,有时也会推动旅游目的地国家的人们到客源地国家购买有关产品。例如,美国是世界上最大的旅游客源地国家之一,同时也是提供飞机及相关产品的主要国家之一,美国游客在推动世界上许多国家旅游业发展的同时,也促进了以飞机制造等为代表的许多本国产业的发展。这使旅游进口的许多资金回流。对于旅游目的地国家,在提供旅游接待服务的过程中,如果许多设施、产品和服务需要从国外进口,则旅游业对于本国经济的拉动作用会大大减少,这种情况被称为旅游收入的"漏损"。

【阅读案例】

西班牙的旅游业

西班牙是一个发达国家,也是世界上最大的旅游目的地国家之一。20世纪50年代以来,西班牙的旅游收入一直占据该国外汇的支配地位,被用以填补该国制造业产生的贸易逆差。西班牙的旅游收入长期以来为该国其他产业的发展提供了大量资金,为该国提高制造业发展能力并最终进入欧盟发挥了极大的作用。到20世纪80年代,西班牙完成了由一个旅游接待国向富裕的旅游客源国的转变。

(三) 消极的经济影响

1. 旅游经济的消极特点

旅游经济在具有上述积极作用的同时,也因为其自身的一些消极特点,容易对旅游目的地经济发展产生不利的影响。这些特点主要包括以下内容。

(1) 旅游产业的不稳定性。旅游活动具有显著的季节性,受气候和天气的影响很大,容易造成产业兴衰和就业的波动。同时,自然灾害、国际政治、客源国有关政策、公共卫生事件、恐怖主义等各种事件和危机都容易对国际旅游业造成致命的冲击。这是主要依靠旅游业的国家和地区经济发展的重大隐患。

（2）目的地产业的依附性。旅游目的地经济往往受外来影响的冲击，其发展所需的客源条件主要受客源地经济发展和其他因素的影响。例如，居民收入变化、休假制度和流行风尚、汇率政策等，旅游目的地对此难以控制，造成旅游目的地国家和地区在经济和社会发展上的极大被动。因而，发达国家往往避免将旅游业作为唯一的主导产业来发展，许多国家会不遗余力地支持制造业和其他产业的平衡发展。

（3）旅游就业岗位的缺陷。旅游业的众多部门提供了大量低端劳动密集型的就业机会，其中很多岗位的技术含量不足、收入相对较低、季节性较强、发展机会和空间不足、兼职较为普遍、不稳定性强。这使旅游目的地的人力资源结构的发展处于不利的位置。当旅游业中大量高级管理人才主要依赖外部投资者带来时，这种问题就会变得更加严重。

2. 主要消极影响

（1）破坏旅游目的地产业结构和经济平衡。旅游业的过度发展会导致旅游目的地的投资和就业向服务业集中，出现就业的低端化和恶性竞争，抑制制造业和其他产业的发展。同时，旅游产业对客源地强烈的依附性，使得旅游目的地经济长期处于客源地的控制之下。

（2）增加旅游目的地经济发展的不稳定性。旅游业的季节性和依附性决定了旅游产业发展具有很大的不稳定性和不确定性。当外部因素发生不利变化时，旅游目的地的经济将严重受挫。因而，应适应经济发展的整体需求，不能盲目进行旅游开发。

（3）引起物价、房价上涨，损害旅游目的地居民生活福利。旅游业的发展带来了大量的外来消费，通常造成旅游目的地物价上涨，甚至带来房价急剧上升，大大增加旅游目的地居民的生活成本，损害他们的生活福利。因此，旅游业的发展一方面为旅游目的地居民带来潜在的经济收益，另一方面也可能带来不利的经济影响。

二、旅游乘数效应

（一）乘数效应的概念、来源和内涵

一些特殊的旅游目的地或者主要依靠旅游业发展起来的地区，如张家界、黄山、丽江等，旅游业都在地区经济中占据绝对支配地位，如果没有游客或者旅游产业，这些地区的经济将受到毁灭性的打击。但是，一般游客并不会接触当地所有的行业，一些行业在为游客提供服务的同时，也在为本地居民提供服务，甚至主要是为本地居民服务。在这样一些特殊的地区，旅游者支付的旅游消费总量显然远远不能与当地经济总量相等，旅游业正在以一种间接的方式驱动着整个地区的经济发展，甚至支撑起一座城市的整个经济系统。旅游学使用了乘数效应（Multiplier Effects）这个概念来描述这种间接作用。

乘数（Multiplier）是一个经济学概念，在 20 世纪 30 年代被经济学家明确提出，而对乘数效应的有关研究可以上溯到 19 世纪末期。它的含义可以简单地概括为一种引入的经济变量在经济系统内的关联作用下使其作用倍增。乘数效应指这种倍增的效应。简单举例说，产业 A 获得了投资或消费，该产业又拿这笔钱的一部分去购买产业 B 的产品，由此，最初的

这笔投资或消费给两个产业都带来了促进效果,也使得经济活动总量的增加大于最初的那笔资金。

从经济学上看,乘数的大小与边际消费倾向密切相关。边际消费倾向,指可支配收入增加1个货币单位时,其消费的增加量,它与边际储蓄倾向相对应,其公式为:

$$c+s=1$$

式中:c 代表边际消费倾向;s 代表边际储蓄倾向。

如果用 ΔY 代表总的收入增加量,ΔI 代表初期的投资或消费增量,k 代表乘数,则:初期获得的 ΔI 将有 $c \times \Delta I$ 被再次用来消费,再次发生经济活动,成为一笔收入;而这个 $c \times \Delta I$ 中,又有 $c \times c \times \Delta I$ 被再次用来消费,又一次发生经济活动,直到这个值趋近于零。这些值的总和就是:

$$\Delta Y = \Delta I + c \times \Delta I + c \times c \times \Delta I + c \times c \times c \times \Delta I + \cdots$$

计算这个等比数列可以得到:

$$k = \Delta Y / \Delta I = 1/1-c,或者 k=1/s$$

旅游研究者借用了这个经济学概念,提出旅游乘数概念及相关理论,用以描述和研究外来的旅游消费对一个地区的总的经济影响。旅游乘数是旅游经济研究中最为常用的概念和理论之一。它是说明旅游业能够带动旅游目的地经济发展的最直接和有效的工具。

英国学者阿切尔(Archer)教授为引入乘数概念并奠定旅游乘数理论基础做出了最重要的贡献。他给出的定义是:旅游乘数指旅游花费在经济系统中(国家和区域)导致的直接、间接和诱导性变化与最初的直接变化的比较。

直接变化(直接消费)指起始支出是直接为旅游者提供商品和服务的有关服务部门(如宾馆、餐饮业等)创造的直接收入。间接变化(间接消费)指前述企业向当地雇员支付的薪酬以及自身采购的旅游设备和材料费用。诱导性变化(诱导消费)指随着最终需求的起始变化导致经济系统内部条件的变化(如雇员薪酬的提高)而带来的消费增加。

(二)乘数效应的实现过程

阿切尔(1977)这样描述乘数效应实现的机制和过程:外源性旅游消费注入旅游目的地经济后,有一部分将漏损出旅游目的地经济系统的循环,余额则在旅游目的地经济系统中逐次渗透,依次发挥直接效应、间接效应和诱导效应,刺激旅游目的地经济活动的扩张和整体经济水平的提高。也就是说,旅游消费所引起的不仅是等同于消费额的收入增长,还会引起整体经济的某种增长。乘数效应即体现在这一传导过程之中。最初的旅游消费额是由旅游人次数和人均消费额决定的,这两个变量也是引发旅游目的地经济增长的基础性变量。当然,二者对旅游目的地经济发展的影响是不同的。

图8-2 显示了旅游收入在旅游目的地经济中的流动。最初的一笔旅游(外来旅游者)消费成为旅游目的地旅游企业的收入后不会就此停止,它会经由这些旅游企业的经营活动在旅游目的地内再次流动。它主要通过投资和购买当地企业的产品和服务、家庭工资收入、税收、进口(指区域外投资或购买产品和服务)四个领域,如图8-2所示。

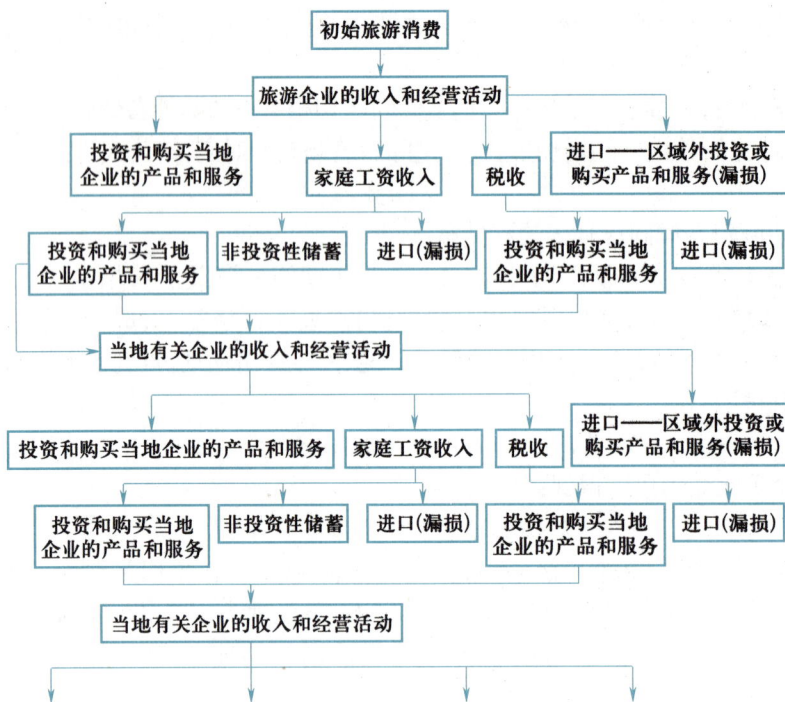

图 8-2　旅游收入在旅游目的地经济中的流动示意图

上述家庭工资收入和税收又会被用来投资或购买当地企业的产品和服务或进口等。这些"投资或购买当地企业的产品与服务"再次注入旅游目的地经济系统,如此循环下去,直到漏损出去的资金以及被储蓄下来并不用于投资的资金逐渐增多,继续流入旅游目的地经济系统的资金趋近于零。

根据乘数效应的本质含义,阿切尔本人和其他学者又提出了销售或交易乘数、产出乘数、收入乘数、就业乘数、政府收入乘数和进口乘数等概念。

(1)销售或交易乘数,是用来衡量经济活动中因旅游消费增加所产生的额外收入数量。

(2)产出乘数。产出乘数与销售或交易乘数概念相似,不同的是,在销售量中,有一部分可能是库存产品,而不是当期生产的;当期生产的也不一定都用以销售,也可能转化为库存。

(3)收入乘数,是额外收入与初始增加的旅游消费的比值,是常用的一个乘数概念。

(4)就业乘数,是增加的旅游消费所引发的全部就业增量与直接就业增量的比值,也是较常用的一个乘数概念。

(5)政府收入乘数,用来计算单位旅游消费增量所创造的全部政府收入增量。

(6)进口乘数,用来计算单位旅游消费增量所带来的进口增量。

(三) 旅游乘数的应用

阿切尔在提出旅游乘数概念和有关理论后又做了大量相关的实证工作。他对非洲塞舌尔群岛的旅游业做了细致的调研,验证了旅游经济的乘数效应。他又用此理论研究了不同类型住宿业的就业情况,在直接就业、间接就业和诱导就业的乘数效应方面取得了可靠的数据,验证了旅游乘数相关理论。

在旅游乘数概念提出以后,相关理论的研究一度成为旅游学研究的热点之一,大量学者和旅游业界人士从不同角度运用、验证和发展了这一理论。旅游乘数理论被广泛用来研究旅游发展对旅游目的地经济的贡献及影响模式、利用旅游业发展区域经济的模式和政策、旅游业发展的受益者和协调模式以及政府收益及行为等。

旅游收入乘数运用的成果示例如表 8-3 所示,地区旅游住宿业收入乘数的研究成果示例如表 8-4 所示。

表 8-3　部分旅游目的地和地区的旅游收入乘数

旅游目的地或地区	旅游收入乘数
较大的国家	
美国	1.92
英国	1.73
土耳其	1.96
爱尔兰	1.73
坦桑尼亚	0.69
较小的国家或地区	
牙买加	1.23
多米尼加	1.20
百慕大	1.27
中国香港	1.02
新加坡	0.94
斐济	0.72
英属维京群岛	0.58
其他地区	
夏威夷	0.78
密苏里	0.88
科罗拉多州格兰德郡	0.60
加拿大维多利亚市	0.50
英国圭内斯郡	0.37
英国匈犬岛	0.25~0.41
英国温切斯特市	0.19

(资料来源:肖桂荣译《旅游:变化、影响与机遇》。)

表8-4　爱丁堡地区旅游住宿业收入乘数的研究成果示例

住宿类型	直接就业	间接就业	诱导就业	总计
宾馆	0.205	0.045	0.043	0.293
客房	0.210	0.071	0.049	0.330
住宿加次日早餐	0.143	0.077	0.038	0.258
帐篷	0.177	0.031	0.036	0.244
大篷车	0.161	0.028	0.033	0.222
亲友	0.143	0.031	0.030	0.204
学生公寓	0.279	0.032	0.054	0.365
其他	0.233	0.031	0.046	0.310
一日游	0.144	0.029	0.030	0.203
过夜游客（加权平均）	0.191	0.050	0.042	0.283
所有游客（加权平均）	0.189	0.049	0.041	0.279

（资料来源：肖桂荣译《旅游：变化、影响与机遇》。）

关于旅游乘数的运用，有几个特别需要重视的问题：

第一，旅游乘数的计算实际上是一个十分复杂的过程，旅游消费直接涉及的行业很多，间接涉及的行业部门庞杂，集中研究十分不易，准确获得大量数据十分困难。此外，旅游乘数还是一个较宏观的概念，诸如边际消费倾向、边际储蓄倾向等数据实际很难获得。同时，旅游目的地不同产业、不同人群的边际消费倾向是不统一的，不同类型的地区的旅游乘数会显著不同，一些看似同类的地区，因为经济结构的差异，其旅游乘数也会有差异，不能简单地相互类推。

第二，旅游乘数理论的运用还涉及一些重要的假设，对此要有充分的理解和认识。例如，随着旅游需求的增长，旅游目的地的供给方面在数量和质量上都在变化，各个部门间的联系方式也在发生变化，价格也在同步变化。这些变化都是连续的，在研究一个要素和过程的同时，其他要素和系统结构已经发生了多种变化，而且并不存在一笔清晰明确的"初始消费资金"和"总的增量"。另外，还有一个重要假设，即旅游目的地经济系统中要有一定的存量资源能够被利用，否则为应对旅游需求的增加，就必须从外部引入供给资源，这是一种漏损，或者从其他产业借用资源，这又是对其他产业的一种限制。这两种作用各自有其复杂过程，不应当被简单地排除考虑。

第三，旅游乘数理论涉及一个重要概念——漏损。由于漏损出现，一些旅游目的地的发展效果被大打折扣了。对漏损的研究使人们对旅游业的经济影响更加冷静、客观和全面。

旅游飞地

非洲博茨瓦纳的三角洲地区以其特殊的自然与文化景观吸引了来自发达国家的大量摄影爱好者和狩猎旅游者。该地区的旅游业受到了国外投资者的有力控制,并且与当地社区和经济系统的关联度很小,成为一个"旅游飞地"。该地区的客源以发达国家的国际旅游者为主,游客的旅行方式高度集中,大多数摄影旅游者来自欧洲、北美、新西兰、澳大利亚和南非,而狩猎旅游者则主要来自美国、西班牙和意大利等国家。外来资本对该地区酒店、宾馆和其他设施的控制程度很高,81.5%的旅游设施都受外来资本的影响,其中53.8%是外资全部所有的。外来资本不仅在飞地旅游中占据着高额比例,而且能够获得对野生生物和旅游区的优惠经营权。这些外来资本不仅攫取了大量的旅游收入,而且在旅游目的地的采购和雇佣很少,使旅游目的地的旅游经济产生了严重的漏损现象。目前,旅游飞地已经成为研究者关注的一个重要问题,作为一种特殊的旅游发展形态,旅游飞地现象在发展中国家的表现较为突出。旅游飞地包括旅游度假区、巡航油轮、主题公园等不同类型的旅游地,其中飞地度假区为主要类型。在旅游飞地中,旅行方式具有高度的指向性,旅游者一般直接往返于国际交通终端与飞地度假区之间,很少与旅游飞地之外的居民接触。特征飞地往往使得当地居民的经济和其他利益边际化,不仅失去对自然资源和旅游的使用权,也丧失了对自然资源管理和保护的决策制定权。由于飞地旅游暗含发达国家资本和旅游市场对发展中国家旅游产业的控制,对发展中国家经济的发展起不到应有的促进作用,对当地社区和居民的贡献有限,甚至对旅游接待国的经济发展产生了很大的限制作用,使得旅游接待国的经济、社会文化和环境的可持续发展受到严重挑战。

(资料来源:刘爱利,等.国外飞地旅游研究进展.人文地理,2008,(1):99.)

三、旅游卫星账户(旅游附属账户)

(一) 旅游经济统计工作的发展

旅游经济的衡量一直是旅游研究和旅游产业管理的困难问题,这主要是源于旅游业的综合性和关联性。旅游业由多个产业共同构成,这些产业又同时为旅游者和非旅游者提供服务。我国于1998年在中央经济工作会议上将旅游业确定为国民经济新的增长点。到2009年,已有20多个省、自治区、直辖市将旅游业确定为支柱产业或重点发展产业。2009年年底,国务院出台《国务院关于加快发展旅游业的意见》,将旅游业确立为"国民经济的战略性支柱产业"。旅游业的产业地位已经确定得比较高了,但旅游经济的衡量和统计工作虽不断改进和探索,却仍然不能完全满足需要,这是一个世界性难题。

我国旅游经济的衡量与统计工作发展的时间不长,仍存在一些问题。在入境旅游方面,1985年我国正式出版了第一本《中国旅游统计年鉴》,在当时构建了我国入境旅游统计指标体系,其内容涉及全国旅游接待基本情况、主要旅行社接待情况、主要城市旅游基本情况和全国旅游外汇收入情况。40多年来,我国入境旅游统计工作不断发展,目前入境旅游统计的主要内容包括入境旅游人数、入境外国游客主要特征、国际旅游(外汇)收入、地方接待入境旅游者情况等。1998年我国首次进行了海外旅游者抽样调查。2003年我国正式出版了年度《入境游客抽样调查资料》。这一调查涉及入境游客人均花费及构成、入境游客停留时间、入境游客来华(内地)旅游次数、入境游客行程、入境游客流向、入境过夜旅游者住宿设施的选择、入境游客对旅游服务质量的评价、入境游客对旅游设施接待的评价、入境游客对旅游资源的兴趣、入境游客对旅游商品的兴趣和入境游客抽样调查对象构成情况等。随着近年来我国旅游统计工作与国际不断接轨,旅游卫星账户的构建工作也在全国范围内展开。

在出境旅游方面,我国自1993年开始进行出境旅游统计工作,首批统计指标包括中国公民出境旅游人数及其增长速度、按照出境原因的分类等。2004年起,中国开始按年度出版《中国出境旅游发展年度报告》。

在历史上,我国国内旅游经济的相关数据长期以来靠估计得出,这也使得旅游业在国民经济中的地位长期难以得到确认和提高。直到1993年,原国家旅游局与国家统计局城市社会经济调查总队联合进行国内旅游情况的抽样调查,才比较科学地反映了国内旅游消费情况,首次形成旅游总收入的概念,并采用"旅游业收入占国内生产总值的百分比"来描述旅游业在国民经济中的地位。但是,旅游业是由多个产业综合构成的,旅游业在国民经济核算体系中也一直不是一个独立的项目,因此改用"旅游产业相当于国内生产总值的百分比"来描述旅游产业总量和地位。

旅游经济衡量与统计的困难,长期以来成为管理部门和研究者重点关注的问题。目前,我国的旅游统计逐步运用了旅游卫星账户概念,同时"旅游业增加值"概念与方法等研究和实践仍在进行。

(二) 旅游卫星账户的基本内容

卫星账户(Satellite Account)是一种附属账户,是用来衡量那些在国民经济核算体系中没有或不能作为一个独立产业经济部门的产业规模的核算体系。它既是一种分析工具,又是一种统计工具。旅游卫星账户(Tourism Satellite Account,简写为TSA)是将现有国民经济核算体系中旅游业涉及的部门中的旅游部分抽取出来综合而成的一个账户,用以说明旅游业的规模和构成。

1999年,世界旅游组织、经济合作与发展组织、欧洲共同体统计处成立了一个联合工作小组,着手制定编制旅游卫星账户的框架。2000年,联合国统计委员会批准了由这三个机构编制的《旅游卫星账户:建议的方法框架》。

旅游卫星账户的产生,使得各国按照一个共同的核算框架来测量旅游及其相关产品和服务,并使旅游业与其他传统产业的比较以及旅游业的跨国比较成为可能,同时它也帮助旅游业确立了在国民经济中的重要地位。

旅游卫星账户除了作为一个国民经济核算的工具,提供旅游业的准确内容和数据,还提供了旅游业研究和分析的深刻内容,包括旅游活动的供需情况、旅游消费的具体构成、旅游市场状况等。此外,它也成为一个重要的数据库,为政府的产业政策(包括产业投资政策、消费政策、就业政策等)的制定提供了重要的依据。

旅游卫星账户包括三个方面的内容:一是旅游产品的供给情况,例如有哪些产品是旅游产品,有哪些产业部门生产这些产品;二是旅游产品的消费情况,包括游客、居民、政府和企业对旅游产品的消费支出总量和构成情况;三是旅游产业中的经济活动单元在生产过程中所创造的增加值和就业情况。编制旅游卫星账户,就是编制包含上述内容的账户表格,编制工作需要大量的数据调研。

(三)旅游卫星账户运用实例

我国从 20 世纪 90 年代初开始参加了多次有关旅游卫星账户的国际会议。2004 年,我国第一个旅游卫星账户在江苏试点成功。江苏省在编制旅游卫星账户的过程中,严格按照世界旅游组织推荐的方法框架要求,结合我国国民经济核算体系,进行了区域性旅游卫星账户编制的全新尝试。这一账户科学地反映了江苏省旅游业与其他经济产业的联系以及对经济社会发展的贡献。当时得出的结论包括:2002 年江苏省旅游业收入增加值为 447 亿元人民币,约占江苏省生产总值的 4.2%,约占江苏省服务业收入增加值的 11.3%,约占全省财政收入的 1.9%;全省旅游业就业总人数 381 万人,约占全省总就业人数的 8.5%。

世界旅游业理事会(WTTC)根据其制定旅游卫星账户编制框架,对全球旅游经济进行了分析,其中也包括对中国旅游经济的测算。中国旅游卫星账户测算如表 8–5 所示。

表 8–5　中国旅游卫星账户测算（WTTC，2018）

项目 BN	2012	2013	2014	2015	2016	2017	2018E	2028F
游客出口	603.6	604.6	665.2	730.0	809.6	846.9	873.2	1 394.5
国内支出(包括政府个人支出)	2 832.0	3 275.7	3 775.4	4 259.1	4 904.6	5 683.7	6 281.7	16 861
国内旅游消费	3 435.6	3 880.3	4 440.7	4 989.1	5 714.2	6 530.7	7 154.9	18 255
旅游供应商的采购,包括进口货物(供应链)	−2 012.5	−2 264.1	−2 590.1	−2 910.2	−3 334.5	−3 811.5	−4 174.2	−10 709
旅游业对 GDP 的直接贡献	1 423.0	1 616.2	1 850.6	2 078.9	2 379.7	2 719.2	2 980.6	7 546.5
国内供应链	1 992.4	2 253.2	2 576.1	2 891.1	3 305.5	3 657.5	3 981.5	9 989.1
资本投资	612.1	695.3	783.0	878.9	954.3	1 045.4	1 138.9	2 831.1
政府集体支出	249.1	277.9	297.2	335.1	376.0	419.8	467.5	1 111.1
间接消费进口商品	156.3	−185.1	−209.6	−221.7	−239.3	−254.9	−281.9	−613.0

项目 BN	2012	2013	2014	2015	2016	2017	2018E	2028F
旅游业对国内生产总值的贡献总额	5 052.3	5 708.3	6 462.5	7 232.4	8 164.5	9 119.7	9 965.8	24 974
旅游业对就业的直接贡献	26 732	27 147	27 794	27 980	28 130	28 250	28 682	34 413
旅游业对就业的总贡献	70 773	72 493	74 899	76 746	78 680	79 900	82 436	116 493
出境旅游支出	657.0	921.1	1 305.3	1 459.9	1 593.6	1 793.1	2 008.6	5 042.2

第三节 旅游活动对旅游目的地的环境影响

一、旅游业的环境影响概述

(一) 对旅游目的地环境影响的认识与研究

第二次世界大战结束后旅游活动逐渐成为一种大众活动,旅游者和旅游业对旅游目的地的各方面影响逐步得到充分表现和认识。旅游业高度依赖于环境,对环境的影响也较为深刻,因此环境影响问题逐渐成为人们认识旅游业、反思旅游业的主要领域之一。

有关环境影响的研究最早见于 20 世纪 20 年代,但严格意义的此类研究出现于 20 世纪 60 年代,20 世纪 70 年代起研究不断增多和深入,除旅游研究者外,地理学科、生态学科、环境学科纷纷加入进来,研究成果迅速增加,发展成为旅游研究的主要领域之一。

在 20 世纪 70 年代末期,经济合作与发展组织制定了一个框架来研究旅游给旅游目的地带来的环境压力。这个框架强调了四种对环境有刺激性的活动,包括永久性改变环境结构的建筑项目(如建设高速公路、机场和度假区),废弃物(生物和非生物垃圾对渔业生产的破坏、对健康的损害、降低旅游目的地的吸引力等),旅游活动所造成的直接环境压力(旅游者的到来和活动破坏了珊瑚、植被与沙丘等),旅游对人口流动的影响(移民、城市人口密度增加而农村人口减少)。1992 年,在里约热内卢举行的联合国环境与发展大会进一步讨论了日益严重的环境污染问题,并提出了旨在可持续发展的"21 世纪日程"。

无论自然环境还是人造环境,都是旅游产品中最根本的构成部分,是旅游活动和旅游业发展的基本载体。但随着旅游活动的增加,在获得旅游收益的同时,旅游目的地的环境都不可避免地发生了不同程度的改变。环境影响的评估和环境保护计划已成为旅游目的地开发战略和规划中最基本的内容之一。保护环境、实现旅游业可持续发展已得到旅游业界(包括旅游业管理者、经营者、目的地居民和旅游者本身)的广泛认识。与此同时,生态旅游、可持续旅游、绿色旅游、低碳旅游等相关概念逐渐成为社会热点。

(二)旅游环境影响的评估

有很多方法用以评估旅游活动对旅游目的地造成的环境影响,其中之一就是制定环境影响检查表。使用这种方法需找出旅游活动可能导致的潜在环境影响因素,分别评估旅游项目或旅游活动将产生的环境影响及其程度。环境影响检查表示例如表8-6所示。

表8-6　旅游环境影响检查表

一、自然环境

(一)对动物和植物物种的影响

1. 打乱动植物的繁殖习性

2. 动物在打猎活动中被猎杀

3. 为提供纪念品而捕杀动物

4. 向内部或外部迁徙动物

5. 在采集木料和植物过程中破坏植被

6. 在清除或安装旅游设施时破坏植被的范围和性质

7. 建立野生动物保护中心

(二)污染

1. 排放污水和泄漏油料污染水源

2. 汽车尾气污染空气

3. 旅游交通和活动中制造噪声污染

(三)侵蚀

1. 土壤的凝聚加速了地表流失和侵蚀

2. 山体滑坡的危险加大

3. 雪崩的危险加大

4. 对一些地貌的破坏(如岩石和山洞)

5. 对水库的破坏

(四)自然资源

1. 地表水源消耗

2. 为给旅游活动提供能源而消耗的煤炭和石油

3. 火灾的危险加大

（五）外观影响
1. 设施安全（建筑、电梯、停车场）
2. 垃圾

二、建筑环境

（一）城市环境
1. 改变土地原有使用形式
2. 改变水文形态
（二）视觉影像
1. 建筑物区域增多
2. 新建筑风格的出现
3. 人及个人物品
（三）基础设施
1. 基础设施超载（公路、铁路、停车场、电路、通信系统、垃圾处理、水源供应）
2. 新基础设施的供给
3. 对旅游者使用的区域进行环境管理（如海堤、土地改造）
（四）城市模式
1. 居民、零售业和工业用地的变化（如居民用房改为酒店和住宿公寓）
2. 城市的构造变化（如公路）
3. 城市区域划分的出现，有的区域专为旅游者使用，有的则为当地居民使用
（五）修复
1. 重新使用废弃建筑物
2. 重建和保护历史建筑和遗迹
3. 恢复废弃的家庭度假别墅
（六）竞争
新建景点的开放或旅游者爱好和习惯的改变，可能造成一些景点和地区衰落

经济合作与发展组织在 2004 年提供了检测环境影响的指标体系，主要包括：气温变化，臭氧层被破坏；藻类污染；酸化污染；有毒污染；城市环境质量；生物多样性；文化景观；废

弃物;水资源;森林资源;渔业资源;土地退化;材料资源;综合指数,包括经济、人口、能源和交通指数。

环境影响评价指标的确立,不仅为评价工作提供了指导,也为不同国家和地区之间的比较提供了一个平台。

(三) 正面影响与负面影响

1. 正面影响

(1) 使旅游接待区的环境卫生得以改善和维持。为提高旅游接待服务的质量,旅游区和旅游目的地通常会提高环境卫生工作的标准,这让旅游目的地的环境得到改善,并使旅游目的地居民从中受益。

(2) 使生态环境保护得到重视,并通过旅游业得到资金支持。旅游开发使旅游目的地居民和政府意识到环境作为旅游活动基本载体的重要性,旅游发展带来的资金收益也会部分用于保护旅游目的地的生态环境。

(3) 保护和恢复人造环境和设施。旅游业的发展使旅游目的地的名胜古迹和其他人造环境受到更多重视,更多资金和人力被投入保护和恢复这些环境和设施。

(4) 为适应旅游业发展需要而建立的生态保护区、森林公园、国家公园、地质公园、野生动物园等,使生态环境保护得以加强。

2. 负面影响

(1) 旅游目的地生态环境受到旅游活动的干扰和破坏。旅游者的活动对森林、草地和野生动物栖息地等产生很大的干扰和破坏。

(2) 旅游目的地水和空气的质量下降,噪声增加。旅游目的地人口密度、生产活动和汽车等的增加,使旅游目的地往往由安宁、洁净变得脏乱、嘈杂。

(3) 旅游目的地生态环境系统失去平衡。大量的外来人口和激增的各种消费,使旅游目的地原有的生态环境系统的平衡被打破,并且难以恢复到原有的状态。

(4) 旅游基础设施和接待设施的兴建破坏了原有环境及景观。高速公路、停车场、度假村的建设对森林、海滩等环境和景观往往造成巨大影响。

(5) 旅游活动使大量古迹遭受严重威胁。过多的人为扰动使得古代建筑、壁画、墓穴等受到严重的损坏。

【阅读案例】

负面环境影响的一些具体内容

(1) 采摘花卉、植物和菌类,会导致物种成分的变化。

(2) 野营和篝火是导致森林火灾的重要因素,使森林植被遭受极大的威胁。

(3) 砍伐树木作为帐篷支柱和薪柴,使森林受到破坏。

(4) 旅游者留下的垃圾改变了景观,并使土壤营养状况发生改变。

(5) 交通建设和设施建设也极大地破坏了森林和植被状况。

(6) 污水排放到海滨、湖泊以及河流中对环境造成破坏,并使游客和旅游目的地居民可能因饮用水污染而感染疾病。

(7) 水中增加的营养物质会加速负营养作用的进程,进而影响渔业生产和整个水体生态系统的生存。

(8) 大量游船漏油对水生生物造成致命的影响。

二、旅游环境承载力与环境容量

(一) 旅游环境承载力与环境容量的内涵

旅游环境承载力（Tourism Environmental Carrying Capicity）这一概念是由承载力的概念引申出来的。1921 年美国社会学家帕克（Park）和伯格斯（Burgess）提出承载力概念：在某一特定环境下（主要指生存空间、营养物质、阳光等生态因子组合），某种个体存在的数量和最高极限。世界旅游组织于 1992 年给出的旅游环境承载力概念是：在满足游客高水平体验以及没有对旅游地资源产生影响的情况下的旅游活动水平。旅游环境承载力是评估和刻画旅游目的地对环境影响的承受度的基本概念，也是判断旅游可持续发展的基本依据。

旅游承载力包含除"维持生态环境"之外的更广泛的含义，其要点包括以下几项：① 维持生态环境的可持续性是这个概念的根本。② 除了自然环境，人造环境和文化遗产也在考虑范围之内。③ 旅游者的感受和体验水平是另一个被同时考虑的主要限制因素。④ 除生态环境外，旅游目的地居民生活环境、社会文化、经济等方面也在考虑范围之内。

因此，旅游目的地承载力实际是由社会心理承载力、经济承载力和环境承载力等方面综合构成的。这一概念体现了一种综合性的旅游目的地可持续发展理念。

旅游环境容量和旅游环境承载这两个概念之间有很大的相似性。旅游环境承载力是旅游目的地或旅游区克服和消化旅游活动影响的内在能力和性质；旅游环境容量是基于这种能力和性质确定的旅游活动总量。在很多领域，这两个概念是通用的。

旅游环境容量指旅游目的地开发在不影响后代对旅游资源永续利用的前提下，旅游目的地环境和经济能力、旅游目的地居民和旅游者心理等方面所能承受的最大游客量。这个概念体系包括旅游生态环境容量、旅游感知容量（心理容量）、旅游社会环境容量、旅游经济环境容量四个方面，如图 8-3 所示。

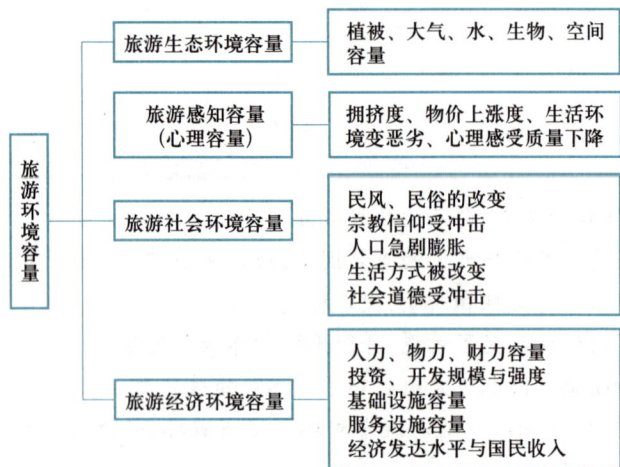

图 8-3 旅游环境容量的概念体系

1. 旅游生态环境容量

旅游生态环境容量指在一定时间内,旅游区域范围内的自然生态系统不会因开展旅游活动而退化,或者旅游目的地环境在遭受旅游活动破坏后能很快恢复原状的前提下,该旅游目的地所能容纳的最大旅游活动量。

2. 旅游感知容量(心理容量)

旅游感知容量又称旅游心理容量或旅游气氛环境容量。就旅游目的地居民而言,指当地居民普遍不因交通拥挤、物价上涨、生活环境恶劣而对旅游者产生不满情绪时,旅游目的地所能容纳的旅游活动最大量;就旅游者而言,指在不降低旅游活动质量即保持最佳游兴的状态下,该旅游目的地所能容纳的旅游活动最大量。

3. 旅游社会环境容量

旅游社会环境容量指旅游区的人口、民风、民俗、生活方式与习惯、社会开化程度、宗教信仰、社会道德、国家政策等方面所决定的当地居民可以承受的旅游者数量。

4. 旅游经济环境容量

旅游经济环境容量指一定时间和一定区域内的基础设施和旅游接待设施水平、投资水平、劳动力资源等要素所决定的旅游活动量。其影响因素包括:第一,基础设施与旅游专用设施的容纳能力;第二,投资和吸引国内外投资用于旅游开发的能力;第三,当地与旅游业相关的产业所能满足旅游需要的程度及区域外调入的可能性;第四,旅游业发展导致某些产业萎缩或关闭,由此产生的比较利益;第五,区域所能投入旅游业的人力资源、供给能力。

(二) 环境承载力的计算模型

1. 指数法

指数法是选取一些发展因子和制约因子作为环境承载力的指标,包括自然资源因素、社会条件因素和环境资源因素,用各因素的检测值与标准值或期望值做比较,得出各因素的承载率,然后根据权重评估得到综合承载率。如果综合承载率大于1,表明已超过承载力,应限制发展;如果综合承载率小于1,表明尚有发展空间。各因素权重由层次分析法和德尔菲法得出。综合承载率计算公式为:

$$I = \sum_{i=1}^{n} W_i I_i$$

式中:I 为综合承载率;I_i 为单因素承载率;W_i 为相应的权重。

2. 矢量法

矢量法是把承载力作为 n 维空间的一个矢量,各主要因素的承载力分别确定了一个维度上的值。这种矢量表达法便于在不同地区间的不同条件下进行承载力的比较。

3. 差值法

差值法是分别计算研究区域各种资源与当前对各种资源需求量之间的差值,或者生态环境质量与当前需求的生态环境质量的差值。如果差值小于零,表明处于超载状态;如果差值大于零则处于未超载状态。这种方法需要另外构建指标体系去核算上述两个指标。

4. 状态空间法

状态空间法是由各种因素的承载力指标共同构建起一个三维空间,空间的三个坐标轴分别代表人口、旅游活动和资源环境,空间中的点代表各种承载状态点,这些点共同构成一个承载曲面。在这个空间上,曲面内部的点是低于承载状态的情况,曲面外的点表明处于超载状态。

(三) 常用的环境容量估算方法

常用的环境容量估算方法做了简化处理,通常将研究区域划分成不同性质的空间,同时对这些性质的空间分别制定出基本空间标准,再根据旅游活动性质、空间几何特征和开放时间等因素综合确定合理的游客容量。

1. 确定基本空间标准

基本空间标准是单位利用者占用的最小空间规模或设施量。基本空间标准与不同群体对拥挤的感知程度、管理技术水平和技巧等因素有关。对一定范围内的游人容量,应综合分析并满足该地区的生态允许标准、游览心理标准、功能技术标准等因素而确定。通常采用的基本空间标准有国家标准、经验标准两种。

国家标准如中国的《风景名胜区总体规划标准》(GB/T 50298—2018),该标准提出游人容量计算方法用线路法计算游人所占平均道路面积,指标为 5~10 m^2/ 人。用面积法计算每个游人所占平均游览面积,其指标为:主要景点 50~100 m^2/ 人(景点面积);一般景点 100~400 m^2/ 人(景点面积);浴场海域 10~20 m^2/ 人(海拔 0~-2 m 以内水面);浴场沙滩 5~10 m^2/ 人(海拔 0~+2 m 以内水面),如表 8-7 所示。

表 8-7　《风景名胜区总体规划标准》中的游憩用地生态容量标准

用地类型	允许容人量和用地指标	
	(人 /ha)	(m^2/ 人)
针叶林地	2~3	5 000~3 300
阔叶林地	4~8	2 500~1 250
森林公园	<15~20	>660~500
疏林草地	20~25	500~400
草地公园	<70	>140
城镇公园	30~200	330~50
专用浴场	<500	>20
浴场水域	1 000~2 000	20~10
浴场沙滩	1 000~2 000	10~5

经验标准分为规划者经验标准和借鉴经验标准两类。旅游区规划者或管理部门在长期的实践中积累了丰富的经验,在确定基本空间标准时可以根据经验来决定。例如,我国传统的经验是:城市园林旅游区每位游人所需要的最佳活动面积为 14 m^2,自然风景旅游区每位游人所需的最佳活动面积为 20 m^2,每人需要 0.2 m^2 商场面积,每个床位需 1.2 辆小车的停

车空间,每公顷停车场停车 25 辆等。此外,还可以借鉴其他地区或国家的一些经验指标。如我国古典园林,以每人 20 m² 左右为宜(北京市园林局);山岳型旅游胜地中的景点,游人的人均占用面积应达 8 m²(湖南南岳管理局);风景旅游城市的自然风景公园,人均游览面积应达 60 m²(谭元星,广西桂林市计委)。有学者对我国海水浴场(分一般公共浴场和专用浴场)设施提出基本空间标准建议值域。也可借鉴国外空间指标,如日本的旅游场所空间标准,如表 8-8 所示。

表 8-8　日本的旅游场所空间标准

场所	基本空间标准	备注
动物园	25 m²/ 人	上野动物园
植物园	300 m²/ 人	神代植物公园
高尔夫球场	0.2~0.3 ha/ 人	9~18 洞
滑雪场	200 m²/ 人	———
溜冰场	5 m²/ 人	都市型的室内溜冰场
码头小型游艇	2.5~3 ha/ 只	25 m²/ 艘
汽艇	8 ha/ 只	———
海水浴场	20 m²/ 人	沙滩
划船地	250 m²/ 只	———
野外比赛场	25 m²/ 人	———
射箭场	230 m²/ 人	富士自然休养林
骑自行车场	30 m²/ 人	———
钓鱼场	80 m²/ 人	———
狩猎场	3.2 ha/ 人	———
旅游牧场、果园	100 m²/ 人	以葡萄园为例
徒步旅行	400 m²/ 团人	———
郊游乐园	40~50 m²/ 人	———
游园地	10 m²/ 人	———
露营场:一般露营	150 m²/ 人	容纳 250~500 人
汽车露营	650 m²/ 人	容纳 250~500 人

2. 计算方法

具体可采用线路法、卡口法、面积法、综合平衡法等进行测算,游人容量应由一次性游人容量、日游人容量、年游人容量三个层次表示。一次性游人容量(亦称瞬时容量)以"人／次"为单位表示；日游人容量以"人次／日"为单位表示；年游人容量以"人次／年"为单位表示。关系如下：

$$日游人容量 = 瞬时游人容量 \times 日开放时间 / 人均周转时间$$
$$年游人容量 = 日游人容量 \times 每年开放天数$$

(1) 线路法。用线路法来测定游人容量，游人容量取决于游人容量指标，其计算公式为：

$$V=S/r \cdot T/t$$

式中：V 为日游人容量；S 为游览道路总面积；r 为基本空间标准；T 为旅游区日开放时间；t 为人均周转时间。

其瞬时游人容量 V_1 的计算公式为：

$$V_1=S/r$$

(2) 卡口法。卡口法是旅游区内游客所到的活动热点地区，形成人流集中的瓶颈或卡口，是环境和资源的脆弱点。卡口容量又叫瓶颈容量，以"人次／单位时间"来表示。一般说来，旅游区的核心区或著名的景点周围是人流最集中的地区，在旅游旺季往往形成人流过于集中、负荷过重的局面，给环境造成极大的压力。在规划中必须根据旅游区的实际情况，对重点地段规定出此点或此段的最大允许容量作为控制标准。公式如下：

$$V=(T/t) \cdot n$$

式中：V 为旅游区内热点每天接待游客总数；T 为旅游区内热点每天开放时间；t 为前后两批游客进入旅游区内热点的间隔时间；n 为前后两批游客的人数(此项取决于每个游览空间的大小，一般要求每个游客要拥有 14 m^2 的园地面积)。

(3) 面积法。根据环境心理学原理，个人在从事活动时对环境及其周围的空间有一定的要求，任何人进入该空间都会使人感到侵犯、压抑、拥挤，导致情绪不安、不舒畅，这个空间称为个人空间，也是旅游区面积容量计算的依据。在不同的旅游区中，游客对这种个人空间的要求是不同的。

从物质容量来看，目前主要按照人均占地面积来确定，陆地面积占地平均 2 m^2/ 人，水面平均 8 m^2/ 人，山地(指可涉足面积)平均 4 m^2/ 人。我国的一般经验是：城市园林旅游区每位游人所需的最佳活动面积为 14 m^2；自然风景旅游区每位游人所需的最佳活动面积为 20 m^2；车站、码头、广场、开敞活动区域等游客散点式分布的地方人均密度指标允许到人均 15 m^2；草坪、林地等区域生态环境脆弱，不允许高密度的游客活动量，一般的指标是人均 150 m^2。

根据旅游区的总面积、可活动面积和设施等条件，运用面积容量法可计算出旅游区同一时间的接待能力或饱和量。

(4) 综合平衡法。通常情况下，旅游地的环境容量需综合运用以上三种方法来确定，用线路法计算线性区域的游人容量，用面积法计算块状区域的游人容量，用卡口法确定卡口处对旅游地总的游人容量的制约。

【阅读案例】

淀山湖旅游区环境容量估算

淀山湖是上海市西部的一个淡水湖，是上海市最大的天然水体，也是国家级水利风景区,20世纪80年代起相继建成"大观园"等旅游文化设施,近年来建成了包括休闲度假、青少年科普、水上运动等旅游活动设施和项目,成为上海市民休闲旅游的热点区域之一。

在制定景区环境容量时,根据景区的实际情况,主要采取面积法进行计算。

首先进行整体分区和面积统计,为计算简便,总体上划分为高密度游览区和低密度游览区:

(1)高密度游览区。高密度游览区包括东方绿舟的一部分、上海大观园、金舟渔村、奥帆基地、综合服务管理区等,总面积约1 000公顷。

(2)低密度游览区。低密度游览区包括东岸、南岸和西岸环湖生态岸线,东方绿舟的一部分,大莲湖湿地修复区,蔡浜国际会议中心,国际高尔夫球俱乐部等,总面积约4 030公顷。

其次,根据制定的两类空间的综合控制指标计算景区游人容量,如表8-9所示。

表8-9　淀山湖旅游区正常开放时日、年环境容量计算示意

计算指标	高密度游览区	低密度游览区
可游面积(公顷)	1 000	4 030
单位规模指标(m²/人)	200	1 000
平均游览时间(小时)	5	5
日开放时间(小时/天)	10	10
年开放时间(日/年)	300	300
景区日容量(万人/日)	18.06	
景区年容量(万人/年)	5 418	

注:1公顷=10 000平方米。

第四节　旅游活动对旅游目的地的社会文化影响

一、社会文化影响的主要内容

(一)消极的社会文化影响

1. 文化的趋同和特性丧失

外来游客带来的外来文化在与旅游目的地文化的接触交流过程中,双方之间会发生文化的假借过程,相互学习、借鉴、模仿使得文化之间的差异缩小。弱势的文化往往变得和强势的文化相似,原有的一些特性丧失。学者在一些乡村旅游的案例中发现,乡村旅游的发展,使得本地人的思想和行为模式逐渐向城市人靠拢,逐渐改变了原来的生活方式,也因此

丧失了"地方民俗"这样一个重要的旅游吸引力。

2. 不良的示范效应

旅游目的地居民会观察和学习游客的做法,由此引起旅游目的地居民的思想意识和行为方式的变化。由于旅游者在与旅游目的地居民的交流中往往处于强势地位,他们能够在很大程度上影响和改变旅游目的地居民的价值观念。价值观念体系的破坏会对旅游目的地文化造成长远而深刻的冲击。一些旅游目的地居民通过对来访者的观察,逐步在思想和行为上发生消极的变化,他们羡慕旅游者的服饰、打扮和优越的生活,开始对原有生活方式和本地文化传统感到不满。一些传统社会在西方自由主义思想的影响下,道德观念被破坏,社会不稳定性增强,旅游目的地社会的崇洋思想泛滥。另外,游客在旅游目的地的旅游过程中,往往表现得比日常生活中更加随意和放纵,由此带来的不良示范可能更加严重。

3. 文化的商品与"真实性"影响

旅游目的地为迎合旅游者的需求,往往将自己的传统文化要素,如生活习俗、宗教活动、传统服饰、世俗庆典等商品化。这种商品化过程一方面挫伤了旅游目的地居民和社会的自尊,另一方面也使得文化的真实性遭到破坏。很多旅游目的地的生活场景和仪式,完全是为了旅游者而开展,丧失了原有的文化意义和生活价值,也失去了游客所期待的真实性。

4. 犯罪和社会风气破坏

研究数据表明,大量旅游者和经营者的到来,给旅游目的地的社会治安造成了很大的压力。外来流动人口使得社会治安的管理变得困难,也使得本地居民更容易获取不正当的利益。游客的放纵和散漫,破坏了旅游目的地的传统风俗和社会风气,本地居民也容易模仿游客的不良行为。在很多旅游目的地,"黄、赌、毒"甚至成为旅游目的地社会的严重问题。

(二) 积极的社会文化影响

1. 使旅游目的地社会文化发展获得资源

旅游发展的经济收益,使得旅游目的地能获得资金,去进一步完善旅游吸引物和旅游环境。一些文化遗产得到保护和恢复,旅游目的地居民获得更多的教育、文化交流和从事经营活动的机会。同时,大量基础设施和公共文化设施的建设,使得旅游目的地居民有机会和游客共享这些新的资源。旅游目的地居民获得了更多的现代知识和思想以及发展机会。这些都促进了旅游目的地社会文化的发展。

2. 增进旅游目的地居民的自豪感

外来游客对旅游目的地文化的欣赏也促使旅游目的地居民反过来重新审视自己的文化。旅游目的地居民和经营者会更加有意识地保护和利用自己的文化遗产。旅游目的地居民在参与旅游开发的过程中,对自己的文化产生了强烈的自豪感和归属感。在一些历史文化名城,可以看到本地居民主动地向外来游客介绍当地文化,并宣传传统文化。

3. 促进传统文化复兴

在旅游开发过程中,旅游目的地管理者和经营者将大量的传统工艺、仪式、服饰、饮食、生活习俗乃至建筑形式保留下来并进一步发展,同时从旅游经营中获得资金来支持这些工作。在旅游目的地居民和外部世界的共同关注下,这些传统文化元素,随着旅游业的发展进入了新的发展阶段,能够焕发出新的活力。

4. 促进文化交流

旅游活动带来了不同地区人们之间的广泛流动和交流。游客与旅游目的地居民互相观察和学习,促进了人类之间的文化交流与进步。一些偏远地区的居民,通过外来游客,第一次有机会对外部世界有更多的了解,这为人们的个人发展和整个社会的进步提供了必要的条件。

二、关于社会文化影响的主要理论

(一) 涵化理论

旅游研究者使用涵化理论来说明旅游过程中不同文化之间的作用,这种作用使得弱势文化被强势文化影响或改变。

人类学家纳什(Dennison Nash)于1996年在其代表作《旅游人类学》(*Anthropology of Tourism*)一书中,讨论了旅游现象中的文化涵化问题。纳什的有关研究分析了强势文化和弱势文化的关系,甚至将某些旅游活动的影响看作"帝国主义"的一种形式。涵化理论认为涵化过程有几种常见的模式:

(1) 同化,指一种文化适应另一种主流文化,并逐渐融入主流文化中。

(2) 整合,指保持了原有文化特征,又加入了新的文化元素,并融合到一起的过程。

(3) 混合,指不同文化接触过程中出现的多种文化混合共存的状态。

(4) 分化,指各种文化均保留原有特征,并拒绝接受其他文化的状态。

(5) 边缘化,指原有文化没有吸收新的文化,又在文化接触中居于下风,退出主流地位的状态。

研究认为,旅游活动中,游客与旅游目的地居民之间有着多种文化接触,本地文化和外来文化在接触过程中会发生假借过程,这一过程使双方相互接近并缩小差异。由于客源地和旅游目的地之间常常居于不平等的状态,旅游目的地的经济文化发展通常相对落后一些,并期望从旅游业中获得经济收益,而游客则作为"顾客",地位相对较高。因而,在这种文化接触和假借过程中,旅游目的地常常要迎合和屈从于外来文化,由此造成本地文化被动改变。

(二) 真实性理论

当旅游目的地的社会生活成为旅游者欣赏的对象,进而被包装成商品后,人们会思考其看到的内容的真实性。由这一思考开始,旅游研究展开了涉及多个领域和角度的广泛探讨。真实性理论不仅是研究旅游影响问题,它已成为整个旅游学研究的共同关注点之一。

20世纪70年代以来,麦克坎内尔(MacCannell)提出"舞台化真实性"问题,真实性随即成为旅游学研究的热点。相关的研究很多,目前真实性问题的探讨至少有四个阶段和类型,它们也分别引导出一类研究的视角和方向。

1. 客观性真实性

客观性真实性观点以客观实际作为评价真实性的标准。不论游客是否认为他的旅游体验是真实的,只要它客观上不真实,它就不是真实的。根据这一标准,舞台化的真实其实并不是真实的。游客会因此被"蒙蔽"并且"上当"。

2. 社会建构性真实性

社会建构性真实性观点认为,人们对真实性的判断标准、判断能力以及"求真"的态度是不同的。随着人的知识背景和经历、状态的变化,人们对真实性的看法也会不同。真实或不真实,不应当由专家给出,而应当由社会建构而成。

3. 自然生成的真实性

自然生成的真实性观点认为,文化本身是在不断发展变化的,真实性因此也会随着时代的变化而变化。所有文化都在不断地创造新的内容,不断"杜撰"自己。例如,某些文化产物,开始可能被认为是非真实的,但经历了一定的时间,人们会觉得它是真实的。因为旅游活动而在旅游目的地产生的很多文化产品,时间久了,人们会把它当作旅游目的地文化的一部分,它也因此具有了真实性。

4. 存在性真实性

存在性真实性观点是基于存在主义哲学而提出的,它认为人存在的意义在于体验不同的事物和状态,当一个人获得了他想要的体验,成为自己想要的和感觉得到的自我,则他获得了生命的真实存在。这种真实与他看到的经历的事物在其他人的标准中是否真实没有关系。人们旅游,常常就是在寻找这种体验,人们需在这种体验中获得生命存在的意义。

(三) 主客关系理论

主客关系理论是旅游社会文化影响研究的核心领域之一。这一理论关注的是旅游活动中,游客与旅游目的地居民的关系及相互影响,尤其是旅游活动对目的地居民的影响。这方面的代表性成果是史密斯(Smith)主编的《东道主与游客:旅游人类学》(Hosts and Guests:Anthropology of Tourism)。史密斯认为不同的游客对旅游目的地社会的影响是不同的,大体包括 7 种类型,如表 8–10 所示。

表 8–10　不同类型游客对旅游目的地社会影响的强度

	旅游者类型	旅游者数量	对旅游目的地社会影响
1	探索者	非常有限	
2	社会名流	极其少见	
3	非常规游客	不普遍但可见到	
4	特殊游客	偶尔可见	由弱到强
5	小团体游客	客流量稳定	
6	大批量游客	不断涌入	
7	包机游客	大批量抵达	

史密斯把主客交往对旅游目的地产生的影响归纳为 5 个方面:

1. 示范效应

游客的思想意识和行为方式带入旅游目的地社会,引起旅游目的地居民的思想意识和行为方式的变化。旅游目的地居民会观察和学习游客的做法。另外,游客在旅游目的地的旅游状态中,往往表现得比日常生活中更加随意和放纵,由此带来的示范效应就更加消极了。

2. 社会分化

外来文化在旅游目的地社会之间产生了不同的反应,年轻人往往容易接受外来文化,老年人往往坚守传统,由此造成旅游目的地社会的分化。

3. 自尊感

一些旅游目的地的社会文化要素,如生活习俗、宗教活动、传统服饰、世俗庆典等成为游客欣赏的对象,旅游目的地因此主动或被动地将这些要素商品化了。这种商品化伴随着自尊感的丧失,也可能引起自尊感的强烈反抗。

4. 文化复兴

外来游客对旅游目的地社会文化的欣赏,反过来也促使旅游目的地居民反思自己的文化,激发对自己文化的自豪感,并获得更多的资金去投入本地文化的保护和建设,因而促成一种旅游目的地文化的复兴。

5. 憎恨和畏惧感

当旅游目的地社会对外来文化的冲击感到不能容忍而又无力抵抗时,会产生憎恨和畏惧的感受。很多时候当地人都觉得无助和失落。

(四)"四个平台"说

"四个平台"说,是由杰法里(Jafari)总结出的一种研究,主要归纳了旅游研究者和观察者的四种基本视角以及由这种视角带来的研究观点倾向。"四个平台"理论虽然是对旅游影响问题的归纳研究,但在旅游影响研究中影响深刻,需高度重视。

1. 鼓吹平台(Advocacy Platform)

鼓吹平台主要指那些从旅游业中受益的团体和个人的视角。这些团体和个人主要包括从事旅游经营的企业和组织以及间接受益的民众和政府部门。出于它们自身的观察点和利益驱使,这些观察者和研究者会较多地关注和宣传旅游业的积极影响,相对忽视消极的影响。例如,他们较多地关注旅游业在拉动地区经济增长、扩大就业、促进投资、促进教育和文化事业发展等方面的作用。早期的旅游影响研究也集中于经济层面的积极影响,可以认为是这一平台居主导地位所造成的。

2. 警示平台(Cautionary Platform)

随着旅游业的发展,产业规模不断扩大,影响也向更深、更广的领域发展,同时随着学术研究本身的扩展,研究者开始更多地关注旅游业的消极作用。人类学、社会学、生态学等领域的融入,使旅游学的相关研究获得了很大的进步。在时代的要求下,这一平台的研究者对"鼓吹平台"和大众做了大量警示性工作,发挥了更重要的历史作用。但是,这也造成了一定的局限性。

3. 适应平台(Adaptancy Platform)

适应平台主要基于如何使旅游业发挥积极作用,同时规避消极影响,解决具体问题来做研究,也就是说使旅游开发进入一种综合的适应状态。适应平台出现于20世纪80年代以后,是在鼓吹平台与警示平台进行"交锋"和争执后产生的,因此适应平台的出现也是一种研究的相互适应。适应平台产生了很多广泛认同并运用的理念,如生态旅游、可持续旅游、低碳旅游等。

4. 以知识为基础的平台(Knowledge-Based Platform)

这种平台是在上面三种平台基础上发展起来的,是一种更加全面的综合的知识体系。它的精髓就是"求真"和"客观",研究本身不带有目的性和倾向性,集中注意力于事实,并通过科学构建知识体系来认识事物、解决问题。

这四种平台也展示了旅游研究,特别是旅游影响研究的历史脉络,经过这一过程,旅游研究才进入了一个较为全面、综合和客观的现状。

本章小结

　　旅游活动和旅游业会对旅游目的地产生综合的影响,这种影响主要包括经济、社会文化和生态环境三个方面。旅游业既有积极的影响,又有消极的影响。同时,这种影响应当是双向的。对旅游影响的观察和研究具有多种角度,衡量的标准也是复杂的。旅游的经济影响方面,旅游乘数是研究和描述影响的重要工具,旅游卫星账户是近年来发展起来的有效的旅游经济核算方法。旅游的环境影响方面,通过研究环境影响,测算和评估环境承载力是目前旅游目的地开发与规划的重要工作。旅游的社会文化影响方面,人类学家和社会学家引入了重要的思想和视角,先后发展了涵化理论、真实性理论、主客关系理论和"四个平台"说等理论。通过本章学习,应了解旅游业可能产生的主要影响内容,并理解旅游影响研究的主要方法和思想。

思考题

1. 旅游影响有哪几个方面?分别有哪些主要表现?
2. 漏损会对旅游目的地经济产生怎样的影响?怎样避免漏损?
3. 测算旅游区环境承载力有哪几种方法?分别适用于怎样的情况?
4. 旅游目的地在发展旅游业的同时,应在文化保护和建设方面做哪些应对工作?

案例讨论

即测即评

第九章　旅游目的地危机管理

》》 本章学习目标

1. 理解旅游目的地危机管理的概念、特征和模型。
2. 掌握旅游危机的分类、形成机理和影响路径。
3. 学习旅游目的地韧性建设与旅游危机管理的机制和措施。
4. 探讨危机后旅游目的地的恢复策略和形象重塑。

》》 本章引文

2019 年年末,一场突如其来的新冠疫情在全球暴发蔓延。全球范围内的旅行限制和封锁举措导致许多旅游景点、酒店和旅行社面临经济困境,有些不得不裁员甚至宣告破产,全球旅游业陷入前所未有的低潮。联合国世界旅游组织(UNWTO)发布的数据显示,新冠疫情导致全球旅游人数大幅减少,2020 年全球旅游业收入损失达 1.3 万亿美元,相当于 2009 年金融危机期间损失的 11 倍以上,约有 1 亿至 1.2 亿个与旅游业直接相关的工作面临风险。新冠疫情也给我国旅游业造成巨大损失,2020 年度国内旅游人次 28.79 亿,较 2019 年同期下降 52.1%,国内旅游收入 2.23 万亿元,较 2019 年同期下降 61.1%。但随着疫情防控措施的不断推进,各国逐渐放松旅行限制,疫情转为常态化,旅游业逐渐恢复活力。

》》 本章关键概念词

旅游危机;旅游韧性;旅游目的地危机管理;管理机制

第一节　旅游目的地危机管理概述

灾害和危机事件一直伴随着人类文明的发展。科技的日新月异,全球经济一体化的快速发展,加上政治、社会、文化等诸方面因素的共同作用,人类社会所面临的风险因素在数量和类型上都快速增加。虽然我国旅游业发展势头迅猛,已经成为世界上主要的旅游目的地和客源地之一,为世界经济和中国经济的发展和社会的稳定做出了极大的贡献。但是在蓬勃发展的同时,也应看到我国旅游业受到众多因素的困扰,尤其是一些突发性危机事件,不断冲击着旅游业,并在一定程度上影响了旅游业的发展进程。"98 年洪灾""亚洲金融危机""9·11 恐怖袭击事件""9·21 台湾地震""SARS 事件""东南亚海啸""5·12 汶川特大地震""全球金融危机""普吉岛沉船事件"等危机事件,在不同程度上给我国旅游业造成了影响。

旅游业的综合性、依赖性、季节性和异地性等产业特征,决定了旅游业的高度敏感性。[①]从系统论的角度,旅游业可以被看作是一个由多要素组成的复杂系统,系统内部与外部之间发生着复杂的前后向和上下游关联,这种相互间的深度依赖使得产业本身极为脆弱,一旦遭受危机,不仅会直接冲击产业本身,而且会影响整个社会的经济活动,还有可能给游客造成人身或财产伤害,危害极大。因此,当发生政治、经济、文化、社会、自然等突发危机事件时,旅游业是整个国民经济系统中最易受到冲击的行业,旅游业成了经济和社会变化的预警器。

旅游目的地作为旅游产品的空间承载体,其形象在游客进行出游决策时起着重要作用。旅游目的地发生的危机事件若得不到妥善处理,必将对旅游目的地形象造成负面影响,从而使游客对旅游目的地产生负面评价,严重时会对旅游目的地的旅游业发展造成毁灭性打击。正确认识中国旅游业面对的国内外危机事件的特点,根据危机发展过程的特征进行旅游业危机管理已经是一项迫在眉睫的任务。

一、危机管理相关概念

(一) 突发事件和危机

1. 突发事件

突发事件是当代中国人约定俗成的名词[②],是人们对出乎意料的事件的总称,包括各种自然灾害、恐怖主义行为、严重事故以及重大的政治、经济、社会事件等,在学术研究中对突发事件的使用并不规范。由于很多事件是突然发生,令人猝不及防,人们逐渐将"突发"和"事件"放在一起使用。它没有古典文献可供参考,也不是外来词语的一对一意译。参阅国外相关研究文献,比照其内涵发现,到目前为止,国外对相应事件更多的是使用"危机"(Crisis)这个概念。实际上无论在汉语还是英语中,"危机"一词的含义要比突发事件(Emergency)的含义更加宽泛。当前在危机管理研究中多数研究者在使用"危机"一词时实际上指的是突发事件,而不是宽泛意义上的危机。《中华人民共和国突发事件应对法》规定:突发事件指突然发生造成或者可能造成严重社会危害,需采取应急处置措施予以应对的

---

①　薛澜,张强,钟开斌. 危机管理. 北京:清华大学出版社,2003:142–183.

②　秦启文. 突发事件的管理与应对. 北京:新华出版社,2004.

自然灾害、事故灾难、公共卫生事件和社会安全事件。①

2. 危机

"危机"一词来源于希腊词中的 Krinein，其原始意义是筛选。后来该词的含义不断扩展，使用的对象也不断扩大，人们赋予它的含义也逐渐发生了变化。到 20 世纪，由于全球危机事件时常发生，危机作为术语才开始被广泛应用。

长久以来，很多学者从不同的角度对危机进行了界定。美国学者罗森豪尔特认为，危机指"对一个社会系统的基本价值和行为准则产生严重威胁，并且在时间压力和不确定性极高的情况下必须对其做出关键决策的事件"；西哲（Seeger，1998）等认为危机是"一种能够带来高度不确定性和威胁的、特殊的、不可预测的、非常规的事件或一系列事件"；巴顿（Barton，1993）认为危机是"一个会引起潜在负面影响的具有不确定性的大事件，这种事件可能对组织及其人员、产品服务、资产和声誉造成巨大的损害"。奥托（Otto lerbinger，2001）将危机定义为：导致企业组织陷入争议并危及其未来获利、成长及生存的事件。在其定义中，危机同时也会威胁组织的优先价值，他认为信誉及主要目标，如获利、成长及生存是一个组织的优先价值。蒂埃里（Thierry C.Pauchant）和伊恩（Ian Imitroff）从组织本质的角度出发，将危机定义为"一种会影响系统整体运作的干扰，并威胁其基本设定、自我主观认知与眼前的核心目标"。

上述关于危机的各种解释和定义，从不同的侧面揭示了危机的特点。一是危机是对社会或组织构成重大威胁的事件，并妨碍组织目标的实现；二是危机是一种突发性事件，是组织不能或者难以预料而突然发生的；三是危机留给社会组织进行有效决策和回应的时间极短，这就要求组织具有很强的管理能力，能够在很短的时间内解决问题并控制局面；四是危机是转机和恶化的中间地带，因而组织必须有积极的应对机制；五是危机对组织的影响时间长远，如何有效地消除负面影响，使危机尽快走向转机是组织面临的长期任务。

综合危机特点，概括形成危机的抽象概念，危机指个人、群体或者组织由于突发事件的出现而受到破坏，严重地威胁到其正常的生存与发展的状态。

3. 突发事件和危机概念辨析

通过以上对突发事件和危机概念内涵的了解和分析，可以看出两者之间既有区别，又有联系。

（1）突发事件与危机的共同点。其一，两者都是负面事件，即都会给社会、组织或个人带来一定程度的损失、损害或负面影响。其二，两者都需要紧急处理，如果不紧急处理的话，其损失、损害就会更大，其负面影响更为恶劣。其三，两者都具有不确定性，即两者造成的损失、损害不确定，所持续的时间不确定，发展态势不确定。

（2）突发事件与危机的区别。其一，突发事件虽然对社会的影响不是转瞬即逝的，但突发事件所涵盖的时间外延相对较窄；而危机的形成往往会有一个或长或短的过程。其二，虽然突发事件与危机都是具有负面影响的事件，但突发事件的负面影响是显性的、现实的，人们可以感觉到的；而危机的负面影响可以是显性的、现实的，也可以是隐性的、潜在的，人们可能一时还无法感觉得到。其三，从时间上来看，危机一般以某一事件为契机或导火线，即

---

① 李峰. 目的地旅游危机管理：机制、评估与控制. 陕西师范大学博士论文，2008：25—27.

通过偶然的、独特的突发事件的形式表现出来；突发事件往往会成为危机的前兆和前奏，或充当危机爆发的原因。在逻辑上可以说，危机必定是突发事件，然而突发事件未必就会形成危机。事实证明，许多突发事件本身就是危机的一部分，并且是很关键的一部分。当突发事件因处理不当而导致对其失去控制，使之朝无序的方向发展时，危机形成并开始扩大化。在这种情况下，突发事件就等同于危机。如果某些突发事件处理及时、得当，就有可能把它们遏制在萌芽状态，从而就不会演变为危机。

(二) 旅游危机

旅游业的高度敏感性和对其他行业的高度依赖性，使得很多行业内外的微小的危机事件或是微不足道的信息也可能对旅游业造成巨大的影响。大多数危机事件和旅游危机事件是合一的。对于旅游危机（Tourism Crisis）这一概念，前期的研究主要是对引起旅游者安全的问题进行研究时所提出来的。针对旅游者的恐怖袭击、暴力犯罪、航空灾难等安全问题使旅游者直接成为受害者，旅游危机这一词语也就应运而生。但先前的旅游危机内涵较窄，含义不明，没有形成独立的学术规范名词。随着旅游危机研究对象的广泛和深入，旅游危机概念的内涵和外延已基本廓清，其正逐步形成独立的概念。

许多学者和组织从不同的角度对旅游危机进行了定义，比较具有代表性的定义主要有以下几种：

（1）森梅兹、巴克曼和艾伦（Sonmez，Bachlnann，Allen，1994）从旅游危机影响机理的角度将旅游危机定义为："任何对旅游业及其相关业务的正常经营构成威胁的事件，由于它负面地影响了游客对目的地的认知，进而对旅游目的地的有关安全、吸引力和舒适度的声誉造成危害；结果由于旅游者数量及其旅游支出的减少，使当地旅行和旅游经济出现衰退，中断了当地旅行与旅游产业活动的持续经营。"

（2）旅游危机指影响旅游者信心、妨碍旅游业正常运转的各种不曾预见的事件。其中包括那些对旅游目的地形象的影响远大于对基础设施的影响的诸如洪水、飓风、火灾或者火山爆发等事件，也包括将对旅游目的地的旅游吸引力产生影响的国内动荡、意外事故、犯罪、疾病等事件，甚至也包括诸如汇率的剧烈波动等经济因素。[①]

（3）世界旅游组织从旅游者的角度出发，把旅游危机定义为："影响旅行者对一个旅游目的地的信心和扰乱继续正常经营的非预期性事件，并可能以无限多样的形式，在许多年中不断发生。"

（4）亚太旅游协会从危机类型的角度，将旅游危机定义为一种"能够完全破坏旅游业潜能的自然或人为的灾难"。

本书从旅游危机产生的影响和成因两个角度出发，认为：旅游危机指那些对旅游者和旅游目的地信心产生消极影响，给旅游业正常运转带来冲击的各种非预期的事件。这类事件可能以无限多样的形式在不同时间不断发生，包括自然灾害如洪水、飓风、海啸、地震、火山爆发等事件，也包括将对旅游目的地的旅游吸引力产生影响的人为灾难如政治动荡、战争、意外事故、火灾、犯罪、公共卫生等事件，甚至包括诸如经济萧条、汇率的剧烈波动等经济因素及技术产生的消极结果。

---

① Stafferd G.Yu L，Armoo K.Crisis management and recovery：How Washington，D.C.hotels responded to terrorism. The Cornell Hotel and Restaurant Administration Quarterly，2002，43：27–40.

(三) 旅游韧性建设与旅游危机管理

韧性(Resilience),又称恢复力、弹性,是一个起源于物理学、工程学、生态学等学科的概念,指一个实体或系统在受到外部破坏或冲击后得以维持自身稳定并恢复原有状态的能力。[①]随着时间的推移,韧性这一概念逐渐被应用于灾害学、地理学、社会心理学等多学科领域。除了用来解释自然系统的动态性,也聚焦于理解社会、经济、文化和政治因素对系统韧性的促进作用。韧性强调系统根据环境变化做出及时反应,动态地进行适应性创新、演进,实现改善提升。[②]

旅游业作为典型的环境敏感型产业,面对重大外部冲击时,往往表现出脆弱性。在旅游业中,韧性意味着旅游系统能够有效地应对各种挑战和不确定性,保持稳定运行并迅速恢复到正常状态,包括对自然灾害、恐怖袭击、流行疫病等突发事件的应急响应能力,以及对市场需求、消费者行为、竞争压力等外部因素的适应能力。打造高韧性的产业体系,实现旅游业韧性发展,是不确定性时代旅游业高质量发展的必然要求,是实现旅游业可持续发展的根本途径。

旅游危机研究的目的就是掌握旅游危机演变、发展规律,使旅游危机管理更有针对性和高效性,因此,如何利用危机的规律进行旅游危机管理才是最终目的。旅游业危机管理是针对旅游业危机的发生而进行的预测、处理以及对危机发生后旅游业和旅游企业经营的恢复和形象重塑的全过程管理。它的目的是保持或恢复正常的旅游秩序,保障旅游者正常的旅游活动和利益,促进旅游目的地和谐、健康发展。

旅游业危机管理体系包括政府(主要指政府旅游主管部门)、旅游企业、旅游目的地社会大众及其他利益相关者等多个行为主体;其主要途径包括沟通、宣传、安全保障和市场调研等多个方面;其基本过程是识别危机、避免和防备危机、管理和隔离危机、调查总结危机。与其他产业不同,旅游业的旅游产品和服务涉及许多人和组织的合作,这也决定了旅游业竞争优势容易受到打击或者破坏的特点。因此,旅游业危机管理尤其是危机预防举足轻重。同时,与其他以提供服务为主的产业相同,旅游产品和服务具有很大的不确定性,而这种不确定性随着旅游目的地与客源地之间距离的增加而加强。从信息经济学角度来看,可以说旅游业是一种基于信仰或信任的产业,这样的产业需要供应者能够努力降低和减少其提供的产品或服务的不确定性或风险。旅游危机管理的主要工作是研究问题、发现问题、解决问题,从防范危机、化解危机到恢复正常的旅游秩序,它是一个全方位的、全过程的管理工作,是一个完整的系统工程。旅游业作为一个系统,与社会中许多行业息息相关,旅游业的低迷会给其他相关产业发展带来直接影响,从而对整个社会的经济活动造成负面影响,而其他行业中出现的危机也有可能反过来进一步对旅游业造成影响。因此,对旅游业危机进行管理不仅仅是企业行为,也是一种政府行为。

---

① Martin R.Regional economic resilience,hysteresis and recessionary shocks.Journal of economic geography,2012,12(1):1-32.

② Nelson D R,Adger W N,Brown K.Adaptation to environmental change:contributions of a resilience framework.The Annual Review of Environmental Resources.,2007,32:395-419.

二、旅游危机的分类及特征

(一)旅游危机的分类

近年来,随着旅游业内涵和外延不断丰富和扩展,引发危机的风险因素在不断增加,危机表现形式也日益多样化,因此,旅游危机的分类方法也呈现出多样化的趋势。根据不同的标准旅游业危机有不同的分类结果。

1. 根据成因划分

这是最常见的划分方法,指根据造成危机的主要原因来划分危机。一是天灾,即自然危机,指旅游业以外自然因素所导致的危机。旅游业是这类危机不可避免的受害者,人类还没有能力完全阻止其发生,如洪水、地震、海啸等极端自然现象,具有法律意义上的不可抗力。二是人祸,即人为危机,是由旅游业本身的因素导致的局部或全行业的危机,如恐怖袭击、政治动荡、犯罪行为、食物中毒,通常具有社会性、政治性或经济性的背景,有些可能是蓄意的,有些可能是非蓄意的。

2. 根据危机影响范围划分

可以将危机划分为本地危机、局部或区域危机、全国危机和国际性危机四种。张凌云从危机影响范围角度将危机分为社会危机(公共危机)、行业危机和企业危机。社会危机一般指政治危机(政治动荡、军事冲突)、宗教危机、公共安全(恐怖袭击、瘟疫);行业危机一般是由某行业内因素引发的危机,但也可能对社会引起不良反应,如能源危机、金融危机;企业危机则指企业在经营过程中遇到的突发性事故,如空难、食物中毒等。

3. 根据危机持续时间长短划分

可以将危机分为一次性危机、反复危机和持续性危机三种。一次性危机影响可能呈现短期性,如SARS。反复危机和持续性危机带来的影响通常是长期的,如中东战争对该地区的影响。

4. 根据旅游危机演化的速度划分

里希特(Richter,1961)根据危机的发展和终结速度将危机分为四类:第一类是龙卷风型危机。这类危机来得快,去得也快。如旅游交通中的游轮失事、空难等。第二类是腹泻型危机。这类危机逐渐发展酝酿,但爆发后很快结束。如球赛中的双方支持者的互攻等。第三类是长投影型危机。这类危机突然爆发,其后续影响深远,长时间不能平息。第四类是文火型危机。这类危机开始缓慢,逐步升级,甚至没有爆发的过程,但是结束也很缓慢。比较典型的是伊拉克战争对伊拉克或者说对整个阿拉伯国家旅游业的影响。

(二)旅游危机的特征

1. 突发性

这几乎是所有危机事件所共同具有的鲜明的特征。突发性主要体现在旅游危机爆发常常使人们猝不及防,来不及准备,从而自乱阵脚,人为的慌乱也增加了危机的破坏后果。

2. 不确定性

旅游危机高度不确定性的特征主要体现在旅游危机发生的形式、地点及其影响对象方面。理论上,任何旅游危机都可能在某一旅游目的地爆发,旅游目的地管理机构应该对所有危机类型都有准备,但在实际工作中这是不现实的。

3. 时间紧迫性

旅游危机一旦发生其演变将会非常迅速,往往留下巨大的破坏后果。这对旅游目的地危机反应机制和管理者的快速决策能力提出了很高的要求。

4. 扩散性

20世纪70年代以来,随着现代旅游经济的发展和交通、通信技术的发展,全球化逐渐成为影响和塑造现代旅游经济和旅游结构的一种主要因素。人类文明的这一新的发展趋势,使一个地区爆发的危机所冲击和影响的范围不断扩大。发生在任何一个地方的旅游危机,都可能迅速扩散,冲击其他地区,甚至蔓延全球。而通信信息的发达和快捷,使得世界上任何一个角落发生的危机事件都会在很短的时间内传遍全世界。

5. 双重性

旅游危机作为危险与机遇的综合体,在危机之中隐含转机。危机除给产业、行业与企业等主体带来破坏性的影响与危害之外,还会带来一定的契机。因此,在危机来临时,应审时度势并认清危机与契机,切忌消极应对。

6. 周期性与阶段性

周期性意味着危机在一定时期内会再次爆发,因此在一次危机过后须及时总结该类型危机的发生特点、演化规律等,以期为该类型危机的再次爆发准备好预防与应对措施。阶段性表现为一次危机在演化过程中将经历潜伏期、爆发期、发展期、缓解期与消亡／复苏期五个阶段,且在不同的阶段其危害程度与影响范围也不尽相同。

三、旅游危机的生命周期

旅游危机作为危机类型中的一种行业危机,其发展演化的生命周期大致分为5个阶段(如图9-1所示),分别是潜伏生成期、显现爆发期、持续演进期、消解减缓期、解除消失期,旅游危机从其生成到消解,也就是完成一个生命周期。[①] 不同旅游危机阶段对旅游系统的影响方式、影响程度和表现特征都是不同的,在旅游危机管理的过程中,要根据危机所处的阶段,采取有针对性的预防和治理措施。

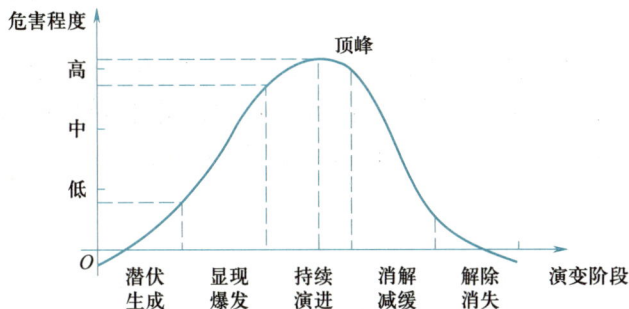

图9-1 旅游危机的生命周期

---

① 李峰. 目的地旅游危机管理:机制、评估与控制. 陕西师范大学博士论文,2008:50.

1. 旅游危机的潜伏生成期

旅游危机的潜伏生成期是旅游危机的酝酿与形成时期,即从第一个前兆出现到开始造成可感知的损失这一阶段。在这一阶段中,与旅游危机诱因相关的各种要素相互作用,它们之间的矛盾、冲突在不断地形成和化解,并逐步积累,直到旅游危机爆发。这是一个从量变到质变的发展过程。在其量变过程中,旅游危机并不是不产生危害,而是这种危害处于较低的程度,而没有引起关注和重视。因此,旅游危机在潜伏期有一定的隐蔽性,不容易被人们察觉。旅游危机虽然在潜伏期具有一定的隐蔽性,但总会或多或少地表现出一定的征兆,如果能及时监测和发现危机征兆,并及时采取适度的行动,就能有效地避免或抑制旅游危机的发生或极大地减少旅游危机造成的损失。因为在这一阶段,危机还没有真正发生,相应的治理成本也较低。

2. 旅游危机的显现爆发期

危机潜伏到一定的阶段,当其危害性孕育到一定程度,便会引起危机爆发。旅游危机的显现与爆发是旅游危机由隐性转为显性并快速扩散的时期,即开始对旅游系统造成明显危害的时期。由于前一阶段旅游危机的各种前兆没有得到应有的重视和处理,当旅游组织明显感受到危机发生时,旅游危机已经生成并且爆发,危害程度急剧上升,在极短的时间内给旅游组织和个人带来极大的损害,并且这种损害还会迅速地加深、积累和扩散。这一时期旅游危机的五大特征均会表现得十分明显。

3. 旅游危机的持续演进期

旅游危机的持续演进期是旅游危机仍在发展或危机仍在恶化,但演进的速度已经放慢,并逐渐达到危害程度的顶峰时期。这一阶段与显现爆发期相比,旅游危机的危害程度继续加深,危害范围不断扩大,对旅游组织的生存能力造成直接威胁,对旅游系统形成全面打击。

4. 旅游危机的消解减缓期

旅游危机的消解减缓期是旅游危机的危害程度从顶峰转而下降,矛盾和冲突不断减弱,危机形势逐渐趋缓的时期。这一时期旅游危机已经得到了有效的控制,旅游系统开始全面恢复,但要从破坏中恢复到危机发生前的状态仍需假以时日。

5. 旅游危机的解除消失期

旅游危机的解除消失期是引起旅游危机的因素已经解除,旅游系统开始恢复原有或正常状态的时期。

严格意义上讲,旅游危机的生命周期最后还存在危机转化期。危机转化期是使目的地旅游业恢复到危机前的状态或得到进一步的提升,完善危机管理相关机制的时期,从根本上增强旅游目的地未来的安全性,促进旅游目的地旅游业的可持续发展。

四、旅游危机的形成机理

旅游危机管理是旅游危机研究的目的,进行有效的危机管理,需了解危机的形成机理,把握危机的规律,做到危机管理方面的针对性和有效性。因此,认识旅游危机的形成机理,是旅游危机管理研究的基础。对旅游危机形成机理的研究,其出发点应以潜在旅游者为中心。

旅游危机事件的影响性存在社会放大效应,即危机事件特征以及旅游危机管理的外部特点,使旅游者有对危机威胁的非理性扩大理解,反映到旅游市场中,就形成了危机事件的放大影响,进而产生超过危机事件本身的更大影响,从而形成大面积的旅游危机。因为在旅游活动过程中,安全的需要是旅游者的基本需要。当旅游危机事件发生的时候,人们对危机风险的感知多是依赖直觉和经验来判断的,这些判断往往会带来很大的偏差,在一定的条件下,这种认知的偏差还可能导致潜在旅游者的极度恐慌行为。旅游产品是一种非基本需求产品,旅游消费主要是满足精神愉悦的需要,这使得旅游危机事件的社会放大效应更加突出。从以前旅游危机事件的应对实践来看,个人、群体和组织在面对危机事件时都有不同程度的非理性行为。这些非理性行为大都是人为因素导致的,并与个人和群体的心理预期因素有关。各种因素的综合放大了旅游危机事件"信号",扩散和扩大了危机事件本身对旅游业的实际威胁。

从旅游目的地危机传导机制来看,旅游危机的影响是先通过影响旅游者的危机认知,进而影响旅游者的应对行为,最后影响旅游者的旅游目的地选择行为。危机事件影响的关键是影响旅游目的地的形象,触动人们对出游是否安全的思考,影响他们对旅游目的地的环境感知。当旅游危机事件超出旅游者的容忍限度,破坏了旅游者的旅游体验,就会导致旅游者心理安全的失衡,本能地产生焦虑和恐慌等,进而影响旅游者风险决策的结果,即绝大部分旅游者取消或改变他们的旅游计划,由此而引发该旅游目的地游客量陡降。

五、旅游危机影响路径

旅游危机的形成是从旅游者或潜在旅游者开始的,但是旅游危机的直观表现是旅游危机的直接牵涉者或波及者。旅游危机通过三条途径对旅游目的地的发展施加影响:一是直接作用于旅游目的地。一方面由于危机的破坏作用,使旅游资源受到破坏,游览价值降低或不再具有游览价值;也可能是旅游接待实施受到损害,旅游目的地不具备了旅游接待能力。另一方面是通过损害旅游目的地的吸引物及在旅游者心目中的感知形象,破坏旅游供给市场,导致旅游需求的波动。二是作用于旅游客源地。通过影响客源地旅游者的经济能力、行为模式和心理预期,直接破坏旅游需求市场。三是影响旅游交通及可达性。影响游客旅游活动进行和旅游活动实施完成。

旅游危机的影响机制是从减少客流开始,按照"客流—物流—资金流"的相继减少顺序削弱旅游经济活动的频率,随着游客量的减少,物流、资金流相应减少甚至停顿,旅游目的地的旅游产业链断裂,旅游经济陷入困境。

第二节   旅游目的地危机管理特征与模型

一、旅游目的地危机管理特征

由于旅游业具有鲜明的行业特征,旅游危机自身也有鲜明的个性,结合旅游危机管理系统,旅游危机管理工作的特征如下:

（一）旅游危机管理的目标是保持旅游目的地的可持续发展

任何一个旅游目的地经过危机之后，都可能面临三种截然不同的局面。第一，由于无法承受危机的沉重打击或没有应对危机的准备和能力，旅游目的地在危机中全面崩溃；第二，旅游目的地在危机中虽然存活下来，但是由于没有采取适当、有效的危机管理对策，尤其是没有及时想办法得到公众的理解和支持，在危机后，旅游目的地的形象严重受损，在旅游者心目中的声誉和在旅游市场上的地位受到影响；第三，在危机中，旅游目的地不仅经受住了危机带来的种种压力，而且由于采取了积极有效的管理措施和解决对策，旅游目的地进一步巩固了在旅游市场上的地位和竞争优势，在旅游者心目中的形象得到维护甚至是进一步提升。

任何一种危机管理都是要最大限度地降低危机所造成的有形和无形损失，旅游危机管理者追求的是旅游安全、旅游秩序、旅游稳定和旅游者的利益，保证旅游目的地的可持续发展需求。

（二）旅游危机管理的预防性目的

通过监测旅游危机管理对象，采取一定的预防措施，有可能防止危机爆发或最大限度地减少危机造成的危害。因为危机事件所造成后果的严重性，才有了危机管理，才有了危机管理的预防性和必要性。危机的原因或危机表现形式多种多样，但每种危机的发生总有内在或外在的诱发因素，危机发生前总会表现出或弱或强的先兆信号，对诱发因素和先兆信号的监管和控制就可以预防危机的发生或减弱危机造成的影响。引发的旅游危机在一定程度上说是可以预防的，其关键在于危机管理的体制及机制的保障。另外，危机的预防还取决于预防的程度、预防的成本及预防技术的先进性等因素。有了先进的危机预防理念，有完备的危机管理法制保障，有综合的危机管理体制，有高效运转的危机管理机制，就能有效地做好危机事件的预防工作。

（三）旅游危机管理外部环境的开放性和非竞争性

旅游危机管理是面向社会的，社会是由各个不同的单位、组织和公众构成的，在旅游危机已经发生的背景下，不同单位和组织具有共同的利益，即遏制危机，减少危机所造成的损失。因此，旅游危机管理的外部环境是开放的、非竞争的，是相互配合的。当旅游危机出现的时候，如果组织动员得当，旅游目的地、旅游管理部门、旅游协会、旅游员工以及其他部门和人员等都会积极参与危机管理，共同应对危机。从这个作用来看，旅游危机管理的主体是多元的，主体之间的行动是协调一致的。

（四）旅游危机管理的行动具有应急性

危机事件具有突然爆发、状态紧急的特性，危机管理行动越及时，越有利于危机的控制。这就使得旅游危机管理必须得到应急处置，而且处置时间极其有限。因此，旅游危机管理处置的应急性意味着旅游管理部门在发生危机事件以后必须在最短的时间之内做出较优的决策，要承担决策失误可能带来的巨大风险，这样，决策者在决策过程中要承受巨大的心理压力，同时危机事件发生以后的处理程序也必须是紧张而有序的。

（五）旅游危机管理对象的不确定性

旅游活动形式多种多样，旅游活动范围日益扩大，旅游业涉及的其他行业和人员日益增多。尽管旅游危机事件的爆发有其必然性，但在何时、何地爆发，以何种方式爆发，危机冲击达到何种规模、造成何种影响等，都有其偶然性，这种偶然性就造成了危机事件作为管理对象的不确定性。

(六) 旅游危机管理具有综合性

旅游业是由吃、住、行、游、购、娱六大要素构成的关联十分密切的综合性产业,旅游危机表现为一个综合的、立体的多面体,一项危机事件常常会引发或衍生另外一项甚至多项危机事件。从纵向来看,旅游危机事件是一条线,从横向来看,危机事件是一条链,这就决定了旅游危机管理一定具有综合性特点。旅游危机管理的综合性要求旅游危机管理必须有一个综合协调的机构,由该机构来协调相关旅游危机管理部门的关系,并统一领导对危机事件的应急处理工作。

二、旅游目的地危机管理模型

旅游危机在发展过程中表现出一定的无序性,但对旅游危机的管理来说,是在危机管理计划指导下有序进行的。危机管理涉及的许多部门和人员为了一定的目标,按照危机的演化情况,建立起动态的危机管理综合组织,形成了一个复合管理系统。为了更直观地显示旅游危机管理的动态过程和管理依赖条件,我们参照企业危机管理"五力"模型,依据旅游危机管理的现实,构建了旅游危机管理的系统模型[①],如图9-2所示。

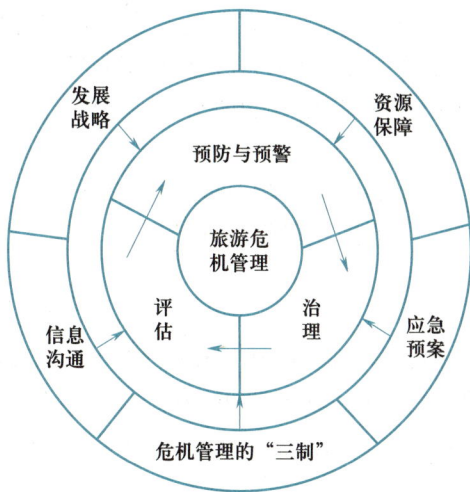

图 9-2　旅游目的地危机管理系统模型
注:"三制"指旅游危机管理的法制、机制和体制。

在旅游危机管理系统模型中,以旅游危机管理为核心。核心周围的第一个圈层内容包括旅游危机的预防和预警、危机治理和危机评估三项内容,这也是旅游危机管理的根本内容。这三部分工作是连环有序、逐步递进的,它们和旅游危机发展过程相对应。其中,评估贯穿预警和治理,依据评估结果修正或调整预警或治理的措施和手段。模型的外围圈层是旅游危机管理的基础和支撑。"三制"是旅游危机管理中的静态政策保障,资源保障是危机管理的物质保障,应急预案是危机管理行动的指导,信息沟通是危机管理的重要内容,有人

---

① 李峰.目的地旅游危机管理:机制、评估与控制.陕西师范大学博士论文,2008:163-164.

把危机管理直接称为沟通管理。对旅游目的地或旅游企业的旅游发展战略来说,危机成为一种常态,旅游竞争力内涵发生变化,为了保持竞争力和旅游可持续发展,必须把危机管理纳入旅游发展战略之中,把旅游危机管理融入日常的管理之中。总之,旅游危机的管理过程就是一个不间断的循环过程,即循环型危机管理。循环型危机管理方式强调危机管理只有准备加准备、改善加改善,追求更好的对策,不断反复进行,才能达到循环发展。旅游危机管理的具体措施和对策,就像生命周期一样循环,不断成熟、完善。

第三节　旅游目的地危机管理机制

一、旅游预警系统的建立

旅游预警系统是一个复杂的多因素系统,是为了预防旅游系统运行与发展过程中与旅游资源环境严重冲突、偏离可持续发展轨道的问题而建立的报警和排警系统。该系统是一种揭示并预报旅游区域运行与发展的信号系统。

旅游危机预警系统一般由 5 个子系统构成,即信息收集子系统、信息加工子系统、决策子系统、报警子系统和运作反馈子系统。它的执行者主要是旅游行业管理者。系统中行业管理者的主要职责是收集外部信息、分析信息、发现危机后传递危机信息和在重大危机面前启用应急管理预案,尽量减少危机对旅游目的地旅游业的冲击。

(一) 信息收集子系统

信息收集子系统的主要任务是收集各种有关旅游危机征兆的信息。该系统设计的关键是能保证信息收集的全面性,不可遗漏任何显示危机发生的信息,否则会对整个系统的预警功能产生不利影响。

(二) 信息加工子系统

信息加工子系统具有信息整理、信息识别和信息转化三大功能。信息整理使原本杂乱无章的信息清晰化和条理化;信息识别能有效排除那些可能存在的错误信息和虚假信息;信息转化功能使信息转化为简单、直观的信号或指标,能直接供决策所用。

(三) 决策子系统

决策子系统主要由危机分析、预警分析两部分组成,主要功能是在接收到信息系统的分析之后,利用分析方法和模型做出危机判断,通过预警报告和决策来判断危机级别,再决定采取什么样的措施。

(四) 报警子系统

报警子系统的主要任务是根据决策子系统的判断,及时明确地向旅游组织发出警报信号。警报信号应能引起旅游业管理部门、旅游企业和其他相关旅游组织充分的注意,并刺激其迅速做出反应。

(五) 运作反馈子系统

运作反馈子系统包括具体方案的实施、监控信息并反馈信息分析中心,主要职能是把战略性方案转换成可以操作的具体措施并落实到具体的责任人,然后通过动态监控反馈,分析预警目标是否实现。

二、旅游目的地危机中的应对措施

旅游目的地危机管理是在旅游危机已经爆发至旅游危机破坏性的显性特征基本消失阶段。联合国世界旅游组织（WTO）明确强调，"危机发生的第一个 24 小时至关重要"。旅游危机具有"蝴蝶效应"，即对初始条件的极端敏感性，这会使旅游危机因初始措施不当或拖延而导致灾难性后果，反之也会因及时正确的初始措施而有效减轻或控制危机带来的负面影响。

（一）建立旅游危机管理的协调互动机制

面对危机，各部门应该协调合作，共享资源和信息，保持步调一致。例如，在新冠疫情暴发后，国家卫生健康委牵头成立了疫情联防联控工作机制，涵盖了包括文化和旅游部在内的 32 个部门，下设多个工作组，如疫情防控、医疗救治、科研攻关、宣传、外事、后勤保障、前方工作等。各工作组分工明确、协作紧密，提高了危机应对的效率，取得了良好的治理效果。此外，针对新冠疫情导致旅游合同纠纷激增的情况，最高人民法院、司法部和文化和旅游部建立起更加健全的多元化解和联动机制，优化了旅游市场环境，为业者处理纠纷、旅游者维护自身权益提供了更好的指导方向。

（二）建立信息披露、信息交流和信息收集制度

在宣传报道上要坚持诚实和透明的原则；建立媒体中心，迅速发布有关危机的准确和可靠信息，将这些信息公布在网上，并随时更新；要加强与其他组织的合作，因为其他组织也在向媒体提供关于危机的信息，例如公安机构、防灾减灾组织、航空公司、饭店协会、旅行经营商团体和世界旅游组织，要及时通告旅游目的地的有关行动。在旅游危机管理过程中，为评估危机影响程度和危机发展趋势，应在危机期间最大范围和最大限度地收集相关危机信息，为危机治理提供参考，同时，也为以后恢复政策的制定提供基础信息。

（三）分类指导旅游企业的危机应对

在危机期间，旅游管理部门给旅游企业提供危机应对指导是其重要职责。文化和旅游部积极响应中央指示和安排，及时采取多项行动，以帮助旅游企业度过危机。一是积极指导相关旅游企业应对疫情变化，着重落实防控要求，并科学动态地调整安全管控措施。例如，2021 年 10 月 23 日，文化和旅游部办公厅发布了《关于从严从紧抓好文化和旅游行业疫情防控工作的紧急通知》，明确倡导坚持"外防输入、内防反弹"的防控策略，并对旅行社、A 级旅游景区、星级饭店、文化和娱乐场所等旅游相关企业提出了严格的疫情防控要求。这对严防疫情通过旅游经营活动传播扩散、避免旅游企业因危机遭受更大损失起到了重要作用。二是旅游管理部门同多方共同努力为旅游企业纾困解难，出台多项帮扶政策，在税费减免、奖励补贴、资金支持、降低成本、政务服务、金融政策等多方面加强了对旅游行业的支持力度，引导行业互助自救。例如，2020 年 2 月 5 日，文化和旅游部办公厅发布了《关于暂退部分旅游服务质量保证金支持旅行社应对经营困难的通知》，各地文化和旅游行政部门也积极响应，有效地舒缓了旅游企业现金流的压力。三是积极组织各级文化和旅游部门管理人员、行业从业人员开展疫情防控知识学习，提升防范意识和应急处置能力，鼓励企业加强对员工日常健康监测和管理，全力做好疫情防控工作。

(四) 极力维护公众利益

在新冠疫情期间,我国政府和多数旅游企业都将公众利益放在了首位。一是文化和旅游部在科学研判疫情与旅游关系的基础上,果断将工作重心从"保障供给,繁荣市场"转向"停组团、关景区、防疫情",及时关闭旅游景区、博物馆、文化馆、剧院剧场等文旅场所,停止演出、外访、旅行社组团业务、公众聚集性活动、星级饭店大型活动,切实维护广大人民群众生命安全;二是在主动为旅游活动降温的同时,文化和旅游系统积极上线各类数字文化产品,极大满足了民众的在线文化需求,同时涌现出各类"云旅游",为用户带来沉浸式体验的旅游模式;三是在疫情导致大量退团、退订时,大多数旅游企业如在线平台、旅行社、景区、酒店、航空公司等相继出台了相关的退改政策,妥善处理了退团退费,以负责任的形象赢得了游客和社会的声誉。

(五) 坚定旅游企业的信心

当每次旅游危机事件发生的时候,都会出现旅游业具有脆弱性特点的声音。这种观点极大地影响了旅游企业对危机承受能力的信心。同时,在这种观念的支配下会出现一系列影响旅游业可持续发展的现象,不利于旅游业获得政策扶持和其他帮助。这种情况不利于旅游危机的治理,然而,通过历史上几次大的事件说明我国旅游业并不脆弱,且我国旅游业抗风险能力是日益增强的。通过说明和宣传,使旅游组织坚信危机只是暂时的,旅游整体发展趋势是上升的,使各类旅游组织在危机治理中保持积极状态。

三、旅游目的地危机后的应对措施

旅游目的地受到危机事件的冲击和破坏,常常会出现这样一种状况:旅游业低迷持续的时间往往比危机事件本身要长,在事件过后的一段时间中,危机造成的破坏还会在很长一段时间内持续并影响潜在旅游者,旅游业仍处于停滞状态,甚至可能比危机期间更不景气。按照惯例,一般把旅游危机结束至旅游业完全复苏这段时期,称为"后危机"阶段。

综合旅游危机管理实践经验,旅游恢复的主要领域是旅游目的地层面上的物质恢复、旅游市场上的信心恢复和与合作伙伴的关系恢复三个方面。具体到旅游危机后的恢复措施上,其内容主要包括旅游危机评估、基础设施重建、心理干预、形象重树、管理经验总结、市场供需调整等。[①]

(一) 旅游危机评估

旅游危机评估,是危机恢复政策的制定、危机恢复措施的选取、危机管理效率的确认和危机管理战略修正的依据。旅游危机后评估是危机后阶段恢复的基础性工作,是旅游危机恢复的起点。旅游危机后的评估主要包括旅游损失评估、旅游者心理影响评估(即旅游形象损失评估)、旅游危机管理战略和措施的科学性评估三个方面。

(二) 基础设施重建

危机的发生,特别是自然性危机、骚乱性危机或者恐怖主义的爆发还伴随严重的后果,即对旅游目的地基础设施造成一定的毁坏。旅游业的恢复发展离不开这些基础设施,因而旅游目的地危机恢复通常从基础设施恢复开始。基础设施的恢复和重建不是简单地把建筑

---

① 谷慧敏. 旅游危机管理研究. 天津:南开大学出版社,2007: 345.

物重新建筑起来,或把道路交通设施、供水供电供气设施恢复起来,而是要根据对危机的评估结果,考虑再次爆发危机时基础设施的抵抗危机能力,在遵循旅游者和当地社区居民活动规律的前提下,对基础设施的选址、布局、建筑用料、建筑方式等进行重新考虑,借此机会提高旅游设施的等级水平和使用的方便性。

(三) 心理干预

对旅游者而言,旅游目的地发生的危机事件都是因为在相对稳定的状态中发生了非预期的紧急突变,这种突变导致人们对当前阶段的潜在需要不能从危机发生地获得满足,旅游活动中的最基本的安全需求不能被满足,进而出现心理不安和恐慌。旅游危机后,有效的危机干预指帮助人们获得生理上和心理上的安全感,提供给旅游者最基本的旅游安全信息,满足旅游者恢复心理平衡状态的内在需要,缓解乃至稳定由危机引发的强烈的恐惧、震惊或悲伤的情绪,并学到规避和应对旅游危机的有效策略与合理健康的旅游行为,可以预防因旅游者的行为不当带来的灾难,增进旅游者出行心理的健康。

(四) 形象重树

对旅游目的地来说,危机所带来的最长久和最深层的问题是旅游目的地的形象损害。危机过后,虽然危机中受损的物质资源得到了修复,但改变公众对旅游目的地的看法是一个漫长的过程。旅游目的地形象的塑造:一是来自旅游者的亲身体验,二是依赖媒体的宣传,因此危机后的旅游目的地的恢复和发展也须从这两个方面着手。危机发生后,由于旅游者稀少,旅游目的地的恢复信息主要是通过媒体宣传和报道传播的,为此就要增加在沟通方面的预算和人力资源配备,加强与各种类型的媒体沟通。在宣传过程中要对受影响的旅游市场调整宣传内容,着重强调旅游目的地是如何消除危机影响,确保危机不再发生。危机解除一段时间后,可以有组织、有目的地邀请记者或旅游经销商(代理商)重新回到旅游目的地,亲眼见证危机的解除,以重树旅游目的地的形象。同时,通过组织大型活动或会议,创造与旅游贸易伙伴和国际社会进行沟通的机会,吸引公众注意,展示一个充满活力和自信的旅游新形象。

(五) 管理经验总结

先期的旅游危机管理计划在危机管理过程中发挥着重要的作用,然而,由于危机在发展过程中可能因环境变化而呈现不同的表现形式,计划中的部分策略可能不适应危机中出现的新情况。因此,为了保证危机管理计划的适用性,有必要对危机管理计划依据危机形势的发展而进行修订,以提高旅游危机管理水平。任何旅游危机的应对战略和旅游恢复计划的有效性都是相对的,应根据其实施的效果和内外环境形势的变化定期对危机战略计划进行回顾和总结,对安全程序进行评估,同时,关注新的信息和环境的变化,加强与其他受危机影响的旅游目的地的合作,相互借鉴在旅游危机管理方面的措施、方法、技术、经验和教训等。在此基础上,对战略计划进行持续实时的更新。旅游目的地危机会使旅游目的地及旅游者付出沉重代价,针对旅游目的地管理机构在应对这些危机过程中所收集起来的数据、所取得的经验和教训都要认真反思和总结,这也为以后危机管理计划的调整提供参考依据,使旅游目的地的危机管理计划在不断总结经验、吸取教训日益成熟和完善。

(六) 市场供需调整

通过对旅游危机影响机制的分析,可以认识到旅游危机主要是通过干扰旅游安全环境、经济社会环境以及物质环境构成的旅游活力要素组合,从而影响旅游目的地的形象,进而导致旅游目的地旅游流减弱,旅游供需市场发生失衡,最终影响旅游目的地旅游发展。因此,危机消解后要恢复旅游目的地旅游业,也要通过对供需结构的调整与优化,重新激活旅游市场。一方面,调整产品结构以优化旅游供给;另一方面,调整市场结构以优化旅游需求。

【阅读案例】

新冠疫情常态化后中国旅游业的恢复措施

随着疫情防控政策的调整和诸多限制性因素的解除,政府和旅游业利益相关者纷纷采取了一系列积极措施,旨在激活受到重创的旅游市场,引导恢复旅游业。

(1)加大政策支持力度,激发国际旅游活力。2023年2月,中国试点恢复旅行社经营中国公民赴有关国家出境团队旅游业务和"机票+酒店"业务,鼓励旅行社及在线旅游企业开展产品发布、宣传推广等准备工作,民众被压抑的出境需求得到释放。此外,中国出台系列优化签证和通关政策,不断完善入境旅游服务。2023年10月,公安部、国家移民管理局宣布实施区域性入境免签政策,包括上海外国旅游团邮轮入境15天免签、海南59国入境旅游30天免签等。2023年12月,中国对法国、德国、意大利、荷兰、西班牙、马来西亚6个国家持普通护照人员试行单方面免签政策。自2023年12月11日至2024年12月31日,中国驻外使领馆将阶段性减免来华签证费,具体费用为现行收费标准的75%等。

(2)多方位出发,激发旅游需求。不断改善消费环境,完善消费惠民政策。例如,2023年3月,文化和旅游部办公厅组织开启了2023年文化和旅游消费促进活动、"旅游中国·美好生活"2023年国内旅游宣传推广活动。在此号召下,多地旅游局和旅游景点纷纷放出"大招",邀约游客:发放文旅消费券、推出暑期文旅优惠、延长景区开放时间等。2023年6月,湖北省文化和旅游厅宣布,从2023年6月至12月,将面向全国游客发放总额4亿元的"极目楚天 钟情湖北"2023湖北文旅消费券,可用于购买A级旅游景区及大型主题乐园门票、酒店(含民宿)、旅游特色餐饮、文化娱乐(剧场演艺、剧本娱乐、夜游项目)或支付价款时抵扣使用。此外,相关部门持续加强"吃住行游购娱"各环节监管,各大景区也积极调整优化景区管理,完善预约措施,简化预约程序,最大限度地满足游客参观游览需求。

(3)旅游企业积极求变,加大优质旅游产品和服务供给。面对良好的复苏机遇,各大旅游企业以主动创新求变的态度,灵活调整经营策略,从产品设计到服务体验都在不断提升品质和竞争力,以适应旅游市场的需求变化。在产品方面,旅游企业注重培育更加多样化、个性化文旅消费新业态、新场景和新亮点,包括但不限于展览、艺术节、音乐节、创意市集、露营、探险、古装旅拍等。在服务方面,旅游企业积极借助科技手段,如大数据分析、人工智能、虚拟现实等,以提升旅游服务的效率和体验。

本章小结

旅游业的综合性、依赖性、季节性和异地性等产业特征,决定了旅游业的高度敏感性。当发生政治、经济、文化、社会、自然等突发危机事件时,旅游业是整个国民经济系统中最易受到冲击的行业,也是经济和社会变化的预警器。旅游目的地作为旅游产品的空间承载体,其形象在游客做出游决策时起着重要作用。旅游目的地的危机事件是否得到妥善的处理，直接影响游客对旅游目的地的评价，进而影响目的地旅游的持续发展。要实现对旅游目的地危机的有效管理，首先必须清楚旅游危机的类型、特征、生命周期、形成机理和影响路径，同时按照危机的演化情况，参照危机管理模型，建立起动态的危机管理系统。最后，构建旅游目的地危机管理机制，包括危机前的预控和预警、危机中的治理和危机后的应对措施，这也是旅游危机管理的根本内容。这三部分工作连环有序、逐步递进，与旅游危机发展过程相对应。

思考题

1. 突发性事件和危机两者有何区别与联系？
2. 对旅游目的地危机管理的模型进行详细说明。
3. 在旅游目的地危机处理过程中，如何有效地建立信息披露、信息交流和信息收集制度？
4. 旅游目的地危机后的评估包括哪些方面？
5. 危机之后，如何快速有效地重塑旅游目的地的形象？

 案例讨论　　 即测即评

参考文献

郑重声明

高等教育出版社依法对本书享有专有出版权。任何未经许可的复制、销售行为均违反《中华人民共和国著作权法》,其行为人将承担相应的民事责任和行政责任;构成犯罪的,将被依法追究刑事责任。为了维护市场秩序,保护读者的合法权益,避免读者误用盗版书造成不良后果,我社将配合行政执法部门和司法机关对违法犯罪的单位和个人进行严厉打击。社会各界人士如发现上述侵权行为,希望及时举报,我社将奖励举报有功人员。

反盗版举报电话　(010) 58581999　58582371
反盗版举报邮箱　dd@hep.com.cn
通信地址　北京市西城区德外大街 4 号
　　　　　高等教育出版社知识产权与法律事务部
邮政编码　100120

读者意见反馈

为收集对教材的意见建议,进一步完善教材编写并做好服务工作,读者可将对本教材的意见建议通过如下渠道反馈至我社。

咨询电话　400-810-0598
反馈邮箱　gjdzfwb@pub.hep.cn
通信地址　北京市朝阳区惠新东街 4 号富盛大厦 1 座
　　　　　高等教育出版社总编辑办公室
邮政编码　100029